rororo – mit Kindern leben

Zu diesem Buch

Jan-Uwe Rogges Bücher sind pädagogische Bestseller, weil der Autor von «Kinder brauchen Grenzen» mit besonderem Gespür auf den Alltag von Familien reagiert. Auch das Thema dieses Buches trifft eine sensible Frage, mit der jede Mutter und jeder Vater schon einmal zu tun hatten. Denn welches Kind stand noch nicht im Schlafanzug in der Tür: «Mama, ich kann nicht einschlafen, ich hab Angst.»

Angst gehört zu den Grundgefühlen menschlichen Daseins. Dennoch möchten Eltern ihre Kinder in einer angstfreien Atmosphäre aufwachen lassen. Aber wenn Kinder von ihren Räubern, Vampiren und sonstigen Monstern erzählen, fühlen sie sich häufig zu Recht unverstanden: «Du mußt doch keine Angst haben.» Dieser berühmte Satz stimmt oft einfach nicht, sagt Jan-Uwe Rogge.

Es gibt kein Leben ohne Angst, auch nicht für Kinder. Doch oftmals glauben Eltern schuldbewußt, daß sie etwas falsch gemacht haben, wenn ihre Kinder verängstigt sind und das auch zeigen. Bagatellisierungen wie «Das ist doch nicht so schlimm» oder gar «Stell dich nicht so an» führen dazu, daß Kinder sich allein gelassen fühlen und häufig ihre Ängste verdrängen. Jan-Uwe Rogge besteht darauf: Kinder brauchen Ängste. Denn Ängste machen stark – wenn ein Kind weiß, wie es die Angst bewältigen kann. Je geborgener sich ein Kind fühlt, desto sicherer wird es mit den Ängsten umgehen.

Jan-Uwe Rogge kann noch Geschichten erzählen – von Kindern und ihren kleinen Nöten und großen Ängsten, von Eltern und ihren Unsicherheiten und Sorgen. Der versierte und erfahrene Familienberater weiß, daß die Medien heute schon Kinder mit Grausamkeit und Gewalt konfrontieren, und versteht es, mit einer ihm eigenen Leichtigkeit und Kompetenz in Beispielen aus dem Erziehungsalltag und in den gut verständlichen theoretischen Darstellungen handfesten Rat zu geben

Jan-Uwe Rogge

Ängste
machen Kinder stark

Rowohlt Taschenbuch Verlag

Herausgegeben von Bernd Gottwald

4. Auflage August 2001

Veröffentlicht im Rowohlt Taschenbuch Verlag GmbH,
Reinbek bei Hamburg, Januar 1999
Die Originalausgabe erschien 1997 unter dem Titel
«Kinder haben Ängste» im Rowohlt Verlag
Copyright © 1997 by Rowohlt Verlag GmbH,
Reinbek bei Hamburg
Alle Rechte vorbehalten
Redaktion Barbara Wenner
Umschlaggestaltung Britta Lembke
(Foto: Jürgen Brockmann)
Gesamtherstellung Clausen & Bosse, Leck
Printed in Germany
ISBN 3 499 60640 2

Inhalt

Vorwort 11

Ängste gehören zum Leben 16

Angst, Furcht und Schrecken 21
Angst ist ein Gefühl 23
Ängste begleiten den Lebenslauf 28

Kinder wollen Halt – Vom Klammern, Weinen und vom Fremdeln 33

Bindung schafft Selbstwertgefühl 36
Distanzlosigkeit 46

Vom Krabbeln und vom Laufenlernen – Kinder erleben erste Trennungen 49

Vom Loslassen und Festhalten 52
Daumenlutschen, Nuckeln und der Schnuller 59
Einschlafen, durchschlafen und Trennungsängste in der Nacht 67
Der erste Abschied oder wenn der Kindergarten Eltern angst macht 79
Wenn Eltern sich trennen, tut es weh 88

Monster, Geister und Konsorten – Von den Ängsten, gefressen zu werden 90

Vom Sauber-Sein und den Ängsten, im Klo verschlungen zu werden 91

Der Blitz, die Hexe und der Räuber – Symbole kindlicher
Vernichtungsängste 95
Von kleinen Schrammen und großen Schmerzen 96
Die Guten und die Bösen – Über Phantasiefiguren,
Zaubergeschichten und Monsterrituale 97
Wenn Kinder schießen – Aggressionen im Spiel 112
Kriegsängste sind Vernichtungsängste 114

Vom Woher und vom Wohin – Kinder philosophieren über den Sinn des Lebens 116

Von Liebe und Haß, vom Pflegen und Quälen – der Umgang
mit Tieren 118
Kinder fragen nach dem Tod 120
Protest, Verleugnung und Verarbeitung – Phasen von Trauer und
Trennung 126
Rituale geben Kraft 129

Kinder verarbeiten Ängste 134

Keine Angst vor der Angst 140
Drei wichtige Regeln für Eltern 145
Mit den Kindern wachsen die Aufgaben und auch die Ängste 146
Kinder bewältigen Ängste durch magische Kräfte 149
Gegen Bettnässen und Schlaflosigkeit oder die heilende Kraft
von Geschichten 162
Rituale bannen Ängste 167
Unsichtbare Gefährten nehmen Ängste 175
Von der unheimlichen Lust an der Angst 182

Erziehung, die Ängste schaffen kann 194

«Manchmal krieg ich echt schon Angst!» – Kinder erzählen 197
«Die nehmen mich nicht ernst!» – Grenzenlose Erziehung
macht unsicher 199
«Oder muß ich erst böse werden?» – Strafandrohung,
Inkonsequenz und Kinderängste 201

«Ich kann das nicht!» – Über Entmutigungen 211
«Das mußt du doch können!» – Überforderte Kinder sind
ängstlich 214
«Keiner mag mich!» – Von der Verzweiflung, ein Außenseiter
zu sein 219
«Ich bin wie mein Vater!» – Der elterliche Perfektionismus
und die Angst vor Mißerfolg 226
Wenn Ängste passiv bewältigt werden 234

Kinderängste und die Medien 243

Musik, Geräusch und Bilder und was Kindern sonst noch
angst macht 247
Medien – nicht Ursache, sondern Verstärker von Angst 249
Wie Kinder mit den Medien-Ängsten umgehen oder
warum Sehverbote nicht helfen 260
Spiele und Wiederholungen geben Gewißheit 262

Nachwort – Angst und fachkundige Hilfe 269

Ausgewählte Bücher und Medien, die Kindern bei der
Bewältigung von Ängsten helfen 275

Literatur 280

Das ist ein Geist, aber ein ganz lustiger!
Katharina, 4 Jahre

Für Nine

Vorwort

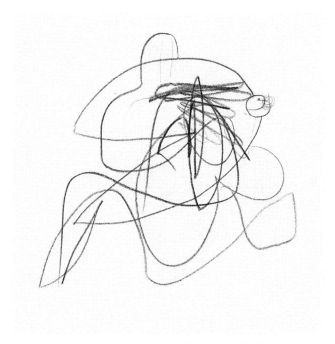

**Das ist ein gefährlicher Gespensterfisch
Tonia, 4 Jahre**

Wenn ich Eltern- und Familienseminare zum Thema «Kinderängste» anbiete, erlebe ich eine angespannte Situation: Man kann die Angst, die die Eltern haben, förmlich spüren. Sie wirken bedrückt, still, unsicher, betreten. Und ähnlich ist es, wenn Eltern wegen des ängstlichen Verhaltens ihrer Kinder um Beratung bitten.

Kinderangst, so scheint es, macht Eltern angst, vermittelt schlechtes Gewissen oder unangenehme Gefühle. Kinderängste werfen Fragen danach auf, warum gerade das eigene Kind eine Furcht zeige, die andere überhaupt nicht hätten. Und dies, obwohl man sich in der Erziehung doch alle Mühe gibt, jegliche Belastungen von den Kindern fernhält, die Unsicherheit und Ängstlichkeit mit sich bringen könnten.

«Jede Nacht hat mein Sohn Angst, er träumt schlecht, schläft nicht wieder ein», kommentiert eine Mutter ihre nächtlichen Erfahrungen. «Und meine Tochter will nicht in den Kindergarten, weil sie Angst hat, daß ich sie nicht wieder abholen würde. Jeden Morgen dieser Nerv», berichtet eine sichtlich gestreßte Mutter. «Nachts scheint das Kinderzimmer meines Sohnes zum Tummelplatz aller Geister unserer Stadt zu werden. Nichts hilft dagegen: keine guten Worte, keine Argumente», klagt ein genervter Vater.

«Und ich kann keinen Schritt mehr aus dem Haus gehen, ohne daß mein Sohn klammert, klettet, er hat fürchterliche Angst, daß ich nicht wiederkomme», erzählt eine Mutter und gesteht dann: «Da ist mir der Kragen geplatzt: Es ist zum Davonlaufen, hab ich geschrien, aber da war erst recht die Hölle los. Siehste, hat er gesagt, du gehst weg. Oje, er hat so gewimmert.»

«Mein Sohn hat sich neulich nur ein bißchen die Haut aufgeratscht. Es hat ein klein wenig geblutet, aber er hat gebrüllt: Ich sterb! Ich sterb! Es war fürchterlich», sagt ein Vater mit einem verzweifelten Gesichtsausdruck: «Ich war völlig hilflos.»

Kurze Kommentare und Anmerkungen, die zeigen, wie Kinderängste Eltern bewegen, oder besser: wie Eltern häufig rat- und hilflos reagieren, nicht wissen, wie sie angemessen antworten können. Kinderängste lösen häufig bei Eltern die Frage aus: Haben wir etwas falsch gemacht, wenn unser Kind nun Angst hat? Was sind richtige Antworten auf die Fragen der Kinder? Kann ich mein Kind ohne Angst erziehen?

«Nein», höre ich eine Mutter im Ton der Entschiedenheit sagen: «Aber ehe ich das kapiert hatte, mußte ich meine Lektion lernen.» Sie sei 23 gewesen, als ihr erstes Kind, der Jakob, geboren wurde. Damals sei sie viel beschäftigt gewesen, habe mit ihrem Mann eine Firma aufgebaut. «Jakob entwickelte sich prächtig», erzählt sie. «Gut, es gab hin und wieder mal Schwierigkeiten: Er näßte noch einige Zeit ein, nuckelte, hatte lange Zeit seinen Schnuller. Aber das störte mich nicht. Mir fiel es auch gar nicht auf! Wir hatten ein richtig herzliches

Verhältnis.» Jakob beschäftigte sich wunderbar mit sich selbst, war ein sehr ausgeglichenes Kind, wirkte gelassen. «Und das, obwohl es manchmal viel Hektik gab.» Die Mutter lacht: «Dann kam das zweite Kind. Ich hab die Arbeit erheblich reduziert, wollte die Schwangerschaft ganz bewußt erleben und hab mich viel mit Kindererziehung beschäftigt. Ich wollte mehr Zeit für meinen Sören haben, die Fehler, die ich bei Jakob gemacht hatte, nicht wiederholen. Ich wollte alles richtig machen.» Sie sieht mich an: «Was sage ich Ihnen: Sören ist nun vier. Er schläft schlecht ein, träumt und phantasiert von bösen Tigern, ist zögerlich, zaudernd, traut sich häufig nichts zu. Er hat Angst vor jeder neuen Situation.» Sie schüttelt den Kopf: «Dabei wollte ich alles perfekt machen, ihm Ängste ersparen, die ich als Kind durchgemacht hatte und die auch Jakob hatte. Und alles ist schlimmer, als ich es gewollt habe.»

Diese kleine Geschichte verdeutlicht zweierlei:
■ Kinder durchleben in ihren ersten Lebensjahren entwicklungsbedingt verschiedene Ängste, die sich bei ihnen – beeinflußt durch Anlage, Temperament und Familienklima – zeigen. Daneben gibt es Ängste, die sich aus den Eltern-Kind-Beziehungen ergeben. Nicht selten «zweckentfremden» Eltern ungewollt die erziehungsbedingten Ängste, z. B. wenn die Mutter sagt: «Es ist zum Davonlaufen!» So können nämlich beim Kind tiefliegende Trennungsängste aktualisiert werden.
■ Kinderängsten ist nicht mit einem erzieherischen Perfektionismus beizukommen. Und objektiv richtige Antworten auf Kinderfragen sind nicht selten jene, die den Kindern nicht passen und sie überfordern. Angemessener sind wahrhaftige Antworten, die sich am Alter, an den Wünschen und Bedürfnissen der Kinder orientieren.

Deshalb sollen meine praktischen Hinweise, die sich in den Geschichten dieses Buches finden, nicht als fertige Gebrauchsanweisung zur Bearbeitung von Ängsten mißverstanden werden. Ich will vielmehr Mut machen, gemeinsam mit den Kindern eigene Wege zur Angstbewältigung zu gehen – und dieses Gehen bewußt zu erleben, weil so individuelle Pfade gefunden und beschritten werden. Dabei kann man viel von Kindern lernen. Mich hat ihre mutige, magische, spielerische, paradoxe, manchmal anarchistische, auch grausame und provokative Art fasziniert, sich Ängsten zu stellen. Ich habe von ihrer Gestaltungs- und Schöpfungskraft gelernt.

Zugleich erinnerten mich die Kinder an meine eigenen Kindheitsängste. Mir wurde vor Augen geführt, wie ich damit umgegangen bin. Eine meiner Lieblingsgeschichten, die mir mein Großvater erzählte, stammte aus seiner eigenen Kindheit. Er lebte auf einem großen Bauernhof. Und wenn ein Gewitter kam, holte seine Mutter alle Bewohner in die Diele, man setzte sich um einen Tisch, zündete eine Kerze an, legte die Bibel und alle Papiere dazu. Und dann fing seine Mutter an, Gruselgeschichten zu erzählen. Mein Großvater kannte sie nicht mehr – ich hätte sie gerne gehört. Aber er wußte noch wie damals: Die Geschichten waren so gruselig, daß er darüber glatt das Gewitter vergaß. Und manchmal bedauerte er, daß es Jahreszeiten mit so wenigen Gewittern gab.

Als ich etwa vier oder fünf Jahre alt war, näßte ich hin und wieder ein – nicht häufig, vor allem aber dann, wenn mein Kinderbett frisch bezogen war. Ich war darüber sauer, wütend, wollte das nicht. Aber es passierte immer wieder. Und ich schlief zunehmend schlechter ein, hielt mich wach, damit es nicht wieder passierte. Als ich eines Morgens deshalb unausgeschlafen war, fragte meine Großmutter, warum ich so ungnädig wäre. Ich erzählte ihr die Geschichte. Sie fummelte in ihrer Kittelschürze, holte ein großes Leinentaschentuch heraus, das – um es vorsichtig auszudrücken – gebraucht war. «Beim nächstenmal, wenn alles frisch ist», sagte sie, «legst du das auf das Kissen und den Kopf drauf und denkst: Das Bettzeug ist dreckig!» Wie hätte ich auch anderes denken können! Ich nahm das Tuch mit, hütete es wie meinen Augapfel. Nach ein paar Tagen legte ich es auf mein frischbezogenes Kopfkissen. Gerüche von Tausendundeiner Nacht stiegen in meine Nase. Es roch nach Kartoffelschalen, nach Äpfeln und Nüssen. Ich schlief selig ein – und näßte nicht mehr ein.

Als ich so sechs war, segelte ich mit meinen Eltern auf der Ostsee. Sie hatten für damalige Verhältnisse ein großes Segelboot. Einmal kamen wir in einen heftigen Sturm. Die Wellen gingen hoch, der Wind pfiff in den Wanten. Das Schiff durchschnitt die Wellen, Brecher kamen über. Ich hockte mich in eine Ecke des Cockpits, den Rücken an die Kajütenwand gelehnt, mich fest andrückend, ein kleines Spielzeugauto in der Hand, das ich über die Kajütenwand gleiten ließ – ständig meinen Vater im Blick, der am Steuer saß, seine Pfeife in der Hand, klare Kommandos gebend, so als sei die Situation für ihn eine wie jede andere auch. Und so war es auch! Wenn das Boot Schräglage bekam, die Wellen wieder über das gesamte Boot spritzten, es heftig schaukelte, schaute ich meinen Vater kurz an – und sein beruhigender Blick beruhigte mich. Dieser Sturm war gruselig, aber schön gruselig, weil ich mich aufgehoben und sicher fühlte. Es war wie Geisterbahn fahren – nur spannender.

So ist mir bei der Beschäftigung mit den Ängsten der Heranwachsenden klargeworden, über welche Kreativität, ja welchen Humor Kinder verfügen, wie Kreativität und Humor ihnen schützende Distanz geben, ja welches Vertrauen sie in eigene Kräfte legen, wenn man sie läßt, sie nicht entmündigt und ihnen Verantwortung entzieht.

Humor findet sich denn in vielen Geschichten dieses Buches. Es sind Geschichten zum Lachen, weil Lachen befreit. Aber es sind manchmal traurige Geschichten, weil Angst auch mit Trennung und Abschied zu tun hat, und die sind ohne Schmerz und Tränen verbunden.

In diesem Buch gehe ich auf zwei Formen der Angst ein: auf die erziehungs- und auf die entwicklungsbedingten Ängste. Daneben gibt es krankmachende Ängste, die einer therapeutischen Begleitung bedürfen. Mit diesen Ängsten werde ich mich aber nur am Rande beschäftigen – nicht, weil ich sie für unwichtig erachte, sondern weil es hierzu andere, kompetente Veröffentlichungen gibt. Und ich versuche auch keine theoretische Erörterung des Themas. Ich möchte den Blick vielmehr auf jene Seite der Angst lenken, die zum Leben gehört, die schützt, die stärkt, die lebenstüchtig macht. Doch diese produktive Seite der Angst können Kinder nur entwickeln, wenn man nicht mit Angst erzieht, wenn Eltern Angst nicht für ihre Zwecke funktionalisieren. Denn dann erdrückt Angst und engt die kindliche Entwicklung ein.

Ängste gehören zum Leben

**Das ist mein Freund Draki!
Cornelia, 5 Jahre**

Einige Kinder einer vierten Grundschulklasse sitzen in einem Stuhlkreis und erzählen sich Geschichten zum Thema «*Als ich einmal Angst hatte*». «Ich lag im Bett», berichtet die achtjährige Annette, «da quietschte es fürchterlich. Da konnte ich nicht mehr ruhig sein. Ich wußte nicht, was es war. Mein Herz klopfte schnell. Ich konnte meine Augen keinen Zentimeter mehr zumachen. Den Kopf habe ich ein bißchen unter die Decke gesteckt. Und dann kam jemand die Treppe hoch. Sein Schatten war an der Wand. Da habe ich laut losgeschrien. Aber das war nur mein Vater, der wollte mir was sagen. Der hat mich beruhigt, ich solle nun mal keine Angst haben!»

«So was habe ich auch schon mal erlebt», sagt Caroline. «Als ich im Bett lag, war da auch so ein komisches Geräusch. Und ich dachte, jetzt kommt gleich ein Entführer und nimmt dich mit. Da hatte ich ganz nasse Hände. Ja, der kam immer näher, und da dachte ich, jetzt packt er mich. Und ich hab laut gerufen. Ganz laut. Da kam meine Mutter und hat mich getröstet. Ich durfte das Buch von den Schmugglern nicht mehr weiterlesen, weil Mama meinte, davon habe ich so schlecht geträumt.»

«Also da war bei mir auch so was», berichtet Sven. «Da hab ich was ganz Schlimmes geträumt. Ich bin in ein Gewitter gekommen, mit ganz viel Donner und Blitz. Und da dachte ich, das war in echt. Ich bin irgendwie aufgestanden und wollte zu Mama. Aber auf dem Flur stand ein Vampir. Und der wollt mich erschrecken. Da hab ich aber gesagt: Faß mich nicht an. Und da hat er blöd geguckt und ist verschwunden, und ich bin zu Mama ins Bett gekrabbelt.»

«Gespenster sind blöde. Also, das ist eine lustige Angst», erklärt Jasmin. «Blöd ist es nur, wenn das in echt passiert. Also, Mama ist einmal zum Einkaufen gegangen. Und hat gesagt, sie ist vorm Dunkelwerden wieder da. Aber sie war nicht da. Da hab ich Angst gekriegt. Jetzt ist ihr etwas passiert, hab ich gedacht. Da hat es plötzlich an der Haustür geklingelt. Da dachte ich, jetzt kommen Gespenster und holen dich ab. Aber da habe ich durch den Schlitz geguckt, und das war Mama. Da hab ich keine Angst mehr gehabt.»

«Ich war einmal im Bett. Da hat die Straßenlaterne so komisch auf mich geschienen. Und wenn ein Auto vorbeifuhr, war da so ein Schatten, und ich dachte, ein großer Vogel will ins Zimmer kommen. Da hab ich Angst gehabt. Da hab ich meine Kuscheltiere Hasi, Schnucki und Dumbo genommen und mich mit ihnen unter der Decke versteckt. Wir haben so zusammen gekuschelt. Und dann war das nicht mehr schlimm», erzählt Johnny. «Ich war wohl noch ganz klein», fängt Ben an, «da hatte ich immer vor dem Gewitter Angst. Da kam eines, und ich hab laut gebrüllt. Meine Mutter hat mich dann auf den Arm genommen. Und sie hat mir erzählt, daß das Gewitter nicht zu unserem Haus kommen kann. Es war noch ganz weit weg. Da hatte ich keine Angst mehr vor dem Gewitter.»

«Ich hab keine Angst vor so was, nicht vor Geistern und nicht vor Gewitter», berichtet Frank. «Wenn ich nicht brav bin, komme ich in ein Heim, das sagt mein Papa. Oder sie gehen weg und lassen mich dann allein zu Hause. Ja, dann bin ich ganz allein, und davor hab ich arg Angst. Weil, ich weiß doch gar nicht, wer mir dann das Essen kocht.»

«Meine Eltern haben sich schon geschieden», sagt Laura. «Sie sind schon auseinander. Papa wohnt ganz weit weg. Den seh ich nur noch selten. Aber der ist blöd, sagt meine Mama. Nun will ich ihn auch nicht mehr sehen. Aber ich bin schon traurig. Nun hab ich nur noch Mama. Und wenn die auch noch geht, wenn die also auch noch weggeht, dann bin ich ganz alleine und hab nur noch Teddy. Der ist mein Allerliebster.»

«Ich hab Angst, in die Schule zu gehen», sagt Ole, «weil ich nicht gut bin. Meine Lehrerin mag mich, die ist nett, aber Papa sagt, wenn ich nicht richtig lerne, dann werd ich Müllmann oder obdachlos. Der ist neulich mit mir da hingegangen und hat mir gezeigt, wo die wohnen. Das war ganz schrecklich. Ich glaub, ich komm da auch mal hin.»

«Ist nicht so schlimm, wenn du da bist», will ihn Marlene trösten, «die haben immer einen Hund dabei, der auf sie aufpaßt. Denen passiert nichts. Das ist wie bei mir. Wenn ich allein zu Hause bin, dann nehme ich unseren kleinen Benno, unseren Spitz. Dann setze ich mich in den Sessel, hab ihn im Arm und sag: Nun mußt du auf mich aufpassen. Und dann knurrt er. Und dann fühl ich mich ganz sicher.»

«Manchmal möchte ich auch ein Hund sein und knurren so wie deiner», schmunzelt Beatrice. «Ich find das ganz blöd, wenn ich mit Mama unterwegs bin und wir jemanden sehen, den ich nicht kenne, dem muß ich dann immer die Hand geben. Ich mag das nicht. Ich kenn den ja nicht. Sonst soll ich von keinem was nehmen, den ich nicht kenne. Aber dann...» Sie schüttelt verständnislos den Kopf.

«Also», beginnt Ralf-Peter, «also, wenn ich Katastrophen oder Unglücke sehe, im Fernsehen oder so. Oder wenn ich davon höre. Dann habe ich schon Angst. Das kann dir auch passieren, denke ich mir. Oder daß meinem Papa etwas passiert, der ist auch viel mit dem Flugzeug unterwegs. Der hat zwar versprochen, er paßt auf sich auf. Aber da passiert so viel. Der kann doch gar nicht auf alles aufpassen.»

«Früher», lacht Francesco, «hatte ich Angst vor Krokodilen. Die lagen unter meinem Bett. Da durfte nichts aus meinem Bett raushängen. Und ich bin dann auch nirgendwo mehr hingegangen. Dann hatte ich aber 'ne Idee: Ich wußte, die sind ganz gefräßig. Deshalb wollten sie mich ja auch haben. Da hab ich Smarties um mein Bett verteilt. Die sollten sie zuerst essen. Und dann sind sie satt, und dann fressen sie mich nicht mehr. Und am anderen Morgen waren die Smarties immer noch da. Da hab ich gedacht, da sind ja gar keine Krokodile und hab selber die Smarties gegessen. Aber dann war mir schlecht. Ich hab gedacht, vielleicht haben die Krokodile die nur nicht gegessen, weil ihnen nicht schlecht werden wollte. Also hab ich gedacht, da sind doch Krokodile. Am nächsten Tag hab ich dann Schokolade um das Bett verteilt. Und als die am nächsten Morgen dann auch noch da lag, hab ich gedacht, so wählerisch können die nicht sein. Also gibt's doch keine Krokodile unterm Bett.»

«Gibt es doch», beharrt Nadine. «Versuch's mal mit Lila Pause.» Darauf Francesco genervt:

«Entweder sie fressen Schokolade, dann fressen sie dich nicht. Oder wenn die Schokolade noch da ist, gibt's keine Krokodile. Und du wirst auch nicht gefressen. Dann kannst du die Schokolade fressen, dann siehst du aber auch bald aus wie ein Krokodil.»

«Blödkopp», meint Nadine.

Diese Gespräche zeigen die vielen Gesichter, die Ängste für Kinder haben. Und sie machen die alltäglichen Aspekte von Kinderängsten deutlich, die im Laufe des Buches, in den Geschichten und meinen Kommentaren ausführlicher erläutert werden.

Die Angst hat ein Doppelgesicht

Sie ist eine natürliche Erfahrung des Menschen, hat eine sichernde Funktion, ist notwendig, um das Überleben zu gewährleisten. Die Angst stellt eine notwendige physiologische und intellektuelle Vorbereitung auf eine gefährliche und bedrohliche Situation dar. Sie mahnt zur Vorsicht, ist hilfreich, um eine Gefahr realistisch einzuschätzen. Ohne Angst, ohne Furcht hätte die Menschheit in den letzten Jahrtausenden nicht überlebt. Zugleich fordern Ängste zur Bewältigung auf: Sich einer Angst selbstbewußt und freiwillig zu stellen, ihr ein Gesicht zu geben, setzt Vertrauen in die eigenen Kräfte voraus. Es stärkt zudem das Selbstwertgefühl, wenn man Ängste verarbeitet hat.

Mit der Ausbildung und Entwicklung von Ängsten im Lebenslauf bilden sich bei Kindern Angstbewältigungsstrategien aus. Und dabei erfahren die Kinder: Sie sind manchmal nicht Ängsten, aber ihren Eltern hilflos ausgesetzt, die ihnen nicht zutrauen, Ängste schöpferisch anzugehen. Damit soll nicht unterschlagen werden, daß es auch Ängste gibt, die Entwicklungen einschränken und behindern, eine Angst, die dem Wortsinn alle Ehre macht.

Angst kommt vom lateinischen «angustiae», d. h. «Enge», das Eigenschaftswort «angustus» bedeutet «eng». Kinder erleben im Laufe ihrer Biographie manche Situation, die sie unter Druck setzt, manchmal einen überbehütenden Erziehungsstil, der sie nicht losläßt, in wahrlich erdrückender Enge hält. Aber auch das Gegenteil macht Kindern Angst: der fehlende Körperkontakt und Halt, die Gleichgültigkeit, die emotionale Leere, die ihnen nicht selten im wahrsten Sinne des Wortes entgegenschlägt. Kinder fühlen sich nicht angenommen, betteln um Zuwendung – und sei es über eine störendauffallende Aktion oder psychosomatische Anzeichen (wie Kopf- oder Bauchschmerzen). Wenn die Angst ein Ausmaß erreicht hat, das ein normales Leben nicht zuläßt, die Reifung des Kindes behindert und Alltagsvollzüge in Frage stellt, dann hat sie keine Schutzfunktion mehr. Dann behindern Ängste die Entwicklung, werden pathologisch oder neurotisch, dann verliert Angst ihre lebenserhaltende Funktion, sie schwächt, wirkt bedrohlich und schüchtert ein.

Während die lebenserhaltende Angst mit konstruktiven Bewältigungsstrategien einhergeht, die ein Gefühl der Stärke vermittelt, führt die krankmachende Angst zur Schwäche und vermittelt das Gefühl von Hilflosigkeit und Ausgeliefertsein.

Angst, Furcht und Schrecken

«Manchmal höre ich etwas von der Furcht», will eine Mutter wissen, «dann höre ich wieder etwas von der Angst. Sind Angst und Furcht gleichbedeutend?» Furcht stellt eine Reaktion auf eine wirkliche, manchmal vermeintliche Gefahr dar. Das Kind sieht sich einer bestimmten Gefahr ausgeliefert, es fühlt sich ihr ausgesetzt und durch das furchterregende Objekt gefährdet. Ein Kind, das einst von einem Hund gebissen wurde, kann bei weiteren Begegnungen mit diesem Tier Furcht zeigen, die allerdings im Laufe seiner Entwicklung vergehen kann. Das Kind wird reifer, fühlt sich stärker und damit dem Objekt seiner Furcht nicht mehr ausgeliefert. Die Spannung zwischen eigener Schwäche und wahrgenommener starker Gefährdung verringert sich.

Während sich Furcht häufig nur an ein Objekt bindet, ist die Angst nicht selten durch eine diffuse Mehrdeutigkeit gekennzeichnet, die unsicher macht, einen Gefahrenreiz ausübt. Angst kann zudem dauerhaft sein. Angst ist mit Gefühlen verbunden, die sich lähmend auswirken können oder die zur Flucht auffordern und mit Schwäche, Unvermögen und Hilflosigkeit verbunden sind. Und Angst geht nicht selten mit Gefühlen der Ohnmacht einher, einer Ohnmacht, die das Gefühl vermittelt, die Gefahrensituation nicht konstruktiv zu packen. Dies gilt insbesondere für soziale, erziehungsbedingte Ängste, deren Ursachen in der Nahwelt des Kindes liegen. Gerade diese Ängste stellen sich dem Kind häufig bedrohlich dar und besetzen ganze Persönlichkeitsanteile, sie berühren sein Urvertrauen und Selbstwertgefühl negativ.

Eine Phobie stellt eine verschobene Angst dar, eine Angst, die sich an eine bestimmte Vorstellung bindet und zwanghaft ist, d. h. zu Aktivitäten (z. B. dem Waschzwang), aber auch zu ihrer Unterlassung (z. B. keinen Fahrstuhl zu benutzen) zwingt. Solches Vermeidungsverhalten kann umfassend werden.

Marie, jetzt 18 Jahre, hat eine Hundephobie. Als Vierjährige wurde sie von einem kleinen Hund angebellt, sie erschrak, brüllte fürchterlich. Man lachte sie aus. Hatte sie zunächst nur Furcht vor kleinen Hunden, so verselbständigte sich ihr Vermeidungsverhalten allmählich. Bald wechselte sie die Straßenseite, wenn sie nur von weitem einen Hund kommen sah, später plante sie ihre Wege, um keinem Hund zu begegnen. Sie ließ sich irgendwann mit dem Auto zur Schule fahren, abholen, verzichtete zunehmend auf außerhäusliche Kontakte, um nur ja keinen Hund zu Gesicht zu bekommen.

Neben Tierphobien sind es Schulphobien, die bei Kindern auftreten können. Die Kinder weigern sich, zur Schule zu gehen. Schon der Gedanke daran ist mit Bauch- und Kopfschmerzen, mit Übelkeit und Erbrechen, mit Eß- und Schlafstörungen verbunden. Sobald das Kind zu Hause bleiben darf, verschwinden die Symptome nicht selten. Auch phobische Schulverweigerungen sind nicht häufig verschobene Ängste, d. h., sie haben nicht selten mit unangenehmen Schulerlebnissen (hänseln, Mißerfolgs- und Versagensängsten), aber noch häufiger mit problematischen Familiensituationen (z. B. inkonsequentem Erziehungsstil, konkurrierendem Erziehungsverhalten der Eltern, einem überbehütend-klammernden mütterlichen Erziehungsstil) zu tun.

Angst, Furcht, Phobien vor konkreten Objekten und Situationen können somit erlernt werden. Man nennt solche Lernerfahrung Konditionierung, die meist in zusammengesetzten Situationen entsteht: z. B. ein plötzliches Geräusch (das Bellen) und ein darauffolgendes plötzliches Erlebnis (z. B. die Begegnung mit dem Hund). Die so erlernte Angst kann sich allmählich auf andere Hunde übertragen. Die Angst verallgemeinert sich, bindet sich möglicherweise an andere Tiere. Man muß ihnen dann nicht einmal mehr begegnen, um ein Angstgefühl zu bekommen. Manchmal reicht schon der Gedanke, die Vorstellung, sich diesen Tieren gegenüberzusehen, um unruhig, nervös, ja letztlich phobisch zu reagieren. Aber solche Ängste, die man in spezifischen Situationen erlernen kann, sind durch therapeutische Begleitung auch zu verlernen.

Angst ist ein Gefühl

Ängste zeigen sich körperlich, sind mit Gefühlen verbunden: Der ängstliche Mensch hat aufgerissene Augen (oder er verschließt sie, hält sie sich zu), die Pupillen sind geweitet, die Ohren sind gespitzt oder mit den Händen zugedrückt, der ängstliche Mensch hat eine Gänsehaut oder Schweißausbrüche, der Kopf ist gerötet, das Herz schlägt schnell, die Hände zittern, sie sind feuchtkalt. Darm und Nieren arbeiten schnell, Durchfall oder Verdauungsstörungen sind vorprogrammiert. Und jeder Mensch ist sein eigener Angsttyp. Aber generell gilt: Je diffuser sich die Angstsituation darstellt, um so bedrohlicher empfindet das Kind sie, um so heftiger sind die Gefühle. Dies gilt vor allem für die erziehungsbedingten Ängste, mit denen gespielt und gedroht wird: «Warte, bis es dunkel wird und Papa kommt!» Oder: «Das sag ich dem Nikolaus!»

Mit Rationalisierungen («Du brauchst doch keine Angst zu haben!»), mit Ignorieren («Das ist nicht so schlimm!»), mit Dramatisieren («Mein armes Kind, diese bösen Träume!») ist den Kindern nicht geholfen. Und Angstgefühle eignen sich nicht dazu, Kinder abhängig und klein zu halten. Kinder wollen mit all ihren Gefühlen an-, in ihren Ängsten ernst genommen werden.

Ängste zeigen sich über Gefühle, aber nicht jede Angst eines Kindes zeigt sich den Erwachsenen. Es gibt verborgene, verdeckte Ängste, die man an vielfältigen Symptomen erkennen kann:
- Regression. Die sechsjährige Katja näßt wieder ein, seit sie eine Schwester bekommen hat. Sie redet in Babysprache, stammelt herum, will wieder gewickelt werden.
- Einnässen und Einkoten. Der sechsjährige Stephan kotet seit Wochen tagsüber ein. Er geht häufig in das Freigelände des Kindergartens und macht dort seine «Häufchen», setzt «seine Duftmarken», wie die Erzieherin sagt. Stephan lebt in einer angespannten Familiensituation, befürchtet die Trennung seiner Eltern.
- Kein Neugierverhalten und selbstgewählte Isolation. Die achtjährige Vera fällt im Hort dadurch auf, daß sie sich nichts zutraut, auf

niemand anderen zugeht. Sie scheint still-passiv, nimmt zu niemandem Kontakt auf.
- ■ Passivität und Überangepaßtheit. Der neunjährige Björn fällt in Hort und Schule kaum auf. Er ist zurückgezogen, spricht leise, hat eine gehemmte Körperhaltung. Jede Aufgabe erfüllt er «brav». Er weiß, nur über Leistung erfährt er zu Hause Aufmerksamkeit.
- ■ Ungeduld, Hektik, Aggression. Der neunjährige Fabio ist der «Gruppenkasper», der durch seine Aktivitäten in den Mittelpunkt tritt. Er erlebt elterlicherseits einen grenzenlosen Erziehungsstil, den er als Gleichgültigkeit an seiner Person deutet.
- ■ Distanzlosigkeit. Die fünfjährige Mona geht auf jede Person in ihrer unmittelbaren Nähe zu, setzt sich auf deren Schoß, umgarnt und küßt sie. Sie wirkt vertrauensselig, ja nahezu angstfrei, dabei setzt sie sich völlig ungeschützt den kompliziertesten Situationen aus.

Verborgen-verdeckte Ängste verstecken sich hinter einer Vielzahl von Symptomen, die nicht allein auf Angst hindeuten müssen. Um diese angemessen zu interpretieren, ist eine genaue Beobachtung des Kindes unabdingbar. Das äußerliche Verhalten allein genügt nicht, um es als Angstsymptom zu bestimmen.

Ängste können verarbeitet werden

Die angstfreie Welt ist eine Illusion, ja eine negative Utopie. Eine Erziehung, die Ängste fernhalten will, macht Heranwachsende genauso lebensuntüchtig wie jene, die Kinder mit Ängsten unter Druck setzt. Kinder werden im Laufe ihrer Biographie mit vielfältigen Erfahrungen konfrontiert, die gefühlsmäßige Eindrücke und Belastungen mit sich bringen und Spuren hinterlassen. Eine selbstbestimmte Verarbeitung und Bewältigung von Ängsten ist für die Ausbildung von Ich-Identität und Selbstvertrauen wichtig. Kinder brauchen bei der Angstbewältigung elterliche Unterstützung, weil sie so Sicherheit und Halt erfahren.

Kinder haben ganz eigene Wege der Angstbewältigung: Sie inszenieren ihre Ängste, geben ihnen ein Gesicht. Obwohl jede Verarbeitung einzigartig ist und sich von Kind zu Kind unterschiedlich darstellt, können elterliche Maßnahmen die Verarbeitung unterstützen:
- Geben Sie dem Kind das Gefühl von Sicherheit und Geborgenheit, trauen Sie ihm die Angstbewältigung zu. Je sicherer sich das Kind gebunden fühlt, je mehr Vertrauen es zu sich selber hat, um so schöpferisch-kreativer geht das Kind an die Situation heran.
- Die Angst des Kindes ist ernst zu nehmen, sie sollte weder überdramatisiert noch heruntergespielt werden. Rationalisierungen helfen nicht. Aktives Zuhören, Anteilnahme, Verständnis sind wichtig – und: Nicht das Problem für das Kind lösen. Das Kind soll bei der Angstverarbeitung mitarbeiten. Deshalb ist die Frage an das Kind wichtig: Was kannst du zur Bewältigung deiner Ängste beitragen? Kinder sind voller Ideen, Magie und Phantasie. Kinder, die nicht mitarbeiten wollen, setzen ihre Ängste möglicherweise zweckgerichtet ein, um – unbewußt – bestimmte Ziele (z. B. Aufmerksamkeit erzielen, Schuldgefühle vermitteln, Ohnmachtsgefühle erzeugen) zu erreichen.
- Ängste kommen schnell, vergehen manchmal langsam. Eine Angstbewältigung ist nicht von heute auf morgen zu erreichen. Jedes Kind hat sein eigenes Tempo, seine eigene Vorgehensweise. Nicht alle äußeren Einflüsse, auch das Temperament des Kindes prägt nachhaltig – manchmal zum Frust der Eltern – die Geschwindigkeit, mit der Ängste verarbeitet werden.

Angst ist auch eine Frage des Temperaments

«Ich verstehe das nicht», erzählt eine Mutter auf einem Seminar, «meine beiden Kinder sind völlig unterschiedlich: Die jüngere Tochter, die Bettina, die ist sechs, geht auf alles zu, ist ausgeglichen, wird mit schwierigen Situationen lässig fertig. Die ältere, sie heißt Dorothea, ist acht, die ist schüchtern, scheu, schreckhaft. Und jetzt vergleicht sich die Ältere ständig mit der Jüngeren, zieht sich immer mehr zurück und verkrampft noch mehr!»

Viele Eltern beobachten: Kinder sind ganz unterschiedliche Angsttypen, gehen ganz verschieden mit angstbesetzten Situationen um, entwickeln differierende Strategien, um ihre Ängste zu verarbeiten. Zweifelsohne sind Ängstlichkeit, Schreckhaftigkeit auch anlagebedingt. Sie sind vom Temperament und von der Konstitution des Kindes abhängig. Schon bei Säuglingen kann man beobachten, wie sie unterschiedlich auf Situationen reagieren: Die einen liegen ausgeglichen da, lassen sich schnell beruhigen und trösten, schlafen lange und ausgiebig, lächeln, wirken geradezu gelassen. Andere scheinen schon früh zögerlich, scheu, sind leicht erregbar, reagieren erschreckt auf jedes Geräusch, jede Veränderung der Situation bringt sie regelmäßig durcheinander, sie reagieren schneller mit Ängsten.

Wenn man von anlage- und temperamentsbedingten Faktoren bei der Ausbildung von Kinderängsten spricht, darf nicht übersehen werden: Umwelteinflüsse prägen die Persönlichkeit des Kindes schon im pränatalen Zustand. Der Alkohol-, Tabletten- und Zigarettenmißbrauch der schwangeren Mutter hat ebenso gravierende Einflüsse auf die Konstitution des Kindes wie das Verhalten der Mutter während der Schwangerschaft. So zeigt eine Untersuchung: Frauen, die während der Schwangerschaft zu Hektik und Nervosität neigten, brachten Kinder zur Welt, die unausgeglichen-nervös reagierten, während sich umgekehrt die mütterliche Gelassenheit und Ausgeglichenheit während der Schwangerschaft auf das Kind positiv auswirkten.

Aber genetische Bedingungen und Temperamente müssen kein lebenslanges Schicksal sein: Auch ein scheu-unsicheres Kind kann Selbstbewußtsein und Urvertrauen aufbauen, anpackend seinen Lebenslauf gestalten. Umgekehrt kann aus einem ausgeglichen-stabilen Kind – die Fallgeschichten des Buches zeigen es – ein sozial unsicheres, still-passives Kind werden. Das elterliche Wissen um die genetische Disposition, um das Temperament kann insbesondere jenen Kindern helfen, die launenhaft sind, zu mehr Schreckhaftigkeit, Ängstlichkeit und Schüchternheit neigen, die langsamer auftauen als die Springinsfelde, die schnell im Mittelpunkt des Geschehens stehen. Die zögerlich-unausgeglichenen Kinder haben es dann schwerer, wenn man sie ständigen Vergleichen unterwirft. Dies tun sie schon häufig genug selbst – mit für sie manchmal deprimierenden Resultaten.

Sie erfahren, was sie alles nicht können, bekommen ein negatives Selbstbild und ziehen sich zurück. Es entsteht ein Teufelskreis, der diese Kinder nicht aufbaut, sich vielmehr als negativ erfüllende Prophezeiung wiederholt. Und dann reagieren Eltern (und pädagogisch Handelnde) ungeduldig: Da bietet man den Kindern ein optimales Umfeld, da stimmt das emotionale Klima in der Familie, da bemüht man sich um das Kind – und trotzdem reagiert es in Situationen schüchtern-scheu, wirkt es zögerlich, hat es Launen, zeigt unregelmäßige Rhythmen beim Essen und beim Schlafen. Oder die Eltern haben ein Kind, das jede Nacht aufwacht, nicht richtig durchschläft – und alles, was in den Ratgebern zum Ein- und Durchschlafen steht, funktioniert nicht, obwohl es beim Geschwisterkind oder bei anderen Eltern so reibungslos klappt.

Frust kommt hoch, Ärger macht sich breit, Versagensgefühle entstehen. Man fühlt sich geplagt, ungerecht vom Schicksal behandelt («Warum ausgerechnet ich?»), und dann kommen – ohne daß man das vielleicht will – doch vergleichende Maßstäbe: «Warum kann mein Kind das nicht?», «Versuch's doch wenigstens mal!», «Jetzt bist du schon so lange im Kindergarten und kannst es immer noch nicht!», «Das ist doch ganz einfach, probier's doch! Du mußt dich nur trauen!»

Ich hatte es gesagt: Anlagebedingte Dispositionen und Temperamente sind kein Schicksal. Ein Kind kann damit leben, sich akzeptieren lernen. Dazu braucht es Zeit, Eigen-Zeit. Und hierbei ist entscheidend, wie die Umwelt auf das kindliche Temperament reagiert. Haben Kinder das Gefühl, sie sind in ihrer Eigen-Art akzeptiert, bauen Kinder mit schwierigen Temperamenten Selbstbewußtsein und Urvertrauen auf. Auch wenn es passender und einfach angenehmer wäre, wenn das Kind einmal durchschliefe, kann man es in seinen unregelmäßigen Schlafrhythmen annehmen lernen. Und wenn sich Kinder darin bestätigt sehen, daß sie in fremden Situationen langsam auftauen dürfen, dann kann man in ihrer Zögerlichkeit auch eine produktive Langsamkeit entdecken. Diese Kinder ziehen sich zurück, wenn man sie vergleicht und drängelt, diese Kinder bewegen sich mit dem ihnen eigenen Tempo vorwärts, wenn man sie läßt.

Schwierigkeiten und Probleme entstehen dann, wenn Eltern die temperamentsbedingte Launenhaftigkeit, Schüchternheit, Unausgeglichenheit, Unregelmäßigkeit bei alltäglichen Abläufen mit temperamentsbedingter Offenheit, Gelassenheit, Anpassungsfähigkeit und Zugänglichkeit vergleichen. Dann stellt sich schnell der Verdacht ein, diese Kinder wollten nicht, sie machten ihre «Unarten» oder «Untugenden» mit Absicht. Nein: Diese Kinder können nicht. Sie machen es nicht mit böser Absicht, um ihre Eltern zu ärgern, sie vorzuführen. Sie können wirklich nicht.

Die Einsicht in anlagebedingtes Verhalten kann Eltern dazu bringen, sich intensiver und vorbehaltloser auf die Seite ihrer Kinder zu schlagen, ihnen Begleitung und Unterstützung zu geben, anstatt – manchmal unbewußt – gegen sie zu arbeiten.

Ängste begleiten den Lebenslauf

Kinderängste können, wie die Geschichten des Buches anschaulich zeigen, auf vielfältige Weise entstehen. Der dänische Philosoph Kierkegaard formulierte, Angst sei nur vor dem Hintergrund von Freiheit möglich. Die Freiheit, sich zu entfalten, Neues anzupacken, etwas zu wagen, hinaus in die Welt zu gehen, ist mit Angst verbunden – eine Angst, die herausfordert und schöpferisch, konstruktiv und kreativ macht. Sich selbstbestimmten Aufgaben stellen ist mit Spannung und Streß verknüpft, weil man scheitern kann, zugleich können so aber starke Gefühle von Selbstbewußtsein und Autonomie entstehen.

Menschen, die nicht hinausgehen, um sich der Freiheit und der Angst zu stellen, werden nicht selbständig, entwickeln kein Selbstwertgefühl, betrügen sich selber. Wer sich nicht selbstbestimmt dem Neuen stellt, weil er vor seiner Angst flieht, entwickelt eine Angst vor der Angst. Für diese Menschen ist Angst keine produktive Kraft, sie hemmt, macht sie krank.

Wenn Kinder das Krabbeln und Gehen lernen, lösen sie sich aus vertrauten Zusammenhängen. Das Kind stößt an räumliche Grenzen, an denen es rüttelt, die es überschreiten möchte – denn jenseits der Grenzen tun sich Freiheiten und Freiräume auf, die es erobern möchte. Für Kinder sind diese fremden Räume mit Lust und Angst verbunden, mit Lust auf Neues und Angst davor, sich in der Freiheit zu verlieren, keine Orientierung zu finden.

Das Kind entwickelt sich in den ersten Lebensjahren rasant. Mit jedem Entwicklungsschritt wird die Tür zum Leben offener – und dies fordert das Kind gefühlsmäßig heraus. Aber es läßt sich fordern, weil es weiß: Nur wenn ich aus der Tür gehe, mich den Gefühlen stelle, finde ich Zutrauen zu mir, erfahre ich mich in meinen Fähigkeiten.

In den ersten fünf Lebensjahren durchlebt ein Kind die fünf entwicklungsbedingten Angstformen, die es ein Leben lang begleiten. Da ist zunächst einmal die ursprünglichste Form von Angst, die Körperkontaktverlust-Angst. In der nächsten Entwicklungsphase entsteht das sogenannte «Fremdeln» oder die Achtmonatsangst. Mit dem Krabbeln und dem Gehenlernen geht die Trennungsangst einher, die sich zwischen dem zwölften und achtzehnten Lebensmonat ausbildet, ihren Höhepunkt zwischen dem zweiten und dritten Lebensjahr hat. Um das dritte Lebensjahr kommt er zur Ausbildung der Vernichtungsangst, der sich zwischen dem vierten und fünften Lebensjahr die Todesangst hinzugesellt. Bedenken Sie: Überwundene Ängste können wieder auftreten. Die Geburt eines Geschwisterchens kann Trennungsängste genauso wiederbeleben wie der Wohnortwechsel oder die Scheidung der Eltern. Direkt oder indirekt erlebte Katastrophen rufen Vernichtungsängste, die man schon überwunden glaubt, erneut wach.

Hier zeigt sich, wie unsinnig und verheerend es ist, Kinder angstfrei erziehen zu wollen. Wichtiger ist es, sie zur Verarbeitung von Ängsten zu ermutigen, ihnen dabei Halt und Sicherheit zu geben. Eltern können dabei auf jene Strategien, Symbole und magischen Bilder zurückgreifen, die die Kinder selbst entwickelt haben. Wer Kinder von entwicklungsbedingten Ängsten fernhält, erzieht sie zu einer

Angst vor der Angst, macht sie hilflos, abhängig von sich, macht sie schutzlos gegenüber möglichen Angstattacken.

Die entwicklungsbedingten Ängste verschwinden, werden schwächer, aber dies ist für Eltern, deren Kinder es gerade mit Ängsten zu tun haben, nur ein schwacher Trost. Denn manchmal dauert es lange, bis Kinder Ängste bewältigt, eigene Problemlösungskapazitäten entwickelt haben. Die hängen entscheidend von der gefühlsmäßigen und geistigen Reifung des Kindes ab. Und die stellt sich niemals als eine stete Vorwärtsbewegung dar, sie ist vielmehr erheblichen Schwankungen unterworfen, von Vorwärts- und Rückschritten, von Stillstand und Umwegen gekennzeichnet.

Generell kann man festhalten: Ängste vor plötzlichen Geräuschen und Bewegungen nehmen bis zum sechsten Lebensjahr ebenso zu wie die Angst davor, Körperkontakt und Halt zu verlieren. Während das Durchschlafen und die damit verbundenen Trennungsängste sich im Laufe der ersten Lebensjahre abbauen, nehmen Ängste beim Einschlafen und vor Träumen noch zu.

Nun sind Ängste allerdings auch erziehungsbedingt, man nennt sie soziale Ängste. Diese Ängste werden zumeist im Elternhaus erlernt. Sie werden in einem gesonderten Kapitel anschaulich geschildert. Soziale Ängste lassen sich auf verschiedene Faktoren zurückführen:
- eine problematische Erziehungsbeziehung (z. B. Streß in den Paarbeziehungen, ein gefühlsmäßig leeres Milieu),
- einen Kinder unterdrückenden, sie bewußt erniedrigenden Erziehungsstil,
- ein inkonsequentes, meist mit Sanktionen drohendes erzieherisches Handeln,
- einen grenzenlosen, die Kinder sich selbst-überlassenden Erziehungsstil, der sich in impulsiven Strafaktionen entlädt,
- eine überbehütende, Kinder hemmende, sie nicht loslassende Erziehungshaltung,
- eine Kinder überfordernde Leistungsbereitschaft, die sie nicht im Hier und Jetzt annimmt, sondern auf eine imaginäre Zukunft hin ausrichtet.

Frühe Ängste sind kein Schicksal

Auch wenn in der frühen Kindheit manche Disposition festgelegt wird, manche Kinder gar nicht anders können, selbst wenn sie wollten, so darf der «Mythos vom frühen Trauma» – so die Publizistin Ursula Nuber – nicht als Beleg dafür herhalten, daß ein Wachsen, eine Wandlung, eine Veränderung für Kinder aus widrigen Lebensumständen nicht möglich seien. Sie sind prägend – aber sie müssen nicht lebenslang zu Persönlichkeitsstörungen führen. Genauso wie eine geborgene Kindheit nicht vor psychischen Problemen im späteren Leben schützt.

Es gibt keinen unbedingten Zusammenhang zwischen einer belastenden Kindheit und einem negativen Lebensentwurf. Ungünstige Erfahrungen können aufgefangen werden. Unabhängig davon gilt auch: Wenn Kinder keine Möglichkeiten der Verarbeitung, des Schutzes, des Haltes haben, dann kann lebenslange Verzweiflung die Folge sein. Das muß sich nicht in zerstörerischer Aggression äußern, sondern kann sich darin zeigen, daß diese Kinder niemals auffallen, sich überangepaßt verhalten.

Schützende Faktoren, mit denen Kinder fehlende Geborgenheit aushalten und verarbeiten, mit denen eine Entwicklung lebenslang wirklich wird, sind:
- die Möglichkeit zu einer gefühlsmäßig stabilen Beziehung – sei es zu Lehrern, Nachbarn, Freunden, Geschwistern oder anderen Bezugspersonen;
- diese Kinder nicht als «Opfer» zu sehen, sondern ihnen konstruktive Problemlösungen vorzuleben, sie zum selbständigen Handeln zu ermutigen. Mitleid schwächt, Mitgefühl stärkt;
- bei dem traumatisierten Kind allmählich Leistungsbereitschaft zu entwickeln, ihm Verantwortung zu übertragen;
- ihm die Möglichkeit geben, im Spiel mittels Kreativität, Humor und Phantasie problematische Erfahrungen zu verarbeiten. Die geben nicht allein Vertrauen in die eigenen Fähigkeiten, die schaffen zugleich schützende Distanz zur Vergangenheit;

■ den belastenden Kindern Möglichkeiten zu einer räumlichen Distanz zum elterlichen Zuhause zu geben, um neue Bindungen zu anderen Orten und Personen eingehen zu können. Wenn dies nicht möglich ist, kann der gefühlsmäßige Abstand über eine zeitliche Distanz hergestellt werden. So können Aufenthalte im Hort, in der Schule, im Jugendclub, im Sportverein das Selbstbewußtsein stärken, emotionale Kraft geben, um die gefühlsmäßige Leere im häuslichen Alltag auszuhalten. Der Psychotherapeut Hilarion Petzold spricht von «schützenden Insel-Erfahrungen» und beschreibt diese so: «Das Erleben einer liebevollen Erzieherin, die eine harte und kalte Kollegin für ein paar Wochen vertritt, mag aus der Kontrasterfahrung das eine Kind in eine noch tiefere Verzweiflung stürzen, dem anderen Kind aber einen Hoffnungshorizont eröffnen, weil es – wenn auch nur für kurze Zeit – sich liebevoll angenommen und gemeint fühlt.»

Kinder wollen Halt
Vom Klammern, Weinen und vom Fremdeln

**Ich hab Angst vor Papa, weil er einen Bart hat.
Christoph, 3 Jahre**

Mit der Geburt, mit der Durchtrennung der Nabelschnur, löst sich das Kind von der Mutter, aber es ist weiter von ihr abhängig. Ihre Fürsorge und ihr Dasein garantieren dem Kind körperliches und seelisches Überleben. In den ersten Wochen, d. h. im nach-embryonalen Zustand, schläft das Kind viel, wird gestillt, bekommt Nahrung, erhält Wärme, Geborgenheit, es spürt beim Stillen und Getragenwerden den mütterlichen Herzrhythmus. In diesem Zustand totaler Bedürfnisbefriedigung, der vielleicht eine Art Schlaraffenland bedeutet, in dem Milch, das Gefühl des Aufgehobenseins und Einsseins mit der

Mutter unendlich vorhanden sind, gewinnt das Kind Vertrauen zu sich und zur Mutter. In diesem Schlaraffenland entstehen die Voraussetzungen für ein sich entwickelndes Urvertrauen und die gefühlsmäßig feste und sichere Basis des Kindes.

Der Säugling ist in den ersten Lebensmonaten ebenso anhänglich wie abhängig. Beides sind Bedingungen, um zu überleben. An Stimme und Geruch erkennt das Baby die Mutter, gleichwohl ist es zunächst noch unkritisch anderen Personen gegenüber. Die Fähigkeit, zwischen festen und weniger festen Bezugspersonen zu unterscheiden, entwickelt das Kind etwa vom sechsten Lebensmonat an. Erlebt das Kind jeden Tag andere Gesichter, erhalten sie keine konkrete Bedeutung. Das Kind lernt dann nicht, zwischen vertrauten und unvertrauten Personen zu differenzieren, es erscheint vertrauensselig, geht distanzlos auf andere zu. Ein solches Verhalten kann ein Zeichen für eine brüchige Bindung sein.

Der Säugling läßt sich berühren und gern im Arm halten. Körperkontakt herzustellen ist ein ursprüngliches Bedürfnis und dürfte bei der Mutter eine angeborene Disposition darstellen: Sie umschließt ihr Kind, gibt ihm mit den Händen Halt, läßt zu, daß das Kind sich fest an ihren Körper schmiegt. Das Kind empfindet Wärme und Nähe, es riecht sie. Das Kontaktbedürfnis ist in den ersten Lebenswochen und -monaten ausgesprochen groß. Wenn der Säugling hungrig ist, sich unwohl fühlt, müde ist, sich erschrocken hat oder den Körperkontakt verliert, dann reagiert das Kind. Auf gefühlsmäßiges und materielles Unbehagen folgen Schreien, Weinen oder Klagen, auf die plötzliche Trennung folgt ein Greif- und Klammerreflex.

Geht der Körperkontakt verloren, fühlt sich ein Säugling unbehaglich, es bauen sich existentielle Ängste auf. Das Schreien, Brüllen und der Greifreflex des Babys sind ein Kampf ums Überleben, ein Kampf, der von den Bezugspersonen, insbesondere der Mutter, unterstützt werden muß. In späteren Lebensabschnitten kann das Kind selbständig Ängste bewältigen, doch in dieser Phase ist es bedingungslos auf Eltern angewiesen. Diese können den Säugling unterstützen durch

- den Körperkontakt und
- durch Zuwendung, Trost und sofortige Bedürfnisbefriedigung.

Der Körperkontakt ist für Kleinkinder (aber nicht für sie allein), wie der Schweizer Ethnologe Franz Renggli schreibt, das «universelle Beruhigungsmittel». Einem Kind, das Angst hat, körperliche Nähe zu geben, ist das genaue Gegenteil von dem, was gegenwärtig leider in Familien häufig passiert. Kinder werden nur zu oft mit ihren Ängsten nicht angenommen, sondern damit allein gelassen: «Du brauchst doch keine Angst zu haben!»

Sicher gebundene und sich sicher fühlende Kinder sind in ihrem Leben nicht frei von Krisen. Auch sie durchleben Phasen der Unsicherheit, der Trauer, des Verlassenseins. Aber diese Kinder erwerben schon früh eine konstruktive Problemlösungskapazität. Sie haben viel Vertrauen zu sich, schwierige Lebenssituationen anpacken und lösen zu können. Sichere Bindung erwächst aus einer qualitativ festen und verläßlichen Erziehungsbeziehung, ist keineswegs das Resultat einer bloß quantitativ-materiellen elterlichen Bemühung. Der schreiende Säugling braucht nicht sofort die Nuckelflasche oder den Schnuller, wichtiger ist die beruhigende Stimme, das In-den-Arm-genommen-Werden. Das zwölfmonatige Kind, das müde ist und quengelt, braucht keinen Lutscher, sondern den beruhigenden Körperkontakt. Das dreijährige Kind, das durch Störungen Aufmerksamkeit provoziert, braucht kein neues Spielzeug, sondern elterliche Nähe. Körperkontakt und damit Bindung sind wichtiger als bloß materielle Zuwendung und Unterstützung. Der Zoologe Harlow hat dies in einem spektakulären Experiment gezeigt.

Er trennte neugeborene Rhesusaffen von ihren natürlichen Müttern. Als Ersatz bot ihnen der Forscher eine «Mutter» aus Drahtgestell mit einer Flasche an, eine zweite bedeckte er mit einem weichen Tuch. Sie hatte keine Milch. Die Affenkinder favorisierten die Stoffmutter, jene Mutter, die sie gut greifen konnten. Ein etwas älteres Affenkind war ganz schlitzohrig: Es hielt sich an der Stoffmutter fest und beugte sich zur Drahtmutter, um an ihr zu trinken. Bindung ist somit nicht von der gegebenen Nahrung, vielmehr vom Körperkontakt abhängig. Auch der englische Psychologe Ainsworth bestätigt, daß die Bindung des Kindes an die Mutter nicht primär von der Ernährung abhängig ist, sondern vielmehr davon, wie intensiv das Kind den Körperkontakt mit der Mutter erlebt.

Bindung und Zuwendung lassen sich somit in den Eltern-Kind-Beziehungen nicht an der Anzahl der gemeinsam verbrachten Stunden, der Küsse und Streicheleinheiten, der Kleidungsstücke oder Spielsachen festmachen. Bedeutsamer ist, *wie* Eltern auf die Signale des Säuglings und des Kindes reagieren. Überwiegen Freude und Zufriedenheit oder Ablehnung und Genervtsein? Anders gesagt: Nur eine gegenseitig sich respektierende und annehmende Beziehung baut eine Bindungsqualität auf. Das Kind bekommt auf seine Gefühlsäußerungen ebenso eine Antwort wie die Eltern, wenn sie dem Kind gegenüber Emotionen zeigen.

Bindung schafft Selbstwertgefühl

Im zweiten, dritten Lebensmonat macht das Kind eine wichtige Erfahrung. Es ist nicht eins mit der Mutter: die Illusion der symbiotischen Einheit ist zerstört, die Nabelschnur endgültig zerschnitten. Aber die körperliche, emotionale, seelische, soziale und nährende Abhängigkeit von der Mutter bleibt darüber hinaus bestehen. Das Kind weint, schreit, brüllt, um Körperkontakt zu bekommen und Versorgung sicherzustellen. Das Kind will Zuwendung und Tröstung, die durch das Auf-den-Arm-Nehmen, durch Kuscheln oder beruhigendes Sprechen gegeben werden können. Langsame Schaukelbewegungen gehören ebenso dazu wie leichte Massagen, liebevolles Streicheln oder Stillen, Nahrunggeben, wenn das Kind hungrig ist.

Für die Ausbildung des Urvertrauens, einer sicheren Bindung, ist es in der frühesten Kindheit wichtig, daß kindliche Bedürfnisse konsequent, verläßlich und vor allem spontan befriedigt werden. Manche Eltern gehen in dieser Entwicklungsphase nicht sofort zum Kind, wenn es weint, weil sie meinen, sie würden ihr Kind ansonsten verwöhnen, sich von ihm und umgekehrt abhängig machen. Diese Überlegungen können sich auf die Gefühlsentwicklung des Kindes nachteilig auswirken.

Das Kind nicht im Hier und Jetzt anzunehmen heißt, einen sechsmonatigen Säugling unter der Perspektive eines vielleicht Sechsjährigen zu sehen. Diese Sichtweise wird aber dem Säugling nicht gerecht, sie kann zu fatalen Fehleinschätzungen führen. Denn erst zwischen dem zweiten und dritten Lebensjahr erwirbt ein Kind die Fähigkeit, Bedürfnisse aufzuschieben, Frustrationen auszuhalten oder Gefühle der Unlust umzulenken.

Davor verfügt es nicht über solche Fähigkeiten. Säuglinge, Babys, ganz junge Kinder sind noch nicht in der Lage, zu warten. Das ist kein böser Wille, sie wollen vielleicht, aber sie *können* es nicht. Diese Einsicht vermag Eltern zu einem verständnisvolleren Umgang mit jüngeren Kindern zu bringen. Sie haben es nicht mit bösartigen Tyrannen zu tun, vielmehr mit Kindern, die sich Kompetenz erst durch Versuch und Irrtum, durch ständige Erfahrung und Ausprobieren erwerben müssen.

So konnten die englischen Forscher Bell und Ainsworth zeigen, daß Babys, die nicht spontan, sondern erst verzögert bei Weinen und emotionalen Ausbrüchen elterlichen Trost und Zuspruch fanden, am Ende des ersten Lebensjahres wesentlich häufiger weinten als jene Kinder, denen sofort Kontakt zuteil wurde. Ganz offensichtlich hat das zögerliche Elternverhalten Unsicherheit, fehlende Verläßlichkeit bei den Kindern aufgebaut, so daß die Kinder ihre Eltern durch Weinerlichkeit an sich zu binden versuchten.

Die Grundsteine für Urvertrauen, Selbstbewußtsein, Selbstwertgefühl und Neugierverhalten werden demnach früh gelegt, dabei kommt der Mutter eine herausragende Bedeutung zu. Ihre Rolle kann von anderen festen Bezugspersonen übernommen werden, die den Kindern allerdings vertraut sein und Sicherheit bieten müssen. Eine sichere Bindung an die Mutter (oder an andere Personen) gibt dem Kind ein verläßliches Fundament, auf dem Erkundungsverhalten, soziale Fähigkeiten und eine konstruktive Angstbewältigung gründen.

Die Mutter als Sicherheitsbasis

John Bowlby, ein englischer Trennungsforscher, bezeichnet die Mutter als «secure base», eine sichere Basis, auf die sich Kinder immer dann zurückziehen können, wenn sie Angst haben, ihnen Gefahr droht, sie unsicher sind und diffuse Lebenssituationen durchzustehen haben. Ist die Mutter körperlich nicht anwesend, nimmt sich das Kind – wie er es bezeichnet – «security blankets», Sicherheitsdecken. Das können Schmusetiere, Plüschtiere, Decken und andere Gegenstände sein, die dem Kind in der Nacht Kraft geben, die es mit auf den Weg nimmt, wenn es die Nahwelt erkundet und sich in neue, noch ungewohnte Situationen begibt.

John Bowlby hat auf die Kulturabhängigkeit der «Sicherheitsdekken» hingewiesen: Bei Naturvölkern, wo die Kinder nachts ständig in den ersten Lebensmonaten direkten mütterlichen Körperkontakt erfahren, binden sich Kinder weniger an unbelebte Gegenstände, es existieren keine Ersatzobjekte. In unseren Breitengraden helfen Schmusetier, Wolldecken und Stoffhasen dem Kind, die sichere Basis allmählich zu verlassen. Im Krabbeln und Gehen entfernen sie sich von der sicheren Basis, aber mit dem Kuscheltier bleibt die Erinnerung an diese Basis vorhanden.

So wichtig sich eine sichere Bindung für eine gefühlmäßig feste Entwicklung darstellt, weil sie Halt und Verläßlichkeit bietet, so bedeutsam ist es für Eltern, das Bindungsverhalten und die Erziehungsbeziehung zu verändern, der Altersentwicklung des Kindes anzupassen. Ein Bindungsverhalten, das einem Säugling Halt bietet, kann bei einem dreijährigen Kind dazu führen, daß es sich erdrückt fühlt, keine Leistungsbereitschaft entwickelt, unfähig wird, Verantwortung zu übernehmen. Zum Bindungskonzept gehört, wenn die Beziehung zwischen Eltern und Kindern reifer wird, sich gegenseitig loszulassen, eine ausgewogene Balance aus Nähe und Distanz zu leben. Nur diese läßt den Kindern Eigenständigkeit.

Kinder gehen vom dritten Lebensjahr an eigene Wege, und zwar um so selbstbewußter, je tiefer sie ihre sichere Basis verinnerlicht haben, je gewisser sie sind, daß diese Basis noch existiert, wenn sie zurückkehren. Sichere Bindung ist nicht zu verwechseln mit Überbehütung, mit Festhalten, das Kind an sich klammern. Auf der Basis einer sicheren Bindung kommt es – wenn das Kind auf eigenen Beinen steht, der Kindergartenbesuch naht – zu einer Ablösung voneinander. Wenn in dieser Phase das Kind nicht losgelassen wird, dann können aus sicher gebundenen Kindern unsichere Heranwachsende werden, die nur tastend und vorsichtig Neues erschließen.

Gekonnte Erziehungsbeziehungen zu leben ist eine anstrengende, mal lustvolle, dann mühsame, mal eine glücklich machende, dann eine kraftraubende Arbeit – ja ein Kampf. Warum aber sollte es den Eltern und Kindern anders gehen als den Helden und Heldinnen im Märchen, die erst kämpfen, um dann glücklich zu leben, die ihren Auszug in die Welt nicht als Vorspiel, vielmehr als Leben begreifen?

Schon der Säugling macht konstruktive Erfahrungen, wie er sein Überleben sichert, wie er mit Lächeln und Weinen sicherstellt, daß man sich um ihn kümmert, er Milch und Körperkontakt bekommt. Ein nächster Entwicklungsschritt bringt neue Anforderungen mit sich. Das Kind zwischen dem sechsten und achten Lebensmonat lernt zwischen vertrauten und nicht-vertrauten Personen zu unterscheiden. Eltern haben mit diesem Entwicklungsschritt – Fremdeln oder auch Achtmonatsangst genannt – ihre Probleme. Ihr Kind ist plötzlich nicht mehr so pflegeleicht, läßt sich nicht mehr jedem in den Arm drücken, es ist bei der Auswahl der Babysitter wählerisch, lächelt nicht auf Kommando – es möchte zwar Halt, dabei aber nicht von jedem gehalten werden.

Kinder werden wählerisch

Helmut Schneider besucht mit seiner Frau einen Elternabend im Kindergarten. Das Telefon klingelt. Eine Erzieherin geht hin, bittet Herrn Schneider an den Apparat. Am anderen Ende der Leitung sitzt eine völlig aufgelöste Babysitterin: «Ich kann Viktoria nicht mehr beruhigen. Die schreit wie am Spieß, verkrampft sich, wenn sie mich nur sieht. Kommen Sie bitte schnell.» Der Vater fährt – einigermaßen sauer – nach Hause. Als er Viktoria in den Arm nimmt, beruhigt sie sich allmählich, hört mit dem Weinen auf. Sie ist aber noch völlig aufgelöst. Die Babysitterin steht hilflos im Hintergrund. Auch der Vater weiß nicht, warum seine Tochter dieses Geschrei veranstaltet hat. Viktoria ließ sich doch vor einem Vierteljahr noch auf dieses Mädchen als Babysitterin ein, spielte und herzte mit ihr. Die beiden waren ein Herz und eine Seele, daß er schon manchmal eifersüchtig war. Und nun dies! Es hatte fast den Anschein, als erkenne Viktoria ihre Babysitterin nicht mehr, als sei dies eine völlig fremde Person für sie, eine Hexe, die sie gleich fressen würde.

Frederik, anderthalb, «ließ sich früher gerne herumreichen. Er war ein richtiger Sonnyboy, krabbelte drauflos, fühlte sich in jeder Situation sofort zu Hause.» Seit ein paar Monaten ist Frederik anders. Auf unbekanntem Terrain sucht er Kontakt zur Mutter oder zum Vater, bleibt zögerlich stehen, ja es scheint, als vergewissere er sich, ob ihm auch nichts passieren würde. Bei der Kontaktaufnahme zu anderen Menschen ist er wählerisch. Frederik hat eine ganz eigene Methode, Kontakt aufzunehmen. Die Mutter schildert eine durchaus typische Situation.

Neulich sei sie mit ihrem Sohn beim Arzt gewesen. Das Wartezimmer war voller unbekannter Menschen. Alle schauten Frederik an – ein süßer Fratz mit dunklem Wuschelkopf und großen braunen Knopfaugen. Frederik ergriff fest die Hand der Mutter, klammerte sich an sie, sein Blick war leer, so daß er niemanden ansehen mußte. Er setzte sich neben seine Mutter auf einen Stuhl, verharrte ungewohnt still. «Wenn's doch häufiger so wäre!» dachte sie. Frederik achtete genau darauf, mit der neben ihm sitzenden Person in keinen Kontakt zu kommen. Als die Frau einmal ihre Hand ausstreckte, zuckte er sofort zurück, schmiß ihr einen giftigen Blick zu. Dann schaute Frederik sich um, entdeckte in der Ecke des Wartezimmers Spielzeug. Er zeigte darauf, sagte aber kein Wort. «Geh hin!» sagte die Mutter. «Du weißt doch, dort kannst du spielen!» Frederik schüttelte kräftig den Kopf, dann stand er auf, zog und zerrte an seiner Mutter. Doch die blieb sitzen.

«Geh alleine! Das kannst du doch!» Wieder und wieder schüttelte er sein Haupt, sagte aber nichts. Dann begleitete sie ihn. Frederik ging mit der Mutter in die Spielecke, nahm sich zwei Klötze und wollte zu ihren Plätzen zurück. Das wiederholte sich einige Male, bis er alleine in die Ecke stapfte, sich hinsetzte, spielte. Ein älterer Mann, der neben der Spielecke saß, blickte Frederik freundlich-lächelnd an. Doch der schaute weg. Als der Mann dann in Frederiks Richtung greift, rückt er ein paar Zentimeter weiter weg, sein Spielzeug noch fester umklammernd.

«Na, Frederik, gib dem Mann doch auch etwas ab!» Wieder ein vehementes Kopfschütteln. Dann schaut er den ihm unbekannten Mann skeptisch an, taxiert ihn. Dieser lächelt. Sein Lächeln wird vorsichtig erwidert. Frederik läßt nun die Bauklötze fallen, es hat den Anschein, als werfe er sie in Richtung des Mannes. Vorsichtig tastend und krabbelnd holt er sich die Steine zurück. Der Mann wirkt wie ein freundlicher Beobachter, macht keine Anstalten, auf Frederik zuzugehen. Statt dessen lächelt er dem Jungen freundlich zu. Immer näher wirft Frederik die Steine in Richtung des Mannes – bis er ganz nah dran ist. Frederik schaut zu ihm empor – reicht ihm vorsichtig einen Stein, dann noch einen, dann noch einen. Frederik holt sich Nachschub, gibt dem Mann Klötzchen für Klötzchen, lacht vor Vergnügen.

«Du störst den Mann», greift die Mutter ein. Frederik sieht ihn an.

«Nein! Nein! Der stört nicht», antwortet der Mann. Schnell holt Frederik weitere Steine, um sein Spiel noch unendlich oft zu wiederholen.

Kinder entwickeln vom sechsten Lebensmonat an, manchmal früher, manchmal später, die Fähigkeit, zwischen vertrauten und nichtvertrauten Personen zu unterscheiden. Diese Fähigkeit der Differenzierung ist ein wichtiger Reifeschritt, unter anderem ausgelöst durch eine Verfeinerung der Sinneswahrnehmung. Und das Kind erwirbt allmählich ein Bewußtsein für gewohnte Umgebungen. Es lächelt nicht mehr jeden an, läßt sich nicht mehr von jedem anfassen – es lernt zu unterscheiden: Vertraute Menschen, die das Kind täglich oder regelmäßig erlebt, geben Halt, Orientierung und Verläßlichkeit. Diesen Personen vertraut es bedingungslos, weil sie Schutz geben, das gefühlsmäßige Überleben garantieren.

Nähe und Distanz erfahren

Aber zugleich «fremdelt» das Kind, wenn unbekannte Menschen ihm körperlich zu nahe kommen, diese nicht genügend Distanz an den Tag legen. Aber das Kind «fremdelt» auch in ihm unbekannten Situationen: Auf der einen Seite reizen diese Situationen zur Erkundung, auf der anderen Seite sind sie unheimlich, mit Angst verbunden. Auf der einen Seite möchte das Kind fortkrabbeln, vorwärts laufen, auf der anderen Seite braucht es den Blickkontakt zur vertrauten Person, benötigt es Gewißheit, nicht allein zu sein.

Kinder brauchen eine Aufwärmphase, sie bestimmen das Tempo der Annäherung zu unbekannten Personen. Bleiben diese auf Distanz, dann ergreifen Kinder irgendwann die Initiative: Sie suchen den Blickkontakt, sie lächeln, sie machen spielerische Annäherungsversuche, sie kriechen hin, manchmal suchen sie, wenn die Personen ihnen vertrauter geworden sind, Körperkontakt.

Eltern haben diese Entwicklungsphase unbedingt zu respektieren, denn wenn Kinder nicht jedem die Hand geben, nicht sofort freundlich und nett sind, schützen sie sich. Ihr Körper und ihr Instinkt signalisieren ihnen ein Nein, eine Distanz. Aus einer sicheren Entfernung heraus verschaffen sie sich einen verläßlichen Standpunkt, von dem aus sie selbstbestimmtes Neugierverhalten ausprobieren. Wenn Kinder in ihrem Schutzverhalten bestärkt werden, können sie auch in Situationen, in denen Eltern nicht anwesend sind, über einen wichtigen Selbstbehauptungs- und Überlebensmechanismus verfügen. Eltern, die aus falschverstandener Höflichkeit gegenüber Verwandten, Bekannten oder befreundeten Menschen das Nein des Kindes zu anderen Personen (oder anders ausgedrückt: das Ja zu sich und der eigenen körperlichen Unversehrtheit) mit emotionalem Druck unterlaufen, «Nun geh schon zur Oma!», verunsichern ihre Kinder. Denn sie können noch nicht recht zwischen vertrauten «Guten» und unvertrauten «Bösen» unterscheiden. Für Kinder sind unvertraute Menschen zunächst Fremde, denen sie mit Skepsis und Distanz begegnen müssen.

Anna-Lena fremdelt

Anna-Lena, knapp zwei Jahre, steht im langen Flur der elterlichen Wohnung. Es klingelt. Die Mutter öffnet die Tür, Anna-Lena watet ein paar Schritte hinter ihr. Als sie die Oma entdeckt, die Anna-Lena seit einigen Monaten nicht gesehen hat, weil sie in einer anderen Stadt wohnt, versteckt sich das Mädchen instinktiv hinter der Mutter, hält sich an einem Bein fest. Anna-Lena sucht Schutz hinter dem Rücken der Mutter. Es folgt eine kurze, herzliche Begrüßung zwischen den Erwachsenen.

Die Großmutter, freundlich-gelassen: «Na, wo ist denn Anna-Lena?» Die hält sich krampfhaft hinter der Mutter verborgen, ist nicht bereit, sich auf die Lockungen der Oma einzulassen. Als diese einen Schritt vortritt, um ihre Enkelin zu erspähen, läuft Anna-Lena ein paar Schritte in den Flur zurück. In sicherer Entfernung stoppt sie, dreht sich um, schaut ihre Oma unsicher an.

«Na, komm, Anna-Lena!» Die Stimme der Großmutter ist freundlich, nicht drängelnd. Aber Anna-Lena bleibt stur. Sie läßt sich auf nichts ein – die Zeit ist noch nicht reif für Annäherungen. Nun bekommt die Stimme der Großmutter einen ungeduldigen Klang, und sie breitet die Arme aus, streckt sie in Richtung ihrer Enkelin aus – so als solle diese sich freudig in ihre Arme stürzen.

Doch Anna-Lena tut ihr den Gefallen nicht: Je vehementer die Bemühungen der Großmutter, die Enkelin anzulocken, um so mehr versteift diese sich, die Arme abwehrend ineinander verschränkt. Die aufeinandergepreßten Lippen verraten Ablehnung, so als wolle sie sagen: «Nein, ich komme nicht!»

Die Mutter geht zwei Schritte in Richtung auf Anna-Lena zu, die – froh um den vertrauten Halt – sich in den Rock ihrer Mutter verkrallt: «Was ist denn, Anna-Lena? Kennst du Oma nicht mehr?»

Anna-Lena schüttelt den Kopf. Sie kann sich beim besten Willen nicht an die liebenswürdige Person erinnern. Wie denn auch? Sind seit ihrem letzten Besuch doch Monate vergangen.

«Na, nun geh zu Oma!» meint die Mutter etwas genervt. Anna-Lena bleibt stocksteif, bewegt sich keinen Millimeter vorwärts. Die

Großmutter nestelt an der abgestellten Reisetasche, holt Schokolade hervor, von der sie weiß, da «schmilzt meine Enkelin hin», wedelt damit in der Luft: «Guck mal, Anna-Lena, die magst du doch. Hat Oma dir mitgebracht!»

Anna-Lena schaut neugierig an ihrer Mutter hoch. Tatsächlich – Oma hat ihre Lieblingsschokolade mitgebracht. «Na, nun geh mal.» Die Mutter versucht ihrer Tochter einen kleinen Stups zu geben. Noch hat Anna-Lena auf «Nein» geschaltet. Sie bewegt sich nicht – nur ihr Kopf dreht sich neugierig in Richtung der Großmutter.

«Na, komm, Anna-Lena!» Die Stimme der Mutter wird lauter: «Oma hat dich so lange nicht gesehen. Die ist ganz traurig, wenn du nicht gehst.» Dieses Mal klappt es: Langsam, ganz langsam löst sich Anna-Lena aus der Verbindung zu ihrer Mutter, geht vorsichtig, Schrittchen für Schrittchen, tastend auf die Großmutter zu, die sie in ihre Arme zieht. Und es kommt, wie es kommen mußte: Die Großmutter hält Anna-Lena – aus ihrer Sicht verständlich – klammernd in ihren Armen. Anna-Lena läßt alles über sich ergehen. Sie spürt nicht die Umarmungen, die – herzlich gemeinten – Küsse, Anna-Lenas Augen sind auf die Schokolade gerichtet, und ein hilfloser Blick geht in Richtung Mutter, so als wolle sie sagen: «Ich hab Oma ja lieb. Aber muß es immer so schnell gehen!»

Anna-Lena fremdelte. Sie betrachtet ihre Großmutter aus einer Distanz heraus, die ihr Sicherheit gibt. Diese Distanz hat nichts mit fehlender Liebe oder Emotionalität zu tun. Anna-Lena – ich verallgemeinere, das junge Kind – braucht viel mehr Selbstvertrauen zu sich, um Kontakt zu dem ihm unbekannten Menschen – und sei es auch die Großmutter – aufzunehmen. Das Kind setzt – wie Anna-Lena – eine Grenze. Aus der Sicht des Erwachsenen mag dies einigermaßen befremdlich wirken. Aber eine durch das Kind in dieser Weise gezogene Grenze bietet Schutz, sie verschafft ihm Sicherheit. Nur im Wissen und im Vertrauen darauf vermag sich das Kind in einer ihm unvertrauten Situation zurechtzufinden. Es spürt instinktiv, ohne diese Grenze bin ich überfordert, würde ich mich emotional ausliefern. Hat das Kind die unbekannte Person lange genug aus sicherer Distanz erlebt und eingeschätzt, beginnt es sich sicherer zu fühlen, nimmt es

– wenn auch zunächst nur zögernd und vorsichtig – Spielchen auf, die Annäherung signalisieren. Wichtig: Die Regeln dieser Spiele muß das Kind bestimmen.

Werden die von Kindern aufgebauten Grenzen wie bei Anna-Lena nicht respektiert, werden sie durch Bestechung, z. B. Spielzeug, Süßigkeiten oder emotionale Nötigung («Oma ist ganz traurig!»), niedergerissen, können Verhaltensunsicherheiten die Folge sein. Wohlgemerkt: Sie müssen nicht auftreten! Verhaltensunsicherheiten ergeben sich vielmehr aus der Häufigkeit, mit der Kindern dieser Erziehungsstil aufgebürdet wird. Für das Kind stellt sich solches Verhalten der Eltern als Zwickmühle dar: Da ist einerseits das eigene Gefühl, daß das «Nein!» stimmt, daß der Körper «Halte Distanz!» signalisiert; da sind andererseits vertraute Erwachsene, die einen auffordern, gegen das eigene innere Gespür zu handeln.

Wer Kinder in diesem Lebensabschnitt nicht darin bestärkt, zu eigenen Gefühlen zu stehen, macht sie handlungsunsicher, entzieht ihnen Schutzmechanismen, die sich in anderen Situationen – z. B. wenn Eltern oder andere Bezugspersonen nicht anwesend sind – als hilfreich und lebenserhaltend erweisen.

Deshalb: Bestärken Sie Ihr Kind in seinem «Nein!», auch wenn das anderen Personen weh tut! Akzeptieren Sie Grenzen, die das Kind setzt! Ihr Kind erfährt: Meine körperliche Unversehrtheit wird von jenen Personen, zu denen ich Vertrauen habe, höher bewertet als irgendein «gutes Benehmen», das die Umwelt von mir erwartet. Dabei verinnerlicht das Kind ein wichtiges Modell: Erwachsene haben Respekt und Achtung vor meinem Körper! Auch die umgekehrte Botschaft wird auf diese Weise eingeübt: Erwachsene, die meinen Körper nicht respektieren, werden auf Distanz gehalten.

Distanzlosigkeit

Distanzlosigkeit ist nun nicht allein Folge eines Erziehungsstils, Distanzlosigkeit kann sich auch aus ungünstigen Lebensumständen während des ersten Lebensjahres ergeben: z. B. eine krankheitsbedingte längere Abwesenheit des Kindes von der Familie; Tod und

Trennung von der Mutter; ständig wechselnde Bezugspersonen etc. Bauen Kinder in den ersten Lebensmonaten keine feste Bindung auf, sind sie nicht eingebunden in ein verläßliches Koordinatensystem, dann können Distanzlosigkeit und fehlendes Körperbewußtsein die Folge sein.

«Irgend etwas ist mit Kevin, hab ich mir gedacht», erzählt mir Annegret Classens, eine Erzieherin, «ganz normal ist der nicht. Der war den ersten Tag im Kindergarten, saß schon bei mir auf dem Schoß, küßte mich, fummelte an mir rum. Und als er mittags ging, sagte er mir, er würde mich lieben. Ich sei die beste Frau auf der ganzen Welt.» Nun hatte Kevin nicht allein eine Erzieherin umgarnt, zu anderen hatte er auch schon intimen Kontakt gefunden. Zwei Kolleginnen von Annegret Classens fanden Kevin «richtig süß. Einen Tag da und schon aufgetaut. Der hatte überhaupt keine Berührungsängste.»

Doch allmählich wurde es dem gesamten Kindergartenteam unheimlich: Er machte morgens mit seinen Liebkosungen die ganze Belegschaft durch, kämpfte sich von Schoß zu Schoß, und wenn es einer Erzieherin zuviel wurde und sie ihn abschüttelte, kletterte er schon zu einer anderen.

«Ich darf's ja nicht sagen, aber er brummte wie eine Schmeißfliege von Misthaufen zu Misthaufen. Den wurde man nicht mehr los. Wenn er das Team durchhatte, dann kamen die Mütter und Väter dran, die gerade den Kindergarten besuchten. Die kriegten alle einen Kuß. Die wußten gar nicht, woran sie waren und wie ihnen geschah», so die Erzieherin.

Vertrauensseligkeit – wie bei Kevin – ist häufig ein Hinweis auf fehlendes Urvertrauen. Kevin praktizierte Distanzlosigkeit, das heißt ein Gemenge aus unkritischer, meist kurzzeitig oberflächlicher Bindung. Dahinter steckt nicht Eigenständigkeit oder gar Selbstbewußtsein, dahinter verbergen sich unbefriedigte Geborgenheitsbedürfnisse. Das Kind ist sich seiner Bindung zu Personen nicht sicher: Es hat die Befürchtung, daß es verlassen wird. So erzwingt es durch ständige Provokationen Aufmerksamkeit. Oder es nötigt seine Bezugspersonen durch ständiges Nörgeln, Unzufriedensein, durch quengelige Weinerlichkeit in einen Machtkampf.

Kevin hat eine abenteuerliche Biographie hinter sich. Er wohnt seit einem halben Jahr bei der Großmutter, die ihn aus einem Heim geholt hat. Kevins Mutter war Prostituierte, verschwand mit einem Zuhälter in die USA, ohne sich von Kevin zu verabschieden. Kevin kam kurz nach der Geburt zu Pflegeeltern, die ihn aber, als er kränkelte und sie Näheres über seinen Lebenslauf erfuhren, wieder abgaben. Auch eine andere Pflegefamilie nahm ihn nicht auf Dauer auf, da er häufig einkotete. Dem Jungen fehlte eine verläßliche emotionale Basis. Er konnte in der wichtigen Phase des ersten Lebensjahres keine stabilen gefühlsmäßigen Beziehungen aufbauen. Er lernte nicht, zwischen vertraut-bekannten und unvertraut-unbekannten Menschen zu unterscheiden, weil seine Bezugspersonen permanent wechselten.

Für diese Kinder sind alle Menschen gleich fern bzw. gleich nah. Da Kinder ohne Bindung nicht leben können, vielmehr emotional verwahrlosen würden, gehen sie ohne Distanz auf jeden Erwachsenen und auch auf Kinder zu. Sie werfen sich ihnen – im wahrsten Sinne des Wortes – an den Hals, kriechen auf ihre Schöße, klammern sich an jeden Rock- und Hosenzipfel, den sie fassen können. Und werden sie von einer Person abgewiesen, dann steht schon die nächste als Klammerobjekt bereit.

Diesen Kindern fehlt es meist an Selbstwertgefühl. Sie verfügen zudem nicht über ein körperliches oder sexuelles Selbstbewußtsein, sind mithin in erheblichem Maße mißbrauchsgefährdet, können ihre Anlehnungs- und Sicherheitsbedürfnisse doch jederzeit zum körperlichen und seelischen Schaden des Kindes ausgenutzt werden.

Gemeinsam mit den Großeltern und dem Kindergartenteam wurde eine Strategie für Kevin entwickelt: er sollte Nähe und Distanz erfahren, Bindung und Bezug erleben, Respekt und Achtung vor sich und anderen begreifen.

Zwei Erzieherinnen kümmerten sich intensiv um Kevin, bauten eine verläßliche Beziehung auf, die auch Zumutungen aushalten sollte. Denn die Beziehungsarbeit zu distanzlosen Kindern ist ohne Schmerzen, Trauer, Tränen und Streß nicht möglich. Kinder holen nach, was sie bisher noch nicht erlebt haben. Die wichtigste Voraussetzung war, daß Kevin nicht als bemitleidenswertes Kind betrachtet wurde, das schon viel erlebt hatte, sondern als ein Kind, das über Distanzlosigkeit für sich gesorgt hatte. Kevin kämpfte – wenn auch mit problematischen, ihn auf Dauer beschädigenden Mitteln – um sein emotionales Überleben.

Kevin erlebte an jedem Vormittag feste Rituale – mehr als die anderen Kinder. Diese Rituale waren an Zeiten (z. B. Ankommen, Weggehen, vor dem Frühstück etc.), an Räume (Kuschelecke, Eßecke, Freigelände) und an Personen gebunden. In den Zeiten dazwischen kümmerten sich die Erzieherinnen nicht um Kevin. Er konnte dann alleine spielen und tun, was er wollte, wobei man ihm, wenn er ziellos-umtriebig umherrannte, räumliche Grenzen setzte. Nahm er Kontakt zu anderen Kindern auf, wurde er angehalten zu fragen: «Darf ich mit dir spielen?» oder: «Ich möchte mit dir toben!» Auf Konsequenz legte man großen Wert, weil nur Eindeutigkeit und Klarheit Kevin helfen konnten. Gleichzeitig unternahm man mit ihm viele körperbetonte Spiele, um ein Körperbewußtsein auszubilden.

Die Anfangsphase erwies sich als äußerst schwierig. Kevin setzte die Erzieherin, aber auch die anderen Kinder permanent unter Druck. Tageweise kam er gar nicht in den Kindergarten. Die Erzieherinnen blieben – obgleich es ihnen schwerfiel – bei ihrer Vorgehensweise.

Gemeinsam mit den Großeltern entwickelte ich eine vergleichbare Strategie für zu Hause, die von einer Beratungsstelle regelmäßig unterstützt wurde. Mittlerweile ist Kevin sieben Jahre alt. Zwar fällt er hin und wieder in sein «altes Verhalten» zurück, aber erlebt in der Zwischenzeit positive, bedingungslose Nähe ebenso wie schützende Distanz. Kevin entwickelt eigene Rituale, besucht Judo-Kurse, um sein Körperbewußtsein weiter auszubilden, er tritt anderen nicht mehr ungefragt zu nahe, respektiert ihre körperliche Unversehrtheit. Wenn andere ihn ungefragt über den Kopf streichen, dann sagt er ganz selbstbewußt: «Hast du mich gefragt, ob du das darfst?»

Das Beispiel von Kevin zeigt, wie produktiv die Erfahrung «schützender Inseln» (siehe auch S. 38) für die Ausbildung emotionaler Stabilität ist. Darüber hinaus wird deutlich, wie gefühlsmäßig stabile Beziehungen fehlende Geborgenheit in der frühen Kindheit ausgleichen können.

Vom Krabbeln und vom Laufenlernen
Kinder erleben erste Trennungen

Ich bin manchmal auch ein Teufel,
sagt Mama.
Eva, 5 Jahre

Jessica, ein paar Monate alt, beginnt allmählich zu krabbeln, erst zögerlich, ja fast tastend bewegt sie sich von ihrer Mutter fort. Sie schaut sich um, strahlt ihre Mutter an. Die lächelt zurück. Jessica bewegt sich noch etwas vorwärts, dann stockt sie, dreht sich blitzschnell um, hastet – so flink es eben geht – zur Mutter zurück. Dort kreischt sie vor Vergnügen. Ihre Erkundungsgänge wiederholen sich nun unendliche Male in immer gleichen Abläufen.

Christian ist schon etwas älter. Er kann seit einigen Wochen alleine stehen. Er krabbelt zum Tischbein, zieht sich hoch, hält sich vorsichtig fest, findet und hält das Gleichgewicht, steht mit beiden Beinen – etwas wackelig zwar – auf dem Boden, lacht vor Freude. Dann läßt er sich hinplumpsen, geht zum Sessel und wiederholt dort sein Spiel.

David lernt gerade laufen. Noch steht er wackelig da, braucht hin und wieder elterliche Stütze. Aber zunehmend hält er das Gleichgewicht. Dann tastet er sich vorwärts, den nächsten Stuhl, Tisch oder den Schrank als Stütze im Visier, um Halt zu finden. Aber allmählich kann er allein gehen, zunächst noch mit den Armen wie Greifinstrumente zu beiden Seiten ausgefahren, um Balance zu finden oder Halt zu bekommen. Ein paar Wochen später nimmt er dann seine Wolldecke auf seine Erkundungszüge mit, eine riesige Wolldecke, auf der die Mutter sonst liegt, eine Wolldecke, die ihn fast umzureißen droht.

Daniela, fast zwei Jahre, geht schon weiter fort. Sie verläßt bei ihren Gehversuchen die Mutter, macht ein paar Schritte, dreht sich um, lächelt den Vater an, steckt ihren Daumen in den Mund, nuckelt. Sie kommt schnellen Schrittes zurück, läßt sich zwischen die Beine des Vaters fallen, kreischt vor Vergnügen. Dann macht sie sich wieder auf den Weg, der Daumen verschwindet im Mundwinkel, und sie um den Tisch herum, um gleich darauf um die Ecke zu blinzeln, sich vergewissernd, ob der Vater noch an seinem Platz steht. Dann flitzt sie zu ihm, so schnell die Füße tragen. Sie schaut ihn stolz an – so als wolle sie sagen: «Schau her! Was ich alles kann!»

Dann gehen ihre Spaziergänge von vorne los – so lange, bis sie erschöpft in die Arme des Vaters fällt. Doch nach einer Ruhepause hat sie neue Energien gesammelt, um das Wohnzimmer weiter zu erkunden.

Mareike, dreieinhalb Jahre, geht die ersten Tage in den Kindergarten. Sie wird von der Mutter gebracht. Mareike hält sich mit der einen Hand an ihrer Mutter fest, in der anderen Hand hat sie ihr Kuscheltier Bärchen. Bärchen begleitet sie überall hin, seit Mareike gehen kann. Als sie ihn einmal verloren hatte, gab es lautes Wehklagen. Die Mutter mußte zwei Tage suchen, Himmel und Hölle in Bewegung setzen, um Bärchen zu finden. Mareike hatte ihn in der U-Bahn liegengelassen. Es gab eine schlaflose Nacht – nicht nur für Mareike. Sie fragte ununterbrochen nach ihrem treuen Gefährten. Nun steht sie im Kindergarten, Bärchen in der einen Hand, den Daumen im Mund. Die Erzieherin steht hinter ihr, die eine Hand auf Mareikes Schulter gelehnt. Mareike schaut traurig drein, als die Mutter gehen will. Sie kniet sich vor ihre Tochter: «Nicht traurig sein! Du mußt nicht traurig sein!» Mareike stapft mit dem Fuß auf: «Ich will aber traurig sein!»

Jannik kommt bald in die Schule. Im Kindergarten ist er ein Rabauke, für jeden Spaß und Unsinn zu haben. Jannik kommt morgens alleine und selbstbewußt in den Kindergarten, geht mittags zielstrebig nach Hause. Er kennt einige Freunde, die mit ihm in die Schule gehen. Einige Wochen, bevor die Schule anfängt, beginnt er wieder zu nukkeln, ist besonders anschmiegsam, will im elterlichen Bett schlafen, hat Bauchschmerzen, näßt zweimal ein, fragt ständig nach der Schule, ob denn der Papa ihn morgens auch bringen würde. Und die Mutter hört, wie er seinem Hasen Felix kurz vor dem Einschlafen von seinen Sorgen erzählt.

Alex ist sechzehn. Er hat sich auf eine Lehrstelle beworben. Die Schule hat er mit Erfolg und selbstbewußt absolviert. Alex war wegen seiner Eigenständigkeit und seiner Unerschrockenheit bekannt. Er traute sich viel zu, und man vertraute ihm. Die Lehrstelle war in einem anderen Ort, eine Zugstunde entfernt, in der nahen Großstadt. Alex wurde – je näher der Vorstellungstermin rückte – ruhiger, nachdenklicher, schweigsamer. Er schien zaghaft zu sein, fast scheu. Als der Termin vor der Tür stand, fragte er am Abend seine Mutter: «Fährst du mit in die Stadt und begleitest mich bis vor das Haus?»

Vom Loslassen und Festhalten

Alle diese Situationen haben mit Trennung zu tun. Trennung heißt hier, sich auf den Weg machen, Eigenes beginnen, in unbekannte Gegenden aufbrechen. Trennung und Abschiednehmen vollziehen sich zwischen den Polen Verlassen und Verläßlichkeit. Je mehr Ur- und Selbstvertrauen Kinder haben, je stärker ihr Leben und ihre Entwicklung durch Verläßlichkeit geprägt sind, um so selbstsicherer ziehen Heranwachsende in die Welt hinaus, verlassen bekannte Orte. Der Säugling krabbelt aus dem Bett und erobert das Zimmer, das kleine Kind läuft und erobert das Haus, das ältere Kind rennt in den Garten, dann in die Umgebung der elterlichen Wohnung. Bald sind die Grenzen des Ortes und der Region erreicht.

Grenzen geben Heranwachsenden die Gewißheit, was sie können, aber jenseits der Grenzen liegen Räume, die es sich anzueignen gilt. Dazu bedarf es der Trennung von Vertrautem, des Abschieds von gewohntem Terrain. Der Psychologe C. G. Jung hat diese Grunderfahrung von Entwicklung so umschrieben: «Kind bedeutet, etwas zur Selbständigkeit Erwachsenes. Es kann nicht werden ohne Loslösung vom Ursprung: Die Verlassenheit ist daher notwendige Bedingung, nicht nur Begleiterscheinung.»

Trennung, Abschiednehmen, das machen die anfangs geschilderten Situationen deutlich, ist ein Prozeß, der Kinder bis zum Auszug aus dem Elternhaus begleitet. Immer wieder gilt es, sich veränderten Herausforderungen zu stellen – der Ablösung aus der symbiotischen Einheit mit der Mutter, dann dem Besuch des Kindergartens, später dem Eintritt in die Schule, dem Schulwechsel und schließlich der Berufsausbildung. Von Veränderungen in Freundschaften, einem Ortswechsel oder Krankenhausaufenthalt ganz zu schweigen.

Trennung und Abschied sind Garanten für ein eigenes Leben, sie stehen für Veränderung und Neuerung. Ohne Trennung und Abschied ist eine Individuation, ein selbstbestimmtes, eigenes Leben, sind Autonomie und Eigenständigkeit, sind Ich-Identität und Zu-sich-selber-Finden nicht möglich.

Die Märchenhelden und Märchenheldinnen leben den Kindern

diese Individuation gekonnt vor: Sie ziehen aus, sie machen Erfahrungen, sie geraten in große Gefahren, bestehen diese und kommen geläutert und gestärkt zurück. Doch ist Individuation ein lebenslanger Prozeß – und auch Erwachsensein ist kein fertig abgeschlossener Zustand. Er-Wachsen werden hat mit Wachsen, mit Veränderung zu tun – dies gelingt jedoch nur dann, wenn Abschied und Ankommen, Abgrenzen und Wiederannäherung Lebensprinzipien darstellen. Doch Eigenständigkeit und Autonomie gibt es nicht zum Nulltarif, sie sind nicht ohne Schmerz und Tränen möglich, sie sind mit Ängsten und Unsicherheiten verbunden.

Und Trennungsangste begleiten Kinder in ihrer Entwicklung. In ihrer frühesten, ursprünglichen Form tauchen sie zwischen dem zwölften und achtzehnten Lebensmonat auf. Sie geben Hinweise auf einen Reifeschritt des Kindes. Das Kind beginnt zu krabbeln, es löst sich erstmals augenscheinlich aus vertrauten Bezugsfeldern, später beginnt es zu laufen, wegzulaufen, sich bewußt zu lösen.

Das zunächst vorsichtige, dann bewußt eigenständige Stehen, schließlich das unabhängige Gehen bedeuten die endgültige körperliche Trennung von der Mutter. Und dann durchtrennt das Kind zusätzlich die psychische Nabelschnur. Die ersten selbständigen Schritte stellen deshalb auch – im übertragenen Sinn – Schritte dar, mit denen das Kind seine Individuation inszeniert.

Aber diese Eigenständigkeit ist noch brüchig, von gefühlsmäßigen Rückschritten und Rückschlägen bedroht. Selbstvertrauen kann schnell umschlagen in Minderwertigkeit, in «Ich-kann-es-nicht». Je mehr Vertrauen dem Kind geschenkt wird, um so mehr Selbstvertrauen hat es, um so selbstsicherer wird es. Bald braucht es nicht mehr die körperliche Anwesenheit der Mutter – ihr Pullover, ein Gegenstand tun es auch –, um ihr inneres Bild beim Kind vor Augen treten zu lassen. Oder es sind überdimensionierte Kuscheltiere, die dem Kind die Übergänge von der Abhängigkeit in selbstbestimmte Schritte erleichtern. Manchmal gibt es Phasen, in denen Trennungsängste überwunden scheinen, dann tauchen sie mit unverminderter Heftigkeit wieder auf.

Das gilt insbesondere für Übergangsphasen, die es im Leben und

Alltag eines Kindes genügend gibt. Zwischen dem dritten und sechsten Lebensjahr ist es der Besuch des Kindergartens, an dem sich Trennungsängste festmachen. Später ist es der sich abzeichnende Schulbesuch, der für Kinder mit Abschied vom Vertrauten und einem unsicheren Neubeginn verbunden ist. Auch zwischen dem sechsten und elften Lebensjahr gilt es, Trennungsängste zu bewältigen. Kinder werden reifer, sie erleben die vielfältigen Gefahren- und Krisensituationen des Alltags bewußter: Sie haben Verlassensängste, machen sich Gedanken darüber, ob sie ihre Eltern verlieren, sorgen sich, ob sich ihre Eltern wohl mal trennen könnten. Sie empfinden hin und wieder Wut und Haß auf die eigenen Eltern, haben Trennungsphantasien, die gleichzeitig von Gewissensängsten überlagert sind, ob die Eltern nicht traurig sind, wenn die Kinder nicht mehr im Hause wohnen. Gerade in der Vorpubertät reizen Heranwachsende ihre Eltern bis aufs Blut. Am Abend brauchen sie viele Streicheleinheiten, da sie sich tagsüber durch ihre Trennungswünsche und -phantasien gefühlsmäßig überfordert haben. Gefühle von unendlicher Verlassenheit gewinnen dann die Oberhand, die nur durch vertraute Nähe und Geborgenheit auszuhalten und zu kompensieren sind.

Mit Trennungsängsten ist nicht zu spaßen

Reifung und Entwicklung zu einer eigenständigen, selbstbewußten Person ist mit Ängsten verbunden. Deshalb gilt: Trennungsängste sind nicht von Kindern fernzuhalten, mit Trennungsängsten ist nicht zu spaßen, gar zu drohen. Kindern sind vielmehr Strategien vorzuleben, wie sie diese Ängste auf eine konstruktive Weise beherrschen können. Und Kinder können gekonnt und konstruktiv mit Trennungsängsten umgehen:
- Sie können Unsicherheiten dann konstruktiv verarbeiten, wenn man ihnen das Gefühl des Angenommenseins vermittelt. Die Trennungsphase und die damit verbundene Bewältigung müssen ihnen überschaubar erscheinen. Je diffuser sich die Phasen darstellen, je emotional leerer sie die Trennung erleben, um so gravierender sind die Folgen.

- Kinder können Trennungen aushalten und mit ihnen produktiv umgehen, wenn sie Vertrauen und Erfahrung darin haben, daß solche Trennungen zwar schmerzhaft sind, aber daß man sie überstehen und gestärkt aus diesem Prozeß herauskommen kann. Je mehr man Kindern Trennung und Abschied vorenthält oder sie überdramatisiert, um so überfahrener und ausgelieferter fühlen sich Kinder, um so weniger können sie Selbstheilungskräfte entwickeln, sind auf andere Menschen angewiesen. Ohnmacht und Hilflosigkeit sind nicht selten die Folge.

Zugleich muß vor einer Annahme gewarnt werden: Es gibt keine Patentschlüssel, es gibt nicht das beste pädagogische, therapeutische Mittel, um Kindern den Umgang mit Trennungen zu erleichtern, Schmerz und Trauer erträglicher zu gestalten. Hüten Sie sich vor einem sterilen Perfektionismus, der alle Beteiligten überfordert. Nehmen Sie Ihr Kind in seiner Trauer, seinen Tränen, seinem Schmerz an. Kinder haben ein Recht darauf. Wenn sich Kinder dann ernst genommen fühlen, empfinden sie Halt und Geborgenheit, gibt man ihnen Zutrauen: Dieser Zustand geht einmal vorüber.

Und eines darf nicht vergessen werden: Bei allem Bemühen um eine partnerschaftliche, das Kind ernst nehmende Erziehungsbeziehung gibt es Lebenssituationen, die Trennungs- und Verlassensängste mit sich bringen – der eigene, längere Krankenhausaufenthalt, die kranke Mutter, ein kranker Vater, die längere Abwesenheit mit sich bringen. Aber Scheidungserfahrungen, Umzugsfolgen können tiefsitzende Verlassensängste auslösen. Den Kindern hilft in dieser Phase kein Vorwurf, Eltern brauchen wie die Kinder Unterstützung.

Aus der Forschung weiß man um die emotionalen Konsequenzen solcher Trennungen:
- Das Kind reagiert zunächst mit Erregung und Angst, weil sein Bedürfnis nach Nähe und Kontakt zu Bezugspersonen – insbesondere der Mutter – nicht mehr gegeben ist. Das Kind empört sich darüber, es schreit, es weint, um Bindung wiederherzustellen. Dazwischen gibt es Pausen, in denen das Kind erschöpft daliegt und für Trost und Zuwendung nicht mehr erreichbar ist. Der Protest wiederholt sich, ja

es scheint, als sei das Kind durch sein Schreien mit der Mutter verbunden. Diese Phase des Widerstands bezeichnet John Bowlby als Protest.
- Die sich anschließende Phase nennt Bowlby Verzweiflung. Falls das Kind die Mutter (oder eine andere Bezugsperson) über sein ununterbrochenes Schreien und Empören nicht zurückzuholen vermag, resigniert es bald. Das Kind wirkt emotional leer, scheint verschlossen, ratlos und apathisch. Es wirkt weniger unruhig, weint manchmal still vor sich hin. Das Kind läßt sich nun in den Arm nehmen, sich sogar trösten. Diese Phase der Beruhigung deutet man häufig als Gewöhnung und Akzeptanz, als ein Sich-Einlassen auf die erfolgte Trennung. Das Kind drückt vielmehr tiefste Trauer aus, ist völlig verzweifelt.
- Hält die Trennung über längere Zeit an, beginnt das Kind, seine Gefühle an die Mutter zu verdrängen. So kann man bei längerer Abwesenheit der Mutter beobachten: es zeigt keine Freude, wenn diese wiederkommt, das Kind wirkt ihr gegenüber merkwürdig distanziert, ja es klammert sich manchmal an andere Personen. Das Kind drückt so Ablehnung aus. Es läßt sich nur widerwillig von der Mutter anfassen, reagiert teilnahmslos auf ihre Zuwendung.

Trennungen, sogar lang anhaltende, sind manchmal unumgänglich und müssen, auch wenn sie eine gefühlsmäßige Belastung darstellen, keine seelische Beeinträchtigung für den Heranwachsenden mit sich bringen. Zweifelsohne zieht ein auch nur vorübergehender Verlust der Bezugsperson, die fehlende Zuwendung der Mutter psychischen Streß nach sich. Aber Kinder können Trennungen – z. B. arbeits-, urlaubs- oder krankheitsbedingte – gekonnter (was nicht heißt: emotionsloser) bewältigen, wenn
- sie dem Kind überschaubar erscheinen,
- es um die Zuverlässigkeit anderer fester Bezugspersonen weiß,
- diese dem Kind vorher bekannt sind,
- die Gefühle, die mit Trennung einhergehen, durch Rituale des Abgebens und des Wieder-Abholens eine für das Kind überschaubare Struktur erhalten.

■ Und zweifelsohne hängt der Umgang mit einer Trennung vom Temperament und der Konstitution des Kindes ab.

Den entscheidenden Faktor stellt aber das gefühlsmäßig stabile Fundament des Heranwachsenden dar. Selbständige, selbstbewußte, sicher gebundene Kinder gehen mit Trennungen gekonnter und den damit verbundenen Ängsten offensiver um: Sie sprechen über ihre Unsicherheiten, überlegen, wer ihnen Verläßlichkeit geben kann.

Überbehütung und mindere Bindung machen ängstlich

Eine zu starke Bindung, eine Überbehütung und eine unangemessene Verwöhnung machen Kinder in ihrem sozialen Verhalten unsicher. Bezugspersonen und Kinder fesseln sich dann gegenseitig, lassen sich nicht los. Ja es hat den Anschein, als könne der eine ohne den anderen nicht sein.

Diesen Kindern mangelt es an Selbstwertgefühl und an zupackender Eigenständigkeit – insbesondere dann, wenn sie mütterliche Trennung und Abwesenheit erfahren. Sie erschrecken, wirken ängstlich, passiv, besorgt und unruhig, erschöpft und abgespannt, lächeln kaum. Auf diese Art übergebundene Kinder zeigen bei Trennungen zwei Reaktionsweisen:
■ Sie suchen die Nähe, den Schutz bei der Mutter, verfolgen sie überallhin, konzentrieren sich auf alles, beobachten genau, was die Bezugsperson macht. Die Kinder sind anhänglich aus Unsicherheit. Sie müssen sich ständig mütterlicher oder väterlicher Nähe vergewissern – aus Angst, sie könnten sie ansonsten verlieren oder Liebesentzug erfahren. Dieses räumliche und zeitliche Bindungs- und Klammerverhalten bringt bei den Bezugspersonen nicht selten Ärger mit sich, weil sie keinen Augenblick allein bleiben können. Sie spüren zwar: die Kinder sind unsicher, fürchten sich vor etwas, können ihre ängstlichen Gefühle jedoch nicht artikulieren.

- Andere Kinder erzwingen Nähe, erpressen ihre Eltern mit Quengeln, trotziger Weinerlichkeit und tränennasser Traurigkeit. Oder sie fallen in längst überwundene Verhaltensweisen (z. B. Einnässen, Stottern, wollen gewickelt werden) zurück, reagieren psychosomatisch. Oder sie verwickeln ihre Mütter und Väter in Machtkämpfe, provozieren darüber Aufmerksamkeit und erhalten Nähe. Solche Machtkämpfe sind für Eltern schwierig und nur dann zu beenden, wenn sie deren Ursache erkennen. Und vor allem: Den Kindern, die Bindung mittels Machtkämpfen erzwingen, fallen ständig andere Unarten ein, um ihre Eltern an sich zu ketten. Konsequentes Verhalten der Eltern wird mit dem Hinweis des Kindes wie «Du hast mich wohl nicht mehr lieb!», «Dann mag ich dich nicht mehr!» oder «Nie hast du Zeit für mich!» unterlaufen. Kinder lassen sich vor allem nicht auf ein Nachher vertrösten, sie wollen eine sofortige Befriedigung ihres Bindungsbedürfnisses, sie feilschen um jede Minute von Nähe und Zuwendung.

Unsicher gebundene Kinder fühlen sich nicht an-, schon gar nicht als Persönlichkeit ernst genommen. Nur wer sich geborgen fühlt, ist bereit für Neues. Nur wer sich ernst genommen weiß, handelt selbständig, nur wer respektiert wird, respektiert andere, nur wer als eigene Persönlichkeit geachtet wird, achtet andere in ihrer Autonomie. Wenn sich Mütter und Väter über ihre Kinder definieren, die Kinder Mittel zum Zweck sozialer Reputation sind, dann darf es nicht verwundern, wenn Kinder diesen Eltern keine eigene Zeit zubilligen, wenn sie sie für Bindung und Nähe benutzen.

Erziehung zur Selbständigkeit auf der Grundlage eines sicheren, verläßlichen Fundaments kann selbstsichere Kinder ausbilden, die produktiv und offensiv mit Trennungsängsten umgehen. Diese Kinder vertrauen darauf: Meine Mutter, mein Vater kommen zurück, sie sind nur vorübergehend abwesend, weil sie das Recht auf eine eigene Zeit haben. Gleichwohl protestieren auch diese Kinder, sind traurig, zeigen Gefühle, aber sie versuchen sich durch Nuckeln, über den Kontakt zu ihrem Kuscheltier, über ein inneres Mutter- und Vaterbild, das an sie erinnert, ein Symbol, das Vorstellungen von Nähe und

Geborgenheit wachhält, selbständig zu beruhigen. Dieser Prozeß vollzieht sich ständig gleich, Rückschritte und -schläge müssen einkalkuliert werden.

Denken Sie daran: Kinder sind keine Maschinen. Was eine Zeitlang reibungslos funktionierte, sich für Kinder als produktiv erwies, klappt nicht immer. Kinder haben ihre Tagesformen. Ereignisse, die bedrücken und belasten – seien es Streß im Kindergarten und Schule, Streit mit Eltern und Freunden, Krankheiten und Tod im Umfeld, anstehende räumliche Veränderungen oder zeitliche Abwesenheit eines Elternteils –, können Kinder verunsichern, ihre Bewältigungskompetenzen einschränken. Kinder haben ihre Eigenzeiten, ihr selbstbestimmtes Tempo, mit kritischen Lebensphasen umzugehen. Wenn man ihnen diese beläßt, stärkt man ihre eigenen Problemlösungsfähigkeiten.

Daumenlutschen, Nuckeln und der Schnuller

Jede entwicklungsbedingte Angst weist auf einen Reifeschritt, auf ein umfassenderes In-der-Welt-Sein, des Kindes hin. Doch ist mit jedem Reifeschritt nicht nur eine bestimmte Angstform, sondern zugleich eine eigene Bewältigungsstrategie seitens der Kinder verbunden. Der Säugling, der Körperkontakt verliert, der erschrickt, weil er fällt, der klammert, sucht instinktiv nach Halt. Das einjährige Kind, das sich einer fremden Person gegenübersieht, geht zunächst auf Distanz, beäugt aus einer sicheren Entfernung das unbekannte Objekt, um sich dann – wenn das Vertrauen gewachsen ist – ihm anzunähern. Das dreijährige Kind, noch neu im Kindergarten, von der veränderten Situation und den vielen unbekannten Gesichtern überrascht, bleibt an der Tür stehen, sucht seinen Standpunkt, der ihm momentane Sicherheit und Vertrautheit bietet, um irgendwann selbstbewußte Streifzüge zu unternehmen.

Ähnliches gilt für den Umgang mit jenen Ängsten, die mit Trennungen einhergehen. Auch hier entwickeln Kinder instinktiv Möglichkeiten, um den Übergang von symbiotischer Einheit zum Alleinsein auszuhalten, Verlassensgefühle zu bannen. Die anfangs geschilderten Situationen geben davon einen Eindruck:

■ Das Kind, das anfängt zu krabbeln, schaut sich um, vergewissert sich per Augenschein der mütterlichen oder väterlichen Nähe.

■ Wenn die Entfernungen beim Krabbeln größer werden, nimmt das Kind vertraute Gegenstände mit auf den Weg. Es schaut sich um, und wenn die Entfernung zu groß ist, geht manchmal reflexartig der Daumen in den Mund. Das Kind ist überrascht, was es schon alles kann.

■ Kinder, die ihre ersten Schritte alleine machen, halten ihre Hände und Arme nach vorne oder zur Seite gestreckt, so als suchten sie dort Halt. Und auch hier schnellt der Daumen zum Mund, wenn das Kind sich umschaut, gewahr wird, wie weit es schon gegangen ist. Dann läuft es mit Juchzern zurück, und alles fängt von vorne an – Abschied, Auszug und Rückkehr in unendlichen Wiederholungen.

■ Je weiter die Kinder gehen, je mehr sie ihre Eltern aus den Augen verlieren, um so wichtiger werden Übergangsobjekte, werden Schmuse- und Kuscheltiere, die die Kinder überall hinbegleiten, ihnen das Gefühl von elterlicher Vertrautheit und Geborgenheit geben. Die Bedeutung, die diese Objekte haben, nimmt im Laufe der Lebensjahre immer mehr ab. Aber wie die Geschichten dieses Buches zeigen, bleiben sie über Jahre hinweg für die Kinder relevant, tragen dazu bei, Trennungsängste zu minimieren, Eigenständigkeit zu leben und auszuhalten.

Eltern haben mit dem langsamen Tempo, das ihre Kinder im Umgang mit Verlassenheitsgefühlen und Trennungsängsten manchmal anschlagen, Probleme. Sie sind verwundert darüber, wie lange Kinder ihre Kuscheltiere brauchen, sie machen sich Sorgen, ob die abgeknabberten Wesen denn ob ihres unansehnlichen Äußeren nicht krankmachende Bakterien enthalten. Und Eltern beobachten: Kinder sind schon vier oder fünf Jahre alt und nuckeln ständig, und dann hat der Zahnarzt auf verhängnisvolle gesundheitliche Folgen aufmerksam gemacht, sollte das Nuckeln noch länger andauern. Und dann machen sich Eltern Gedanken darüber, ob es noch normal ist, wenn ihr fünf oder sechs Jahre altes Kind noch nächtens ins elterliche Bett krabbelt, um dort selig weiterzuschlafen.

Kinder brauchen Eigen-Zeit

Eltern – aber auch pädagogische Profis – belassen Kindern nicht immer ein eigenes Tempo, das Kinder brauchen, um eine ihnen gemäße emotionale Entwicklung zu durchlaufen. Kinder werden ständig Vergleichen unterzogen – mit Geschwisterkindern oder Kindern aus der Nachbarschaft. Während bei der intellektuell-kognitiven Reifung Entwicklungsschritte, wie sie der Psychologe Jean Piaget analysiert hat, praktisch festzuhalten sind, kann man bei der emotionalen Entwicklung solche Phasen nur theoretisch festmachen. Zwar gibt es auch hier Entwicklungsphasen, aber sie verlaufen bei einzelnen Kindern höchst individuell. Zudem sind sie von vielfältigen äußeren Einflüssen abhängig, ist die gefühlsmäßige Reifung keine stete Vorwärts- oder gar Aufwärtsbewegung, sondern sie kann von Stillstand und Rückschritt geprägt sein: Das Kind näßt wieder ein, kann nicht mehr ein- oder durchschlafen, träumt wild oder möchte nicht mehr allein im Zimmer sein, es möchte gewickelt und gestillt werden, wenn ein jüngeres Geschwisterchen geboren ist ...

Erhebliche Probleme haben Eltern, wenn Kinder nicht mit dem Nuckeln, dem Schnullern oder dem Daumenlutschen aufhören wollen oder wieder damit beginnen. Sie übersehen häufig die psychischen Funktionen, die diese Aktivitäten für das Kind haben. Sie mögen zwar irgendwann «schlechte» Angewohnheiten sein und nicht mehr zu ihrer ursprünglichen Bedeutung – der Bewältigung von Trennungsängsten – beitragen. Doch in den häufigsten Fällen haben sie für Kinder eine psychisch entlastende Funktion. Kinder benutzen Schnuller oder Daumen in Streßsituationen, insbesondere, wenn es darum geht, Gefühlsspannungen, die im Zusammenhang mit Trennung, Verlassen oder Verlust auftreten, abzubauen. Es ist zu abstrakt, wenn einige Zahnärzte Eltern auffordern, den Kindern dies mit Hinweis auf problematische Zahnstellungen zu untersagen.

Manche Ärzte oder Fachleute sehen das Problem als eine kieferorthopädische Angelegenheit. Nuckeln oder Lutschen ist aber ganzheitlich zu betrachten, vor dem Hintergrund der emotionalen Entwicklung des Kindes. Ansonsten hat man das Kind möglicherweise vor dem Überbiß bewahrt, hat aber gleichzeitig psychische Probleme geschaffen und seelische Verbiegungen aufgebaut, die nicht mit einem operativen Eingriff, sondern nur langfristig therapeutisch zu beheben sind.

Denn Nuckeln und Lutschen tun ganz offensichtlich, von jenen Kindern abgesehen, für die es nur pure Gewohnheit ist, der Seele gut. Wer den Kindern diese selbstbestimmte Form der Streßbewältigung nimmt, greift nicht nur in irgendeine kindliche Aktivität ein. Nuckeln, Daumenlutschen, auch der Gebrauch des Schnullers oder des Schmusetiers sind normale Verhaltensregressionen, die das Kind benötigt, um sich zu entspannen. Solche kindlichen Aktivitäten sind normal

■ in Übergangszeiten, wie dem Schlafengehen, dem Aufwachen oder in Zwischenpausen,
■ bei neuen Lernerfahrungen, wie dem beginnenden Krabbeln, dem Aufsitzen, dem eigenständigen Stehen oder dem Gehenlernen,
■ bei Trennungen, wie dem Besuch des Kindergartens oder dem Sich-Einfinden in ungewohnte Situationen, z. B. der Begegnung mit nicht vertrauten Menschen.

Wer Nuckeln oder Daumenlutschen, wer den Schnuller oder den innigen Kontakt mit dem Schmusetier untersagt, nimmt dem Kind etwas, stiftet eine Leere. Gibt man ihnen dann keine adäquaten Möglichkeiten des Streß- und Spannungsabbaus, geht man sogar mit Gewalt, Verbot und Druck vor, baut man Ängste auf, schafft Unsicherheiten oder andere Gewohnheiten, die wesentlich tiefgehender und schwieriger zu beheben sind.

Der sechsjährigen Monika zog man Handschuhe an, bestrich den Daumen mit Senf, um ihr das Nuckeln abzugewöhnen. Monika war ein zierlich-selbstbewußtes Mädchen, sehr aktiv, das ständig bis an seine körperlichen und gefühlsmäßigen Grenzen ging. Für sie war das Nuckeln eine Form der Entspannung nach Phasen höchster Anstrengung. Heute ist sie elf Jahre alt: Sie ist zwar immer noch ein an allem interessiertes Kind, aber sie ist pummelig-schwerfällig, für ihr

Alter zu schwer. Seit man Monika das Nuckeln untersagte, fing sie an, alles, was ihr unter die Augen und Hände kam, in sich hineinzustopfen. Und dies geschah vor allem in jenen Situationen, in denen sie zuvor nuckelte.

Nils-Peter, viereinhalb Jahre, hat eine ähnliche Leidensgeschichte durchlebt. Zwar wurden ihm keine senfbeschmierten Daumenschrauben angelegt, ihm wurde aber gesagt, wenn er weiter nuckele, sähe das der Nikolaus. Und wenn er käme, würde er Nils-Peter von zu Hause mitnehmen. Auch Nils-Peter nuckelte, um sich von Spannungszuständen zu befreien. Wochen vor dem Nikolaustag hörte er – angemahnt von den Eltern: «Oder soll dich der Nikolaus mitnehmen, wenn du böse bist?» – mit seinen Gewohnheiten auf. Statt dessen entwickelte er im Augenbereich erhebliche Zuckungen, er wirkte nervös, unausgeglichen, bewegte sich mit dem Körper ständig hin und her, tippelte mit den Füßen. Dies waren nun seine Versuche, sich von Spannungen zu befreien.

Die fünfjährige Patrizia, die heftig nuckelte, wurde von ihrer Mutter deshalb ständig reglementiert. Vor allem während der Einschlafphase zog ihr die Mutter ständig den Daumen aus dem Mundwinkel, überprüfte, ob der Daumen draußen war. Drei Wochen nach Beginn dieses Entzugs fingerte Patrizia zwischen ihren Beinen, begann sich selbst zu befriedigen. Statt sich durch Nuckeln zu entspannen, onanierte sie nun – und dies nicht allein im Bett, sondern immer häufiger auch in der Öffentlichkeit.

Der quicklebendige René machte seiner Lehrerin Sorgen. War René zu Beginn der ersten Grundschulklasse ein fröhlicher Junge, so entwickelte er sich zunehmend stiller und zurückhaltend. Er wirkte in sich gekehrt, ging kaum noch aus sich heraus. René saß, wenn er nicht gerade etwas in den Fingern hielt, verkrampft auf seinem Stuhl, die Hände unter seine Schenkel gepreßt. Als die Lehrerin dies beobachtete, sprach sie René darauf an.

«Die Finger dürfen nicht in den Mund!» antwortete René.
«Warum?» wollte die Lehrerin wissen.

«Wenn ich nuckele, kriege ich Krebs im Mund!» meinte er ganz traurig.

«Wer hat dir das gesagt?»

«Die Mama, die sagt, wenn ein großer Junge, wie ich einer bin, noch nuckelt, dann kriegt man davon Krebs!» erzählte er mit brüchiger Stimme. «Stimmt das?»

Die Lehrerin schüttelte vehement den Kopf.

«Aber vielleicht habe ich schon Krebs. Manchmal habe ich schon Blasen auf der Zunge!»

«Wie?»

«Ja, ich stehe vor dem Spiegel und strecke die Zunge raus. Da sind dann Blasen drauf. Und ich denke, das ist Krebs!» Er schaute seine Lehrerin an: «Bekommt man wirklich keinen Krebs vom Nuckeln?»

«Nein, René! Bestimmt nicht!» antwortete sie, ihn zu sich ziehend, er schmiegte sich an sie, fragte:

«Bestimmt nicht?»

«Bestimmt nicht!»

In Übergangsphasen und bei veränderten Lernerfahrungen gleichen das Nuckeln, Daumenlutschen Streß aus, das Kuschel- und Schmusetier tröstet, der Schnuller beruhigt. Solche regressiven Verhaltensweisen sind kein Rückzug aus der Welt, sondern eigenständige Wege von Kindern, sich auf Trennungserfahrungen, Verlustängste und Verlassenheitsgefühle einzulassen und selbstbestimmt zu bewältigen. «Aber wie kann ich erkennen, ob es richtig ist?» fragt eine Mutter auf dem Elternabend, und ein Vater ergänzt skeptisch: «Der eine Arzt sagt so, Sie sagen das. Wem kann man denn noch glauben?» – «Genau», führt eine andere Mutter fort: «Man weiß doch nie, woran man ist. Dann sagt meine Schwiegermutter auch noch was. Ich müsse da jetzt aufpassen, sonst käme meine Tochter niemals vom Nuckeln los. Also, es ist schon schwierig.» Sie seufzt und atmet tief aus.

Patentrezepte gibt es nicht

Es gibt keine Patentrezepte zum Umgang mit dem Nuckeln und Daumenlutschen, aber einige Gedanken kann man zur Basis seines Handelns machen:

- Die regressiven Verhaltensweisen sind vor dem Hintergrund kindlicher Entwicklung und Reifung zu sehen. Da Trennungsängste Kinder in den ersten Lebensjahren begleiten, gehören Nuckeln und Lutschen am Schmusetier dazu. Reden Sie Ihren Kindern nicht mit Gewalt seine Entspannungstechniken aus! Verbote und Drohungen bringen das Verhalten zwar zum Verschwinden, aber es bilden sich andere Aktivitäten heraus, die vielleicht auffallender sind!
- Wenn das Kind älter ist, Verhaltensregressionen Angewohnheiten sind, ohne die es im Alltag auch klarkäme, hilft nicht allein das Reden. Wenn man ihm das Nuckeln oder das Daumenlutschen nimmt, muß man an deren Stelle entsprechende Äquivalente setzen, die von den Kindern positiv besetzt werden können: Phantasiegeschichten und Reisen, autogenes Training und Yoga für Kinder oder kinesiologische Übungen, wenn es um Entspannung und psychische Entlastung geht.
- Manche Kinder verzichten von heute auf morgen auf Nuckeln und Schnuller – nur wann das geschieht, dies hängt vom Temperament, von der individuellen Reifung des Kindes ab. Letztlich bestimmt das Kind seine Geschwindigkeit, hat der Heranwachsende seine Eigenzeit.

Die fünfjährige Svenja sagt eines Tages zur Mutter, sie brauche ihren Nuckel nicht mehr. Nun sei sie groß. Aber wegwerfen solle sie den auch noch nicht, vielleicht müsse sie ihn nochmals haben. Die Mutter legt ihn in einen Schrank, erzählt Svenja, wo er liegt. Sie holt ihn in den nächsten Monaten noch zweimal. Dann ist er vergessen.

Ganz anders verläuft die Entwöhnung von Bianca. Sie war neun Jahre alt. Alle elterlichen Bemühungen, ihr das Nuckeln abzugewöhnen, alle Drohungen, alle Erpressungen – sie halfen nichts. Nachts nuckelte Bianca wie selbstverständlich. Sie galt als hilfsbereit, als selbstbewußt, aber auch körperlich weit entwickelt. Nur nachts brauchte sie ihre Kuscheltierparade, den Hasen unter ihrem Kopfkissen und den Daumen im Mund. Eines Abends dachte Bianca über die Zukunft nach, über einen Märchenprinzen, der sie auf ein Schloß entführen würde. Sie betrachtete sich im Geiste – und erschrak. Alles würde ihm gefallen – nur der Daumen im Mund garantiert nicht: «Wenn der mich so sieht», sagte sie zu sich, «dann nimmt er mich nie mit auf sein Schloß!» Langsam wanderte der Daumen aus dem Mund und kam nicht wieder herein. Bianca ist heute 29 und wartet noch immer auf den Märchenprinzen mit dem Schloß. Aber ihren Daumen hat sie auch nicht mehr im Mund.

Sven, dreizehn Jahre, erging es anders. Auch er nuckelte nachts am Daumen – vor allem in jenen Nächten, in denen er aufgeregt und nervös war. Auch Sven war elterlichen Argumenten nicht zugänglich. Sie hätten es fast aufgegeben, obgleich sein Vater ihn hin und wieder damit aufzog. Aber als die Oma erzählte, der Vater habe noch mit achtzehn den Daumen jede Nacht im Mund gehabt («Das ist erst anders geworden, als er deine Mutter kennenlernte!»), war mit dem Hänseln Schluß. Eines Tages ging Sven mit seiner Freundin Uta ins Kino. Er hatte sie eingeladen. Es war ein spannender Film. Und je aufregender er wurde, um so mehr steckte Uta ihre beiden Zeigefinger in den Mund, nuckelte und nuckelte daran. Sven blickte fasziniert auf die Finger seiner Freundin und dachte: «Oh, sieht das bescheuert aus!» Er grinste in sich hinein: «Gut, daß die mich noch nie beim Einschlafen gesehen hat!» Er nahm sich vor, nicht mehr zu nuckeln. Vor dem Einschlafen sagte er sich: «Heute nuckele ich nicht!» Es funktionierte. Svens Eltern kamen irgendwann dahinter und waren überrascht. Als der Vater etwas keß meinte: «Na ja, wurde auch Zeit!», antwortete Sven cool: «Ich habe wenigstens nicht bis zur Hochzeitsnacht gewartet!»

Kinder bestimmen ihr Tempo, mit dem sie Unsicherheiten bei Trennung und Verlust bearbeiten, selbst. Manchmal kann man ihnen aber behilflich sein. Aber dies geht nur behutsam, an den Besonderheiten des Kindes orientiert. Und es funktioniert nur, wenn das Nuckeln und Daumenlutschen ein leeres Ritual geworden sind, dem Kind längst andere Techniken zur Verfügung stehen, Trennungsängste zu bewältigen.

Anne, fünfeinhalb Jahre, war so ein Mädchen. Auch sie nuckelte noch des Nachts, obwohl sie ihre Trennungsängste längst durch ein Kuscheltier und ein gedimmtes Licht angemessen bewältigen konnte. «Brauchst du das Nuckeln denn immer noch?» fragt die Mutter. Anne nickt. «Wie lange denn noch?» fragt die Mutter irritiert. «Bis ich groß bin!» – «Wie lange?» Die Mutter klingt etwas aufgeregt. «Bis ich groß bin!» meinte Anne selbstbewußt. «So lange noch!» Die Mutter atmet tief aus. «Aber das ist doch schon bald!» – «Wieso?» – «Ich bin doch bald sechs», klärt Anne ihre Mutter selbstbewußt auf. «Und dann bin ich groß! Du hast doch gesagt, wenn ich sechs bin, bin ich groß!» Die Mutter lacht. «Oder nicht?» Nun klingt Anne irritiert. «Doch! Doch!» – «Und dann kann ich selber einschlafen, hast du gesagt!» – «Und dann hörst du mit dem Nuckeln auf?» – «Ja!»

Nach diesem Gespräch verzichtet Anne zunehmend auf das Nuckeln. Am sechsten Geburtstag malt sie sich ein Schild, darauf ist ein Schnuller zu sehen – mit einem roten Balken durchgestrichen. Anne nuckelt nicht mehr. Am Abend ihres sechsten Geburtstages hört die Mutter, wie Anne zu ihrem Kuscheltier sagt: «Jetzt mußt du mehr aufpassen!»

Einschlafen, durchschlafen und Trennungsängste in der Nacht

Wenn es um das abendliche Zubettgehen der Kinder geht, können fast alle Mütter und Väter ein Lied von dem Streß singen, den dieser Abschnitt im Tagesablauf häufig mit sich bringt. «Also», beginnt die Mutter der vierjährigen Veronika. «Sie glauben gar nicht, was meiner Tochter so alles einfällt, um länger aufzubleiben. Die ist unbegrenzt erfindungsreich. Und dabei sieht man ihr doch an, daß sie schon müde ist.» – «Genau», unterbricht sie der Vater des sechsjährigen Jonas, «ihm fallen schon die Augen zu. Er quengelt rum, kann sich auf nichts mehr konzentrieren, fällt von einer Aktion in die andere, so, als ob er sich aufputscht, aber wenn der das Wort ‹Bett› hört, schreit er wie eine Sirene.» Veronikas Mutter nickt einverständig, hakt sich dann wieder in seine Schilderung ein: «Und dann geschieht das Unfaßbare. Kaum, daß meine Tochter im Bett liegt, fallen ihr die Augen zu, und sie schläft tief. Ich bin schweißgebadet und hoffe, daß es am anderen Tag anders wird. Aber das ist natürlich ein frommer Wunsch. Ich verstehe das nicht, bei meiner Ältesten gab's da überhaupt keine Probleme.»

Von einem Problem beim Zubettgehen spricht man, wenn Kinder diese Aufforderung mit den unterschiedlichsten Argumenten behindern oder hinauszögern und sich an Absprachen einfach nicht halten. Ungeheuer viele Familien sind davon betroffen, und man kann beobachten, daß die Schwierigkeiten bis ins Grundschulalter zunehmen. Ursachen für den Zubettgehstreß werden deutlicher, wenn man mit Kindern über diesen schwierigen Einschnitt im täglichen Ablauf redet. «Schlafen ist so langweilig», sagt Daniela, sechs Jahre. «Da bin ich so allein. Und Papa und Mama dürfen noch aufbleiben und tolle Sachen machen.» So Jan, sieben Jahre. «In meinem Zimmer ist es so dunkel. Das ist nicht schön», erzählt die vierjährige Sabine. Und der achtjährige Oliver befürchtet: «Ich denke, manchmal sehe ich meine Eltern nicht mehr wieder. Die sind dann weg, wenn ich aufwache!»

Die Bedingungen, die Probleme mit dem Zubettgehen entstehen lassen, können sehr vielschichtig sein: Sie hängen zweifelsohne vom Temperament und der Konstitution des Kindes ab. So können Geschwister in ihrem Zubettgehverhalten völlig unterschiedlich sein, obgleich «ich», wie die Mutter zweier Buben kopfschüttelnd erzählt, «sie doch völlig gleich erziehe. Aber der eine geht freiwillig, der andere nur mit Druck, Streit und Zank.»

Viele Eltern sehen sich einem Widerspruch gegenüber: Auf der einen Seite bemerken sie Müdigkeit und Quengeligkeit ihrer Kinder, auf der anderen Seite aber eine zunehmende Betriebsamkeit und Aktivität. Das Kind empfindet die Müdigkeit als unangenehmes Gefühl und bekämpft sie durch Bewegung. Mit der wachsenden Müdigkeit intensivieren sich die kindlichen Anstrengungen, diese zu vertreiben, um dann schließlich erschöpft einzuschlafen.

In Zubettgehproblemen kann sich auch der Hinweis des Kindes nach mehr Selbständigkeit und Durchsetzung eines eigenen Willens verstecken. Die Schlafenszeit verringert sich zwischen dem ersten und sechsten Lebensjahr rapide. Viele Eltern halten manchmal starr an abgemachten Schlafregeln und Schlafenszeiten fest. Nicht selten entwickelt sich daraus ein Machtkampf, der das Familienklima nachhaltig stört. Bedenken Sie: Vielleicht macht das Kind durch den abendlichen Streß darauf aufmerksam, daß es besser wäre, die Insbettgehzeit zu verschieben oder die Schlafenszeit zu verkürzen. Um die für das Kind passende Zeit herauszufinden, eignet sich ein Schlaftagebuch oder Schlafprotokoll, in das Sie über einige Wochen hinweg die Schlaf- und Wachzeiten Ihres Kindes eintragen. Dadurch können Sie feststellen, wieviel Schlaf Ihr Kind braucht und ob Sie Ihrem Kind möglicherweise zuviel Schlaf zumuten. Zweifelsohne verbergen sich in Zubettgehproblemen auch kindliche Ängste: Manche Kinder haben Furcht vor nächtlichen Träumen, andere haben bedrückende Erfahrungen im Laufe des Tages gemacht. Wieder andere leben in belastenden Eltern-Kind-Beziehungen, haben das Gefühl, abgeschoben zu werden. Schließlich fürchten sich einige vor der Dunkelheit und haben gar die Phantasie, die abendliche Trennung sei gleichbedeutend mit Tod und damit endgültig. Solche Trennungsängste sind ernst zu nehmen – aber auch nicht zu dramatisieren. Haben Kinder nämlich das Gefühl, die Eltern mit Ängsten unter Druck setzen zu können, werden Kinder zukünftig ihre Ängste einsetzen, um das Insbettgehen noch weiter hinauszuschieben.

Bei der Bewältigung von Zubettgehproblemen sollten Sie bedenken:
■ Das Zubettgehen ist einzubinden in ein ruhiges Ritual. Beginnen Sie damit nicht zu spät am Abend, sonst geraten Sie unter Zeitdruck. Dies wird Ihr Kind spüren, es wird hektisch werden.

- Das Ritual sollte gleichförmig ablaufen, z. B. ein ruhiges Spiel, auskleiden, Hygiene, eine Gutenacht-Geschichte, ein Lied, ein Gebet. Legen Sie die Anzahl der Elemente des Rituals gemeinsam mit dem Kind fest. Dies ist eine Regel und braucht deshalb nicht jeden Abend neu ausdiskutiert zu werden.
- Das Erzählen über den vergangenen Tag kann in das Ritual eingebunden sein. Dadurch entlastet sich das Kind.
- Die Gleichförmigkeit ist für das Kind nicht langweilig, sondern gibt ihm Sicherheit und Vertrauen. Nur so entwickeln Kinder das Gefühl, nicht abgeschoben zu sein und die mit der Nacht verbundene Trennung auszuhalten.

Mein Kind schläft einfach nicht ein!»

«Wenn ich denke», so erzählt die Mutter des vierjährigen Sven, «nun ist mein Sohn endgültig im Bett, nach viel Generve, Gerede und Getue, dann habe ich mich geirrt.» Sie blickt angestrengt hoch, atmet tief durch und fährt fort: «Und dann kommt seine Bettelei: ‹Mama, noch eine Geschichte, nur noch eine.›» Sie zieht das «eine» in die Länge. «Aus der einen Geschichte werden dann drei.» Sie schüttelt den Kopf: «Kaum bin ich dann im Wohnzimmer, sitze im Sessel, höre ich ihn schon, diese fürchterliche Quengelstimme: ‹Mama, es ist so dunkel! Mama, ich hab noch Durst! Mama, Mama…›, was dem alles einfällt!» Andere anwesende Eltern nicken wissend bei dieser Geschichte, schmunzeln, als wollten sie Zustimmung: «Genauso ist es bei uns auch!» ausdrücken. Sarahs Vater meint unter dem Gelächter der anderen Eltern: «Wir fallen erschöpft in die Sessel, schlafen, und unsere Tochter zieht ihr Programm durch.»

Ein Drittel aller Kinder hat mit Einschlafproblemen zu kämpfen. Ein verzögertes Einschlafen tritt im Laufe der kindlichen Entwicklung häufiger auf. Im Schulalter stellt es ein erhebliches Problem für viele Eltern und Kinder dar, löst manche Verhaltensunsicherheit und manchen Konflikt aus. Allerdings wird zu vorschnell ein verzögertes Einschlafen als Problem hingestellt.

Wenn Kinder nach dem Zubettgeh-Ritual noch eine Weile – etwa 30 Minuten – wach liegen, dabei still sind und versuchen, sich mit sich selber zu beschäftigen, sollte man nicht von Einschlafproblemen sprechen. Kinder schlafen nicht auf elterliches Kommando ein. Je stärker Eltern darauf drängen, um so eher entwickelt sich ein Machtkampf. Kinder sind keine Maschinen, bei denen man einen Schlafschalter benutzen kann, um sie zur nächtlichen Ruhe zu bewegen. Häufig setzen Kinder die gemeinsamen Einschlaf-Rituale im Dunkeln fort: sie denken über den Tag nach, sind Schöpfer von eigenen Geschichten, tauchen in ihre Phantasien ab. Oder sie nehmen ihr Kuschel- und Schmusetier, erzählen ihm von Sorgen- und Glücksmomenten. Die selbstgestalteten Rituale beruhigen ein Kind, geben ihm Sicherheit und Vertrautheit.

Die Ursachen für verzögertes Einschlafen sind vielfältig. So wie Kinder einzigartig sind, so stellen sich die Einschlafprobleme häufig sehr individuell dar:

- Zweifelsohne spielen die Konstitution und das Temperament des Kindes eine wesentliche Rolle. Es gibt ausgeprägte individuelle Unterschiede beim Schlafbedürfnis von Kindern. Manche Säuglinge brauchen 12 Stunden, andere 18 Stunden am Tag.
- Generell nimmt das Schlafbedürfnis mit der Entwicklung des Kindes ab. Bei Einschlafproblemen sollte man deshalb darauf achten, ob man das Schlafbedürfnis des Kindes angemessen eingeschätzt hat.
- Ein verzögertes Einschlafen kann sich aus der gefühlsmäßigen Situation des Kindes ergeben. Kinder, die während des Tages vehement Grenzen austesten, den Konflikt mit den Eltern suchen, sie bis aufs äußerste reizen, Wut und Zorn provozieren, können abends nicht genug Streicheleinheiten bekommen, um sich elterlicher Zuneigung und Wärme zu versichern. Aber auch Streß in der Schule, konfliktgeladene Situationen in den elterlichen Paar-Beziehungen können sich auf das Einschlafen nachteilig auswirken.
- Die Umstellung vom Tageslicht auf nächtliche Dunkelheit, der Übergang von Geräusch und Lärm am Tag in abendliche Stille stellen eine Herausforderung für das Kind dar, die es erst allmählich bewälti-

gen kann. Manche Kinder lernen es – zur Freude ihrer Eltern – früher, manche – es sei geklagt – viel später.
- Ständiges Nachschauen («Mal sehen, ob das Kind schon schläft!») oder unregelmäßige Schlafenszeiten sind nicht dazu angetan, ein verzögertes Einschlafen zum Verschwinden zu bringen.
- Die gefühlsmäßige und intellektuelle Entwicklung des Kindes bringt ständig veränderte Erfahrungen mit sich, denen sich das Kind stellt, die aber zugleich mit Unsicherheiten und Angst verbunden sind. Das Kind sucht nach Halt und Orientierung, nach Kontakt und Beziehung, die es im Dunkeln und Alleinsein vermißt und deshalb nach den Eltern rufen läßt.
- Auch Krisensituationen können verzögertes Einschlafen nach sich ziehen. Wenn ein Kind aufgrund einer besonderen Situation (z. B. Ferien) länger aufgeblieben ist oder wegen einer Krankheit länger lesen durfte, «reißen» solche Ausnahmen schnell als normal und alltäglich ein.

Kommt es bei Ihrem Kind zu Einschlafproblemen, versuchen Sie einmal mit Hilfe dieser Checkliste nach Ursachen zu suchen. Reden Sie mit Ihrem Kind über mögliche Hintergründe. Ist es dafür noch zu jung, kann, wie gesagt, das Führen eines Schlaftagebuchs hilfreich sein. Auch wenn es in der konkreten Alltagssituation nicht unbedingt tröstlich ist: Sie haben kein unnormales Kind, wenn es verzögert einschläft. Nehmen Sie, wenn es Ihnen möglich ist, den Streß aus der Situation, weil dieser über kurz oder lang zum Beziehungsstreß wird.

Es gibt einige praktische Möglichkeiten, den Einschlafproblemen mit weichen Methoden beizukommen:
- Führen Sie ein ruhiges, vor allem gleichförmiges Zubettgeh-Ritual durch.
- Kinder brauchen das Gespür, nicht abgeschoben zu werden. Ansonsten werden vorhandene Trennungs- und Verlassensängste verstärkt.
- Geben Sie dem Kind sein Schmusetier, die Lieblingspuppe oder den Gegenstand, den sich das Kind wünscht. Kinder machen sich die-

sen Gegenstand passend, z. B., indem sie ihn mit ihrem Speichel belecken und so zu einem unverwechselbaren Symbol werden lassen.
- Lassen Sie die Tür offen, gestatten Sie eine Lichtquelle. Nehmen Sie Ihr Kind ernst, wenn es sich über störende Schatten oder Geräusche beklagt. Denken Sie daran: Aus einer weißen Gardine kann ein wehender Schatten werden, aus der Kastanie vor dem Fenster ein dunkles Monster, aus dem Knistern des Holzfußbodens der Schritt eines Räubers. Das Ineinander von Realität und Phantasie ist beim Kind normal.
- Kinder lernen, sich bei Einschlafproblemen selbst zu helfen. Gestatten Sie dem Kind jene Rituale, die es selbst entwickelt hat, unterbinden Sie so etwas nicht.
- Ihr Kind muß an einer Lösung mitarbeiten, wenn es nicht einschlafen kann. Denken Sie daran: Manchmal will Ihr Kind austesten, wie ernst Sie es mit Ihrem Einschlafritual nehmen. Ihr Kind prüft Ihre Festigkeit.

«Unser Kind wacht jede Nacht auf!»

Sabines Eltern haben ein Problem mit ihrer jüngsten Tochter: Sabine ist knapp fünf Jahre alt, «wacht fast jede Nacht auf», so der Vater, «kommt mit ihrem Bettzeug in unser Zimmer, legt sich vor unser Bett und schläft gleich ein.» Anderen Eltern geht es vielleicht nicht genauso, aber auch sie wissen von den Auszügen ihrer Kinder aus dem Zimmer und der Besetzung des elterlichen Schlafzimmers und des ehelichen Bettes zu berichten. Andere Kinder wachen «nur» auf, manche weinen, rufen meist nach «Mama», seltener nach «Papa» (worüber manche Väter durchaus froh sein dürften?!) oder kommen, mal schlaftrunken, mal hellwach, ins elterliche Schlafzimmer, krabbeln ins Bett und schlafen ein – mal schnell, mal sich heftig hin und her wälzend, mal die Eltern störend, mal ruhig.

Auch wenn es für die betroffenen Eltern nicht unbedingt tröstlich ist: Während verzögertes Einschlafen im Laufe der kindlichen Entwicklung zunimmt, findet man Durchschlaf-Probleme eher bei jüngeren Kindern. Generell sollte man jedoch bedenken: Von einem Problem beim Durchschlafen kann man nur sprechen, wenn dadurch andere geweckt werden, sich gestört fühlen, wenn zum erneuten Einschlafen die elterliche Hilfe benötigt wird. Ein einmaliges Erwachen stellt noch keine Störung dar.

Das Durchschlafen muß vom Kind erst erlernt werden. Ein Säugling findet erst langsam seinen ganz eigenen Schlaf-Rhythmus. Man darf deshalb nächtliches Erwachen von Kindern im ersten Lebensjahr nicht als Störung bezeichnen, beginnt sich der Schlaf-Rhythmus doch erst allmählich, etwa vom vierten Monat an, einzupendeln.

Die Ursachen für das nächtliche Aufwachen sind ebenso vielschichtig wie banal. Beim Kind (wie beim Erwachsenen) wechseln sich Schlafphasen ab: auf den leichten Schlaf folgt der Tiefschlaf, dann der Traumschlaf. Sowohl der Übergang zwischen den Phasen als auch die leichte Schlafphase sind schnell störbar. Dann kann es zum Wachwerden, zum Zähneknirschen, zum Schlafwandeln, zum Einnässen oder zum erschreckten Aufwachen kommen. Dies gilt insbesondere für Kinder, die für Reize besonders empfänglich sind.

«Aber», so die Frage vieler Eltern, «sollen wir das Kind dann allein lassen, wenn es erwacht? Gar weinen lassen?»

«Schreien stärkt die Lunge», sagt der Volksmund und hat gewaltig unrecht! Ein Kind, das weint, fühlt sich allein, will Beziehung und Unterstützung. Und ein Kind, das dann keine Aufmerksamkeit bekommt, kann starke Trennungs- und Verlassensängste entwickeln, wacht erst recht häufig auf, um sich der elterlichen Nähe zu vergewissern, läßt diese selbst am Tag nicht los.

Elterliche Hilfestellung ist beim nächtlichen Erwachen wichtig. Doch wenn Eltern den Durchschlafproblemen ihrer Kinder zuviel Aufmerksamkeit schenken, kann sich das Problem verselbständigen. Kinder etwa vom zweiten Lebensjahr an kann man ermutigen, mit den starken Gefühlen, die beim nächtlichen Aufwachen entstehen, eigenständig umzugehen. Wenn Kinder ihr Kuscheltier, ihr Schmuseobjekt, bei sich spüren, wenn sie eine Lichtquelle sehen, vertraute Gegenstände um sich wissen, kann ihnen das Geborgenheit und Vertrautheit vermitteln.

Nicht jedes leise Gewimmer oder Gestöhne des Kindes sollte zum Anlaß genommen werden, sofort und plötzlich zum Bett des Kindes zu rennen. Dann erlernen Kinder, solches Verhalten bewußt einzusetzen, um die mütterliche Nähe zu erzwingen. Sind sich Kinder in ihrer Erziehungsbeziehung sicher, kann man ihnen auch *kurze* Momente der Unlust gestatten, um selbständig nach der Lösung für Frustration zu suchen. Finden sie diese nicht, werden sie lautstark um Hilfe ersuchen, die ihnen dann zu gewähren ist.

«Mein Sohn ruft jedoch nicht, der schreit nicht, der kommt in unser Zimmer», berichtet der Vater des fünfjährigen Lukas. «Und dann liegt er bei uns im Bett!»

«Ist das für Sie ein Problem?» frage ich.

«Nein!» antwortet er spontan.

«Für Ihre Frau?»

«Auch nicht!»

«Was ist das Problem?»

«Man sagt, Kinder könnten gar nicht früh genug allein schlafen. Wenn sie es nämlich nicht früh genug lernen, dann lernen sie es niemals!»

Das ist eine weitere Binsenweisheit, die nicht zutrifft. So wichtig es ist, Kindern Eigenständigkeit zu vermitteln – und dazu gehört ein selbstverantwortetes Schlafen –, so wichtig ist es, den Kindern dabei ihr eigenes Tempo zu belassen. Wenn es für Eltern und deren (auch sexuelle) Beziehung kein Problem darstellt, können Sie Ihrem Kind das nächtliche Asyllager gestatten. Dies gilt insbesondere dann, wenn das Kind in anderen Alltagsbereichen sehr selbständig handelt. Gerade Kinder, die tagsüber eigene Wege gehen, suchen nachts elterliche Geborgenheit.

Damit aus dem Aufwachen kein Gefühlsdrama oder ein ständiger Gang ins elterliche Schlafzimmer wird, bedenken Sie: Wenn Kinder in der Aufwach-Phase bzw. Leichtschlaf-Phase vertraute Gegenstände um sich wissen, gibt ihnen das Geborgenheit. Und häufig wollen Kinder auch nicht die «richtige» Mutter, es reicht ihnen die symbolische Nähe. Hier wirkt ein altes Hausmittel: Versorgen Sie Ihr Kind mit einem Schmuseobjekt. Legen Sie ihm (und dieser Hinweis gilt gerade für die Mütter) ein von Ihnen getragenes Nachthemd, T-Shirt oder anderes Kleidungsstück, das nach Ihnen riecht, unter das Kopfkissen. Das Kind riecht Sie instinktiv beim Aufwachen, spürt Ihre Nähe, fühlt sich geborgen und schläft zumeist wieder ein.

Eine weitere Ursache für das Aufwachen sind Alpträume, die häufig in der Traumschlaf-Phase eher am Ende der Nacht auftreten. Von Alpträumen muß der sogenannte Nachtschreck unterschieden werden, der am Ende der ersten Tiefschlaf-Phase auftritt. Beim Nachtschreck setzen sich Kinder im Bett hin, fuchteln herum, machen einen äußerst verwirrten Eindruck. Während Kinder von ihren Träumen konkrete Vorstellungen haben, erinnern sie sich an den Nachtschreck am nächsten Morgen nicht mehr. Der Nachtschreck wirkt äußerst dramatisch, hat jedoch meist keine tieferen Ursachen. Im Traum verarbeiten Kinder ängstigende Tagesereignisse. Alpträume sind um das fünfte Lebensjahr am häufigsten, in jener Phase, in der die kindliche Selbständigkeit offenkundig wird.

Beim Nachtschreck und Alptraum beherzigen Sie folgende Überlegungen:

- So spektakulär der Nachtschreck aussieht, dramatisieren Sie ihn nicht! Sprechen Sie ruhig mit Ihrem Kind, spenden Sie Trost, geben Sie das Gefühl der Nähe.
- Auch beim Alptraum empfiehlt sich ruhige Gelassenheit. Geben Sie dem Kind Sicherheit, das Kind braucht Halt. Streicheln Sie Ihr Kind, nennen Sie seinen Namen. Reißen Sie es aber nicht aus seinen Träumen. Sich Ihrer Nähe gewiß, kann das Kind sich seinen Träumen stellen.
- Wie Kinder mit ihren Traum- und Phantasiegeschöpfen umgehen können, wie Sie Kinder zu ihrer Kreativität herausfordern, daß Kinder keineswegs «arme», den Träumen ausgelieferte Wesen sind, zeige ich in den Geschichten über Vernichtungsängste und über Angstsverarbeitung. Kinder stehen ihren Ängsten – eine sichere gefühlsmäßige Basis vorausgesetzt – nicht unselbständig gegenüber. Allerdings kann man Kinder so verbiegen, indem man bei ihnen eine Angst vor der Angst aufbaut.

■ Wenn es das Kind wünscht, können Eltern am nächsten Tag auf den Traum eingehen. Fragen Sie nach, geben Sie dem Kind Gelegenheit, über den Traum zu reden. Lassen Sie es Traumfiguren zeichnen, wenn es das möchte. Geben Sie ihm die Chance, den angstmachenden Gestalten ein Gesicht zu geben. Betrachten Sie gemeinsam mit dem Kind die Symbole, lassen Sie die Kinder erzählen, erkennen Sie deren Interpretationen an. Deuten Sie die Träume nicht stellvertretend für Ihre Kinder. Sie legen vielleicht Themen in die Träume, die für Kinder gar nicht bedeutend sind.

«Das ist ja schön und gut», meint die Mutter der siebenjährigen Franziska. «Aber meine Tochter schläft schon gar nicht mehr ein, weil sie richtig Angst vor ihren Träumen hat. Und zwar schon wochenlang. Ich habe alles versucht!» – «Was ist ‹alles›?» – «Na ja, ich habe ihr eingeredet, daß es das alles nicht gäbe, was sie träumt.» – «Und was noch?» – «Ach. Sie soll dann aufwachen und mich rufen.» Sie lacht: «Und nun stehe ich fast jede Nacht auf!»

Viele Eltern versuchen Kinder von den Träumen abzulenken, lassen sich nicht auf die Träume ein. So entsteht, was ich als *Angst vor der Trennungsangst* bezeichnen möchte. Es kommt zu einem Vermeidungsverhalten, aber mit den Träumen werden zugleich der Schlaf und die Nachtruhe vermieden. Kinder müssen sich ihren Träumen stellen. Dies ermutigt sie, dies macht sie stark, kreativ und schöpferisch. Nur wenn Kinder ihre Ängste annehmen können, entwickeln sie Vertrauen zu sich und Selbstbewußtsein.

Franziska und das Traumfresserchen

Nach unserem Gespräch greift Franziskas Mutter zu Michael Endes / Annegret Fuchshubers Bilderbuch vom *Traumfresserchen*, in dem die Prinzessin Schlafittchen von ihren bösen Träumen dank eines unsichtbaren Traumfresserchens befreit wird. Franziska hört begeistert zu, will das Buch an einem Tag gleich dreimal vorgelesen bekommen.

«Ich will meins aber sehen», meint sie, zieht sich in ihr Zimmer zurück und malt auf ein kleines Blatt ein süßes Monster mit großen Augen und Stoppelhaaren und einem großen Mund mit scharfen Zähnen. «Davor haben die Träume Angst», sagt Franziska. Sie legt die Zeichnung unter ihr Kopfkissen, «damit die bösen Träume gar nicht erst kommen. Dann sind sie futsch.»

Nach dem gemeinsamen Abendgebet setzt Franziska dem Amen einen Satz hinzu: «Und Traumfresserchen gebt acht in dieser Nacht!» Franziskas Alpträume hatten ein Ende, sie träumte «nun anders, ganz spannende Sachen», erzählt sie später. «Und die läßt das Traumfresserchen leben.»

Weil Ein- und Durchschlafprobleme in vielen Familien eine Herausforderung darstellen, möchte ich einige Gesichtspunkte zusammenfassend darstellen:

- Es gibt kein Zaubermittel, um dieses Problem *sofort* zu lösen. Dies hängt vom Temperament und der Konstitution des Kindes ab. Erzieherische Maßnahmen können deshalb – sehr zum Leidwesen von Eltern – manchmal nur bedingt Einfluß haben.
- Wenn es zu Ein- und Durchschlafproblemen kommt, empfiehlt es sich, folgenden Fragenkatalog durchzugehen: Haben diese Probleme mit der Stimmung in der Familie zu tun?

  Stören gemeinsame Schlafräume die unterschiedlichen Schlafrhythmen der Kinder?

  Haben die Probleme mit Geschwisterrivalität, mit Eifersucht zu tun?

  Führe ich das Gute-Nacht-Ritual konsequent und zu festgelegten Zeiten durch?

  Lasse ich zu viele Ausnahmen zu, lasse ich Ausnahmen dann zu, wenn ich ein schlechtes Gewissen habe, z. B. zuwenig Zeit tagsüber mit dem Kind verbracht zu haben?

  Drücken sich in den Ein- und Durchschlafproblemen Grenzüberschreitungen und eine wachsende Selbständigkeit des Kindes aus?
- Viele Eltern wollen trotz der Schlafschwierigkeiten ihrer Kinder nicht wirklich etwas ändern. Wenn man Veränderungen nicht wirk-

lich durchsetzen will, sollten sich Eltern selbst auch nicht unter Druck setzen, einer Norm gerecht zu werden. Dann ist es angenehmer, mit einer zweit- oder drittbesten Lösung zu leben, das heißt, diese dann für sich wirklich zu akzeptieren.

■ Um sich über das Ausmaß der Probleme klarzuwerden, empfiehlt sich das Führen eines Schlaftagebuchs, wie es die englischen Psychologen Douglas und Richman vorgeschlagen haben. Ein solches Tagebuch zeigt manchmal, daß die Probleme nicht so gravierend wie angenommen sind und oft mit einem unregelmäßigen Zubettgeh-Ritual im Zusammenhang stehen.

■ Bei Ein- und Durchschlafproblemen können Kinder an der Lösung mitarbeiten. So können sie lernen, sich selber zum Einschlafen zu verhelfen. Eine eingeschaltete Nachtbeleuchtung, ein Schmusetier oder ein vertrauter Gegenstand in der Nähe des Kindes hilft durchaus. Wenn Kinder aufwachen, Nähe herbeiholen wollen, dann nehmen Sie Ihr Kind nicht aus dem Bett, zeigen Sie keine übermäßige Sympathiebekundung. Streicheln Sie es beruhigend und verlassen Sie dann den Raum. Äußern Sie die Erwartung, daß das Kind einschläft. Konsequenz und Eindeutigkeit sollte Ihr Handeln ausdrücken. Sie müssen tun, was Sie meinen. Und denken Sie daran: Es gibt kein Zaubermittel. Besäße ich es, würde ich es Ihnen verraten!

Der erste Abschied oder wenn der Kindergarten Eltern angst macht

Trennungsängste zeigen sich nachts, sie zeigen sich jedoch genauso häufig, wenn das drei- oder vierjährige Kind in den Kindergarten kommt. Es gibt Kinder, die haben damit überhaupt keine Schwierigkeiten, und andere Kinder wirken mutlos, verunsichert, schüchtern, zeigen – manchmal ungewohnte – Ängstlichkeit. Schließlich gehen einige Kinder am Anfang mutig und selbstbewußt in die Tagesstätte, um dann nach einigen Wochen oder Monaten Trennungsängste zu entwickeln.

Dies muß überhaupt nichts mit dem pädagogischen Konzept des Kindergartens zu tun haben, gar mit den Erzieherinnen oder den anderen Kindern, dies braucht auch nicht gleich mit einer häuslichen Streßsituation in Zusammenhang gebracht werden. Hin und wieder überfordern sich Kinder gefühlsmäßig: Sie freuen sich schon auf den Kindergarten, weil sie groß sind und Eigenständigkeit beweisen wollen. Doch dann spüren sie mit einemmal, was der Besuch doch an Anstrengung bedeutet: sich einlassen auf andere, Kompromisse schließen, Aufschub sofortiger Bedürfnisbefriedigung, nicht mehr im Mittelpunkt stehen, die Erzieherin nicht für sich allein haben, Abschied von zu Hause, Sorge, pünktlich abgeholt zu werden... und und und. Es gibt unendlich viele Phantasien und Gefühle, die einem Kind die Freude am Kindergarten vermiesen können.

In den Kindergarten zu gehen ist mit Trennung verbunden. Trennung bedeutet Abschiednehmen, das mit Schmerz, Tränen und Trauer einhergeht. Viele Eltern können damit nicht umgehen:
■ Manche schleichen sich aus dem Kindergarten fort, um die Trennungsprozedur gefühlsfrei zu gestalten. Und diese Eltern wundern sich bald, wenn die Kinder sie im Kindergarten nicht loslassen, sie klammern, sie nicht weggehen lassen.
■ Manche zwingen Kinder zur Fröhlichkeit («Nun lach mal, Mama kommt ja bald wieder!»). Und schließlich setzen einige Eltern Kinder unter Druck: «Hör auf, traurig zu sein!» Oder: «Kannst du dich nicht zusammenreißen!»

Der Kindergarten bedeutet Trennung. Für viele Kinder entstehen Ängste – allerdings Ängste, die dem Kind keinen überdauernden seelischen Schaden bringen. Es ist völlig normal, wenn sich Kinder Fragen stellen, wie: «Was passiert zu Hause, während ich hier bin?» Oder: «Holt die Mutter mich auch pünktlich ab?» Solche Fragen stellen sich auch Kinder, die über ein Urvertrauen verfügen und eine feste emotionale Basis in der Familie erleben. Auch sie sind traurig, wollen traurig sein, um sich in ihrer Trauer näherzukommen, um Gefühle zu durchleben, zu prüfen, ob sie aushaltbar sind. Manche Kinder brauchen die Trauer, brauchen Trauerrituale, um ihren Gefühlsstürmen, um den diffusen Emotionen eine Struktur zu geben.

Wiebke, vier Jahre, setzt sich im Kindergarten auf den Schoß ihrer Mutter, sie weint. «Du brauchst nicht zu weinen!»
«Aber ich will weinen. Ich bin doch traurig!» Wiebke weint eine kurze Zeit, die Tränen kommen von ganz unten aus dem Bauch. Dann sagt sie mit einemmal: «Nun ist es gut! Du kannst gehen!» Sie gibt ihrer Mutter einen Kuß und verschwindet mit ihren Freundinnen im Gruppenraum.

Jonas, knapp vier Jahre, sitzt jeden Morgen auf seinem Stuhl im Kindergarten, die Kuschelpuppe in der Hand, er läßt seinen Tränen freien Lauf. Trost nimmt er nicht an: «Laß mich, das sind Fröhlichmach-Tränen!» Nach zwei Minuten lacht er über das ganze Gesicht und ist den gesamten Vormittag über vergnügt.

Wenn Gefühle des Schmerzes und der Trauer nicht zugelassen werden, dann können die nicht ausgelebten Emotionen sich in einem Chaos ausdrücken. Das unterdrückte Weinen kann sich mal nach außen, mal nach innen wenden: Es können Aggressionen entstehen, die sich unvermittelt gegen andere Personen und Sachen richten oder nach innen gerichtete Gefühle (z. B. Einnässen, Einkoten, ständige Weinerlichkeit, Bauch- oder Kopfschmerzen etc.).

Pünktlichkeit gibt Sicherheit

Kinder haben das Recht, pünktlich, zur festgelegten Zeit, im Kindergarten anzukommen. So bildet sich eine innere Uhr aus. Kinder, die ständig unpünktlich gebracht werden, haben Schwierigkeiten, sich auf den Kindergarten-Vormittag in Ruhe einzulassen. Diese Kinder bilden kein Urvertrauen aus, fühlen sich elterlicher Macht ausgeliefert – mal werden sie pünktlich, dann unpünktlich gebracht, je nachdem, wie es den Eltern paßt –, sie empfinden ihr Ankommen im Kindergarten als Ablieferung, so wie man ein Paket an der Haustür abgibt.

Verbindlich müssen auch die Rituale des Abholens sein. Hier ist Pünktlichkeit unverzichtbar, gibt sie den Kindern doch ein sicheres Gefühl, sie erfahren dadurch Verläßlichkeit. In vielen Fällen erschöpft sich das Ritual des Abholens in einem elterlichen «Wie war's?» oder: «Was habt ihr gemacht?», unterstrichen durch eine flüchtige Zärtlichkeit. Viele Eltern berichten davon, wie ihre Kinder auf das Abholen manchmal zornig-wütend, ja abweisend reagieren.

Kinder brauchen Zeit, um die Eindrücke des Kindergartens zu verarbeiten. Elterliche Fragen mögen zwar Anteilnahme anzeigen, sie stören aber nicht selten den individuellen Verarbeitungsprozeß der Kinder. Vor allem: Kinder können sich nicht sofort auf häusliche Strukturen einlassen. Sie können – ebensowenig wie Erwachsene – einen Schalter umlegen. Gibt man Kindern keine Zeit zur Verarbeitung ihrer Gefühle, kommt es zu einem Emotionsstau, der sich nicht selten in verbalen und körperlichen Aggressionen auf dem Nachhauseweg oder beim Mittagessen entlädt. Droht man den Kindern dann noch mit Strafe oder Liebesentzug, ist ein nervender Machtkampf komplett. Deshalb: Geben Sie Ihren Kindern Zeit, um ihre Eindrücke zu verarbeiten! Und dringen Sie nicht sofort mit Fragen in das Kind ein!

Abschied ist mit Trauer, mit Schmerz, mit Gefühl verbunden, aber manche Trennungsszenen, die ich zwischen Eltern und Kindern beobachte, haben tiefere Ursachen:

■ Manchmal drückt ein Kind mit seinem Abschiedsschmerz ein «Ich kann mich nicht trennen!» aus. Vielleicht ist ein Geschwisterkind geboren, das eifersüchtig macht, vielleicht macht sich das Kind Sorgen, weil sich die Eltern gestritten haben, vielleicht gibt es kranke Familienmitglieder, oder das Kind kränkelt selber. Wenn Rituale nicht helfen, der Trauer eine Gestalt zu geben, ist nach Bedingungen zu fragen, die die Vollendung dieser Rituale behindern. Oder anders ausgedrückt: Das Ritual paßt deshalb nicht, weil das Kind andere Probleme hat.

■ Manchmal zwingen Kinder ihre Eltern über den Abschiedsschmerz in einen Machtkampf hinein. Da können Eltern noch so kreativ sein bei der Schaffung von Ritualen, nichts paßt den Kindern. Sie blockieren, zeigen Widerstand – so als drückten sie aus: «Ich will nicht!» Kinder wollen sich möglicherweise für erlittenes Unrecht – und sei dies eine noch so subjektive Empfindung – rächen. Sie provozieren Aufmerksamkeit, die sie ansonsten nicht angemessen bekommen, oder sie vermitteln den Eltern – hier vor allem den Müttern – ein schlechtes Gewissen und Gefühl. «Nur weil du arbeiten gehst, läßt du mich allein», oder: «Nur weil Papa nicht mehr bei uns ist, muß ich jetzt in den Kindergarten!»

Aber nach meinen Beobachtungen sind es weniger die Kinder, die sich nicht trennen können – es sind die Eltern, und gerade die Mütter. Um hier keine Mißverständnisse aufkommen zu lassen: Selbstverständlich bedeutet auch für Mütter der Abschied vom Kind Schmerz und Trauer. Zu einer gleichwertigen Erziehungsbeziehung gehört es, daß Mütter ihre Trauer zeigen dürfen. Denn man kann traurig sein *und* dem Kind trotzdem viel Kraft auf seinen Weg mitgeben, man kann ihm positive Energien für eine eigenständige Entwicklung vermitteln.

Hänschen klein geht allein

Sara Reinholt mußte, wie sie mir auf einem Elternseminar gestand, ständig weinen, wenn sie ihren Sohn Hans-Christian in den Kindergarten brachte. «Ich habe nun mal nahe am Wasser gebaut. Mir war klar, mein Sohn sollte in den Kindergarten. Und ich hab mich überprüft: Ich wollte Hans-Christian auch wirklich lassen.» Sie überlegt: «Wenn wir dann vor dem Kindergarten standen, weinten wir beide. Wir waren ein Häufchen Elend. Mir ist das peinlich. Und ich weiß nicht, ob ich ihn nicht doch irgendwann unter Druck setze?» Sie sieht mich fragend an: «Sie schreiben immer etwas über Rituale. Aber mir fällt keines ein!»

«Sie haben doch ein Ritual!»

«Ja, aber das gefällt mir nicht. Das raubt mir so viel Kraft.»

Als ich die Mutter und ihren Sohn so dasitzen sehe, fällt mir ein Lied ein. «Kennen Sie das Lied vom Hänschen klein?»

Sie nickt, fängt dann an zu singen: «Hänschen klein ging allein in die weite Welt hinein, Stock und Hut steh'n ihm gut, ist ganz wohlgemut.» Sie stockt, sieht mich an:

«Wie geht das weiter?»

«... Aber Mutter weinet sehr, hat ja nun kein Hänschen mehr!» Sie lacht mich an. Dann spreche ich ihr den gesamten Text vor.

«Das paßt ja fast völlig auf uns!»

Und auch Hans-Christian schmunzelt. «Kannst du alleine in den Kindergarten gehen?» frage ich ihn.

«Klar! Habe ich schon ein paarmal gemacht! Ist ganz toll!»

Er überlegt: «Aber meistens ist Mama dabei. Dann weinen wir.»

Ich rate den beiden, als morgendliches Abschiedsritual gemeinsam das Lied vom Hänschen klein zu singen. Wenn ihnen dabei zum Heulen zumute ist, dann sollen sie es tun. Und wenn Christian dann aus dem Kindergarten nach Hause kommt, sollen sie das Lied noch mal singen. Beide sind sofort einverstanden.

Mutter und Sohn schmettern am übernächsten Tag lauthals das Lied, beide haben Tränen in den Augen, dann verläßt Christian das Haus, geht in den Kindergarten – das Lied pfeifend und summend. Und so macht er sich auch auf den Nachhauseweg. Die Bestandsaufnahme nach einem halben Jahr lautet: «Das hat mich erleichtert. Hans-Christian auch. Und ich merke: Wenn mal die Zeit knapp wird, wir das Lied nicht singen können, geht es mir schlecht. Aber Hans-Christian vergißt das Singen auf dem Weg zum Kindergarten nie!»

Abschiede tun weh

Vor und in jedem Kindergarten spielen sich täglich lang anhaltende Abschiedszeremonien ab. Es geht dabei um ein Nicht-loslassen-Können, das sich in ständig wiederholenden Formulierungen zeigt: «Ich gehe jetzt!»

«Ich gehe jetzt wirklich!»

«Du mußt wirklich nicht traurig sein!»

«Nein, jetzt sei wirklich nicht traurig!»

Für manche Mütter scheint es nur dann ein Happy-End zu haben, wenn die Kinder in Tränen ausbrechen. Die Gründe dafür sind vielfältig:

■ Manche Erwachsene trauen ihren Kindern nichts zu, sind überzeugt: «Nur bei uns geht es den Kindern gut.» Sie sorgen sich ständig, daß ihnen etwas passiert. So machte einmal ein besorgter Vater allen Ernstes den Vorschlag, wenn die Kinder zum Turnen in der Turnhalle seien, müsse ständig ein Krankenwagen vor der Tür stehen – für den Fall der Fälle. Viele Eltern vergessen: Nur wenn sich Kinder trauen dürfen, bauen sie Selbstvertrauen auf.

■ Manche Erwachsene haben ein schlechtes Gewissen: Ich habe früher viel falsch gemacht! Nun wollen sie durch überzogene Bindung und Überbehütung vermeintliche oder tatsächliche Fehler wiedergutmachen. Dazu gehört, daß sich insbesondere Mütter ob ihrer Berufstätigkeit Vorwürfe machen, nicht genügend Zeit für ihre Kinder zu haben. Sie können sich nur schwer auf Rituale einlassen, lassen mit sich über festgelegte Abläufe reden, um Kindern – allerdings gestreßt – Zuwendung zu geben.

■ Erwachsene sehen in der Erzieherin (oder Lehrerin) Konkurrenten für die eigene Erziehung. Sie sind eifersüchtig und unsicher ob der Einflüsse, die von außen in die Familie kommen und manches durcheinanderbringen. Klar ist: Wenn Kinder den Kindergarten oder die Schule besuchen, wird Erziehung – im umfassenden Sinne – spannender. Kinder werden mit anderen Erziehungszielen und -inhalten konfrontiert. Und auch Vater und Mutter, die bisher als Nonplusultra galten, werden vom Thron gestoßen, in ihrer pädagogischen Einmaligkeit relativiert.

■ Insbesondere Mütter – aber auch Hausväter – fürchten das Alleinsein, wenn das Kind die Tagesstätte besucht. Für manche Mutter entsteht das Gefühl, nicht mehr gebraucht zu werden, ihre Schuldigkeit getan zu haben.

Das Loslassen eröffnet manchmal Freiräume, die zunächst erschrecken, weil sie sich als leer erweisen. Das Loslassen empfindet nur derjenige Mensch nicht als angstmachende Leere, der etwas dafür bekommt, sich ein Geschenk damit macht. Wer Kindern Eigenständigkeit und Autonomie zubilligt, ein In-die-Welt-hinaus-Treten ermöglicht, der kann diese Prinzipien gleichzeitig leben. Kinder zu lieben, sie zu achten und zu respektieren hat mit Selbstliebe, Selbstachtung und Respekt vor sich selbst zu tun. Und dabei geht es ganz und gar nicht um Egomanie, Egozentrismus und zwanghafte Ich-Besessenheit.

In der Selbstliebe liegt die Möglichkeit, andere loszulassen, um sich selbst zu finden, in der Selbstliebe liegt die Chance, zunehmend über sich selbst, nicht nur über die Kinder, nachzudenken. In der Selbstliebe steckt die Wurzel zur Selbstbehauptung und zur Erkenntnis: Nur wenn ich gut für mich sorge, es mir gutgeht, kann ich für meine Kinder sorgen, geht es ihnen gut. Wer dagegen nur Kraft in das Wohlergehen der Kinder investiert und sich dabei vergißt, der kann nicht loslassen, der klammert, für den ist Trennung Amputation, für den kommt der Abschied fast dem Todesschmerz gleich. Wer sich aufopfert, ohne sich ernst zu nehmen, wird selbst zum Opfer, das nur mitleidige Brosamen erntet, wer nicht loslassen kann, wird irgendwann ungerecht, resigniert, der bekommt nicht bedingungslose Liebe, sondern Zuwendung, die an Bedingungen gebunden ist.

Erziehungsbedingte Trennungsängste

Es gibt Alltagssituationen und Entwicklungsstadien, in denen Trennungsängste für Kinder besondere Gestalt annehmen.

Zwischen dem sechsten und elften Lebensjahr werden Kinder zunehmend autonomer, sie gehen eigene Wege. Diese Eigenständigkeit erleben manche Kinder als widersprüchlich: Einerseits freuen sie sich auf die Unabhängigkeit – aber nur im Vertrauen auf ein sicheres und verläßliches Zuhause. Andererseits haben sie Angst davor, ihre Eltern zu verlieren, fürchten sie, daß die Eltern sich trennen könnten. Deshalb kommt es in dieser Altersphase nicht selten zu einem Klammerverhalten: Väter und Mütter werden nicht mehr aus dem Haus gelassen, ihnen werden ängstliche Fragen nach der Rückkehr gestellt. So wichtig es ist, diese Ängste ernst zu nehmen, auf sie einzugehen, so dürfen sie nicht dazu führen, daß Eltern auf eigene Wege verzichten.

Deshalb: Geben Sie den Kindern beim Verlassen des Hauses das Gefühl, daß Sie pünktlich zurückkehren und Kinder sich darauf verlassen können. Informieren Sie Ihr Kind, falls Sie doch später kommen – selbst wenn es nur fünf Minuten sind. Hinterlassen Sie die Adresse, wo Sie zu erreichen sind. Werten Sie die Sorge, die sich Ihre Kinder machen, nicht ab! Versichern Sie, daß Sie auf sich aufpassen! Wünschen Sie sich von Ihren Kindern, daß Sie von ihnen Zutrauen mit auf den Weg bekommen.

Anklammerndes Verhalten und Schuldzuweisungen kann man gerade dann häufig beobachten, wenn Mütter ihren Kindern eröffnen, wieder berufstätig werden zu wollen. Nicht selten ist Protest zu hören, wird Angst vor Liebensentzug geäußert. Doch stehen Kinder damit nicht allein: Auch die öffentliche Diskussion wird eher in polar entgegengesetzten Positionen geführt – da gibt es Vorurteile gegen berufstätige Mütter, die den Kindern keine Geborgenheit geben können. Da hört man Verdikte gegen «häusliche» Mütter, die altmodisch seien. Da hört man von den selbständigen Kindern berufstätiger ebenso wie von den «glücklichen» der daheimgebliebenen Mütter. Doch treffen diese Stereotypen nur in Ausnahmefällen zu, die Wirklichkeit ist komplizierter.

Entscheidend ist das Selbstverständnis, mit dem Mütter ihre Rolle leben und mit Leben ausfüllen. Die Berufstätigkeit der Mütter – über den günstigsten (Wieder-)Eintritt in den Beruf läßt sich nur spekulieren – muß gut vorbereitet sein, dann gehen Kinder sehr selbstbewußt und gekonnt damit um:
- ■ Die Kinder brauchen bei der Betreuung feste Bezugspersonen, die ihnen schon vorher bekannt sind.
- ■ Der Alltag braucht klare und feste Zeitstrukturen und Rituale.
- ■ Dies gilt insbesondere beim Abholen und Abgeben des Kindes. Diese Situation ist mit der Abgabe von Erziehungsmacht verbunden. Man läßt es zu, daß andere Einflüsse als die familiären auf das Kind zukommen.

- Der Vater ist verstärkt in alltäglich-normale Erziehungsarbeit einzubeziehen.
- Die Mutter muß telefonisch erreichbar sein.

In der ersten Zeit kann es für die Kinder zu gefühlsmäßigen Problemen kommen: Sie protestieren, verleugnen möglicherweise die Mutter, wenn diese ihr Kind abholt. Oder das Kind tritt in Machtkämpfe ein, vermittelt der Mutter Schuldgefühle. Und falls etwas nicht klappt, führt man dessen Gefühlsschwankungen auf die Berufstätigkeit zurück. Oder das Kind setzt sie als Druckmittel ein, um materielle Vergünstigungen zu erhalten. Hier helfen Konsequenz, Klarheit und auch ein eindeutiges Wort, falls man sich vom Kind unter Druck gesetzt fühlt.

Wenn Eltern sich trennen, tut es weh

Trennung und Abschied sind mit Schmerz verbunden – insbesondere dann, wenn Eltern sich trennen. Wie Kinder solche Trennungen eigenständig und individuell verarbeiten, belegen viele Geschichten in diesem Buch. Für Kinder sind solche Trennungssituationen dann belastend, wenn die Partner das Kind zum Spielball ihrer Interessen machen, das Kind als Mittel zum Zweck benutzt wird:
- Kinder fühlen sich mitschuldig an der Trennung,
- Kinder werden zu Puffern zwischen den getrenntlebenden Eltern, müssen emotionale Schläge, die den Partnern gelten, aushalten,
- Kinder werden zu Koalitionspartnern gemacht, was sie überfordert,
- Eltern spielen sich bei Kindern gegenseitig aus, gehen fahrlässig mit kindlicher Loyalität um.

Kinder brauchen Zeit, um sich an die Trennung zu gewöhnen, sich dem getrenntlebenden Elternteil anzunähern. Je klarer in Trennungsphasen Rituale praktiziert werden (z. B. Besuchsregelung), je mehr Verläßlichkeit und Festigkeit einziehen, um so weniger erlebt das Kind die Phasen als undurchschaubar-diffus.

Man kann bei Trennungen vier Verarbeitungsphasen festmachen:
- Da wird die Trennung zunächst nicht erkannt, weil sie von Eltern verschwiegen oder nur angedeutet wird. Erst allmählich begreifen die Kinder die Endgültigkeit. Damit beginnt die eigentliche Trauerphase.
- Die Kinder wehren sich – meist mit heftigen Reaktionen. Wut und Zorn drücken sich in Schlafstörungen, in Klammerverhalten, in Ängsten davor, der andere Teil werde auch noch gehen, in psychosomatischen Beschwerden aus.
- Manche Kinder idealisieren den ausgezogenen Elternteil, es kommt zu Verschmelzungswünschen, die Kinder finden alles an dieser Person gut. In dieser Phase spielen Kinder ihre Eltern manchmal gegeneinander aus oder versuchen sie wieder zusammenzuführen.
- Schließlich kommt es zur Phase der Wiederannäherung. Dann akzeptiert das Kind die Trennung, es findet sich produktiv mit ihr ab.

Wie lange der Verarbeitungsprozeß dauert, hängt entscheidend davon ab, wie die Eltern daran mitarbeiten. Trennungen hinterlassen Narben – aber Trennungen, die um der Kinder willen nicht vollzogen werden, bringen meist noch tiefere Narben mit sich. Kinder können mit den Narben leben lernen. Können sie bewältigen, wenn nach der Trennung eine neue Stabilität sichtbar wird. Trennungen, die sich sehr lange hinziehen, wenn Eltern sich beispielsweise nicht loslassen können oder sich gegenseitig schädigen wollen, erscheinen für das Kind unüberschaubar und belasten besonders. Hier sind professionelle Trennungsberatungen seitens psychologisch geschulter Fachleute hilfreich.

Monster, Geister und Konsorten
Von den Ängsten, gefressen zu werden

**Dem großen Dinosaurier möchte ich
nie begegnen, der kann mich fressen.
Simon, 5 Jahre**

Zwischen dem zweiten und dritten Lebensjahr entwickeln Kinder Gefühle von Macht, Stärke und Überlegenheit. Im Trotzalter zwingen sie Eltern durch ihr häufiges «Nein!» und «Ich will nicht!» ihren Willen auf, provozieren Väter und Mütter durch ihre demonstrative Eigenständigkeit und bringen sie nicht selten an den Rand von Ohnmacht und Hilflosigkeit. Es kommt zu Machtkämpfen, in die Kinder ihre Eltern ständig neu versuchen hineinzuziehen. Neben dem Willen zur Autonomie, zum «Ich kann das alleine!», entwickelt das Kind zugleich körperbezogene Gefühle von Macht. Die Füße tragen das

Kind auf eigene Wege, die es schnell und langsam, laufend und schlendernd zu bewältigen lernt. Manchmal bewegt es sich nicht, es bleibt stehen. Es schaut, es blickt zurück und nach vorn. Zur gleichen Zeit lernt ein Kind, seinen Körper und seine Feinmotorik zu gebrauchen. Es kann vorsichtig Blumen pflücken und heftig herausreißen, es kann ein anderes Kind streicheln, um es im nächsten Moment unangemessen zu schlagen, es kann Türme aus Bauklötzen bauen, um das Bauwerk kurz darauf mit einer Handbewegung zum Einsturz zu bringen, es kann einen Hund liebevoll füttern, um ihn plötzlich einem brutalen Entziehungsritual zu unterwerfen.

Vom Sauber-Sein und den Ängsten, im Klo verschlungen zu werden

Mit dem Körperbewußtsein, das ein Kind ausbildet, verbinden sich Allmachts- und Größenphantasien. Die grob- und feinmotorischen Fähigkeiten differenzieren sich: Es lernt, Bestecke zu benutzen, bastelt mit Werkzeug, es klettert und rangelt. Parallel dazu verläuft die Reinlichkeitserziehung, die einem Kind zusätzliche Macht-, aber auch Ohnmachtsgefühle beschert. Kinder merken, daß sie mit ihren Schließmuskeln, der Darm und Blase kontrolliert, nicht allein allmählich Macht über ihren Körper, sondern auch über andere Menschen erhalten.

Ninas Thron

Die zweieinhalbjährige Nina sitzt auf dem Thron, soll ihr Häufchen machen. Die Eltern umkreisen den Topf und ihre Tochter erwartungsvoll wie ein Fuchs den Hühnerstall, feuern Nina an, ihr «Geschäft» zu machen. Der Vater hockt sich neben die Tochter, drückt heftig, bekommt einen hochroten Kopf, spielt Nina die Prozedur des Loslassens vor. Doch Nina thront stoisch, wundert sich über die aufgeregten Eltern, die um ihren Plastikthron hüpfen, als kämen gleich geballte Goldkugeln aus ihrem Hintern. Vater und Mutter ermuntern, ermutigen, überreden – Nina läßt sich erweichen, läßt endlich los, und im Töpfchen erscheint ihre erste Schöpfung. Die Eltern brechen in Jubel aus – wie bei einer Opernpremiere, einer Theateraufführung –, loben die Hauptdarstellerin, beglückwünschen sie, die ungläubig lacht und die ganze Aufregung nicht versteht. Sie fragt sich: Für dieses Häufchen im Topf so viel Anerkennung? Und dieser kleine Haufen, ein Juwel – er riecht nicht, stinkt nicht, jedenfalls lassen sich die Eltern nichts anmerken –, wird in den höchsten Tönen gelobt. Bei so viel Anerkennung mag es dann nicht weiter verwunderlich sein, wenn das, was im Töpfchen liegt und dampft, von Kindern, wenn man sie unbeaufsichtigt läßt, als Rohmaterial für kreative Eigenleistungen benutzt wird: Sie matschen, sie stecken Finger hinein, sie riechen daran, schmieren es als Verzierung auf Tapete und Teppich, versiegeln Fußböden.

Doch bevor die meisten Kinder ihre Schöpfungen begrifflich verarbeiten können, geschieht Unvorstellbares: Was eben noch Anlaß elterlicher Euphorie war, wird nun wenig spektakulär in das große weiße Toilettenbecken geschüttet und per Knopfdruck und mit lautem Getöse hinuntergespült. Und das Kind steht davor und wundert sich, wie mit seiner wunderbaren Schöpfung umgegangen wird. Welch ein Frust für das Kind. Doch diesen lernt der Heranwachsende im Lauf der Entwicklung auszuhalten und noch mehr: Man kann Bedürfnisse aufschieben, muß nicht jedem Trieb, jeder Lust sofort nachgeben, man kann die Verwirklichung von Wünschen anders ausleben, als im Wühlen in der eigenen Schöpfung. Man kann Sand mit Wasser mischen und in der Matsche spielen. Selbstbestimmte Schöpfung und das Zerstören, Aufbauen und Vernichten sind Grundrhythmen im Kinderspiel, die sich ständig wiederholen: Das Kind häuft Sandburgen auf und zertrampelt sie, es konstruiert Türme und bringt sie zum Einsturz. Das Kind lernt so die verschiedenen Anteile der eigenen Persönlichkeit kennen.

Auf einen wichtigen der eben genannten Aspekte will ich näher eingehen: Manchmal empfinden jüngere Kinder das Verschwinden ihres Darminhalts bei der Betätigung der Wasserspülung als einen Schock. Sie entwickeln Ängste davor, auf die «große Toilette» zu gehen, fürchten sich darauf zu setzen, weil sie glauben – wie ihre Schöpfung – in das dunkle Loch mit dem rauschend-gurgelnden Wasser hinabgezogen zu werden. Auch die Ermutigung, das Lob, das Kinder erfahren, wenn sie sich aufs Töpfchen setzen und ihre «kleinen» und «großen» Geschäfte erledigen, sind mit zwiespältigen Gefühlen verbunden. Da ist zweifelsfrei die Genugtuung, die Muskeln zu beherrschen, es den Eltern recht machen zu können. Es ist für sie faszinierend, mit den Schließmuskeln zu spielen, die Vorgänge zu verkürzen oder zu verlängern – oder mit anderen Kindern in einen Wettstreit darüber zu treten, wer am weitesten pinkeln kann.

Schließlich entsteht ein Machtgefühl, das nicht zu unterschätzen ist. Das Kind kann sich elterliche Bestätigung abholen, wenn es sich zum richtigen und erwünschten Zeitpunkt auf das Töpfchen setzt und alles erledigt. Doch es kann seine Eltern zugleich zur Verzweiflung treiben, wenn dies alles zur Unzeit passiert.

Da stehen die Eltern festlich angezogen, um endlich wieder eine Theaterpremiere zu besuchen. Das Kind sitzt auf dem Töpfchen und sitzt und sitzt und sitzt ... und nichts passiert. Alles Betteln und Flehen hilft nichts. Es kommt nichts, der Schließmuskel bleibt zu. Die Tresortür öffnet sich nicht. Das herbeigesehnte Geschäft kommt nicht zustande. Oder das Kind – obwohl es zuvor wochenlang mit Regelmäßigkeit selbstbewußt das Töpfchen aufgesucht hat – näßt und kotet just zu jener Stunde ein, steht breitbeinig, mit voller Hose vor Vater und Mutter, die sich in Abendkleid und Smoking längst woanders sehen. Dann erfährt das Kind: Was zum richtigen Zeitpunkt ins Töpfchen gelassen, nicht riecht, stinkt nun zum Himmel.

Das Kind wird sich in einer solchen Situation seiner Macht bewußt: Auch wenn sein Körper – verglichen mit dem des Erwachsenen – noch klein und schmächtig ist, kann es doch Macht ausüben, kann es nötigen, seinen Willen durchsetzen. Aber gleichzeitig spürt das Kind die Abhängigkeit von den Eltern, erlebt ihre Erziehungs- und Wortgewalt, empfindet sich als Gulliver im Land der Riesen. Elterliche Größe, die sonst Schutz und Geborgenheit für Kinder bedeutet, wandelt sich schnell in eine Vernichtungsangst, der sich Kinder ausgeliefert sehen.

David und Goliath

Das Gefühl von Macht und Größe stellt sich für das Kind somit als widersprüchliche Grunderfahrung dar:

- Es erfährt die «positiven» und «negativen» Seiten der Macht, ihre konstruktiven wie ihre destruktiven Aspekte. Es kann aufbauen und zerstören, ehrlich sein und lügen, Zuwendung geben und Liebe entziehen, kooperativ und verweigernd sein. In seiner frühen Entwicklung reklamiert das Kind nur die «guten» Anteile für sich, die «bösen» bindet es an andere, an reale oder fremde irreale Wesen.
- Auch mit elterlicher Macht verbindet das Kind widersprüchliche Erfahrungen. Eltern oder andere enge Bezugspersonen können ihre Macht einsetzen, um Schutz und Geborgenheit zu vermitteln, Urvertrauen zu geben. Sie können ihre Macht jedoch zugleich dazu benutzen, um bei Kindern das Gefühl der Ohnmacht und Abhängigkeit zu hinterlassen, um Anpassung zu erzwingen.
- Und hinzu kommt ein dritter Gesichtspunkt: Viele Eltern erleben ihre Kinder im Trotzalter und in den folgenden Phasen als – so formulierte es eine Mutter – «gespalten». Tagsüber leben Kinder in Spiel und Phantasie ihre anarchisch-zerstörerischen Anteile aus, überschreiten permanent Grenzen, fordern ihre Eltern im Übermaß heraus, so daß man «sie auf den Mond schießen kann». «Dieser Irrwisch», so ein Vater, «hat, wenn er erst im Bett liegt, nichts mehr mit dem Teufel vom Tag gemein.»

Abends und nachts verläßt manche Kinder offensichtlich der Mut: In dem Maße, wie sie tagsüber kleine Monster sind, die im Spiel und ihren Ritualen Angst und Schrecken verbreiten und verarbeiten, in dem Maße haben sie nachts Angst vor den nun irrealen Monstern, die sie tagsüber darstellen. Nachts sind alle Geister grau und unberechenbar, sie sind schnell, flatterig, diffus, unfaßbar, sie dringen in Körper ein, verletzen ihn, sie lösen durch Berührung und Umarmung Ekel aus, sie machen Kindern angst, verschlungen zu werden, angst davor, in riesigen bissigen Schlünden zu verschwinden.

Der Blitz, die Hexe und der Räuber – Symbole kindlicher Vernichtungsängste

Kindliche Vernichtungsängste binden sich an Urelemente: Gewitter, Blitz, Donner, Feuer oder Wasser, an irreale Wesen, Monster, Geister, Vampire, Hexen, wilde Tiere, die auf roten Listen stehen oder längst ausgestorben sind, oder an Phantasiefiguren, die sich Kinder ausdenken, in denen die Medien aber häufig Spuren hinterlassen haben – seien es nun Räuber, Einbrecher, Mörder, Wildwesthelden und dergleichen mehr. Zwei gegenläufige Aspekte zeichnen diese Symbole aus:

- Einerseits faszinieren sie, ziehen Kinder an. Kinder inszenieren die Kraft von Feuer und Wasser im Spiel. Manche Kinder sehen mit großen Augen, geborgen im Arm ihrer Eltern, den Blitzen zu, hören den Donner und machen ihn mit lauten Geräuschen nach. Kinder verkleiden sich als Cowboys und Wildwesthelden, als Superman und als kleiner Vampir, um stark zu erscheinen.
- Andererseits erschrecken Urelemente und irreale Wesen die Kinder. Zwar glauben sie an die Kraft der eigenen Magie und Phantasie, diese Urelemente zu beherrschen, aber es bleibt ein letzter Rest an Unsicherheit, daß dieses Potential nicht ausreicht, daß die Wesen doch zu mächtig sein könnten. Dann erweist sich die nächtliche Flucht ins elterliche Bett als einzige Überlebensalternative.

Die Entdeckung des eigenen Körpers hat für die Kinder zur Folge, daß sie sensibler für physische Gefahren werden, die ihnen drohen. Zwar wissen und ahnen sie um ihre Stärke – aber das reicht manchmal nicht, um sich vor den übernatürlich-phantastischen Geschöpfen, die das Kind verletzen, in es eindringen, die es zerstören und verletzen wollen, wirklich sicher zu sein. Diese Geschöpfe sind eine Herausforderung für die Eigenständigkeit und für die körperliche Unversehrtheit.

Von kleinen Schrammen und großen Schmerzen

Wie brüchig und zerbrechlich sich das nur unzureichend ausgebildete Körperbewußtsein beim Kind darstellt, wie ausgeliefert und hilflos sich Kinder in dieser Entwicklungsphase fühlen, zeigen ihre panischen Reaktionen auf kleinste Verletzungen. Ein minimaler Riß in der Hand kann heftige Gefühlswallungen auslösen, und wenn dann noch Blut sichtbar wird, entsteht beim Kind schnell die Phantasie, der Körper zerfalle in Einzelteile. Rationale Erklärungen helfen kaum – Trost, Annahme, in den Schmerz hineingehen («Das tut weh!»), ein Zauberpflaster, Pusten wirken hingegen Wunder. Denn wenn die Phantasie das Schreckensbild vom zerfallenden und zerfließenden Körper entstehen läßt, dann hat sie auch heilende, zusammenfügende Kräfte.

Krankheiten, schon kleinste körperliche Eingriffe, können in dieser Zeit für Kinder subjektiv sehr bedrohlich sein. Schmerzen werden mit absoluter Vernichtung, ja manchmal sogar mit Tod und Todesphantasie verbunden. Der Gang zum Zahnarzt, zu einer ärztlichen Untersuchung, gar ins Krankenhaus stellt sich für alle Beteiligten als eine Herausforderung der besonderen Art dar. Elterliche Zuwendung und Nähe, die behutsam-erklärende Art des Arztes können Kinderängste nicht immer besiegen. Heftige Reaktionen von Kindern im Wartezimmer lassen bei Eltern Gefühle der Hilflosigkeit, der Ohnmacht und des Versagens entstehen.

Patentlösungen, um Ängste in dieser Situation produktiv zu bewältigen, gibt es letztlich nicht. Zwar mag es hilfreich sein, wenn dem Kind die Behandlung vorher erklärt wird, man dem Kind Abläufe begreiflich macht. Aber eine Erklärung muß behutsam erfolgen, sollte auf naturalistische Überzeichnungen verzichten. Man sollte nur so viel sagen, wie das Kind wissen will, es keinesfalls mit zu vielen Informationen bedrängen, und vor allem sollten sich Eltern der anschaulichen Bildersprache bedienen, die Kinder selber verwenden. Aber jedes Vorbereitungsgespräch ist einzigartig und individuell auf die Persönlichkeit des Kindes abzustimmen. Was bei einem Kind passend war, kann sich schon beim Geschwisterkind als kontraproduktiv erweisen. Gespräche mit anderen betroffenen Eltern sind nützlich, aber deren Tips sind nicht ohne weiteres auf die eigene Situation zu übertragen.

Genauso wichtig wie eine Einstimmung auf die Behandlung oder die Operation ist die Nachbereitung. Kinder suchen in dieser Phase vor allem die nächtliche Nähe der Eltern, die ihnen eine Zeitlang zu gewähren ist. Nur durch Geborgenheit sind Gefühle von hilflosem Ausgesetztsein, die es beim Arzt oder im Krankenhaus durchlebt hat, einigermaßen aufzuheben. Dabei brauchen Kinder Eigen-Zeit. Je jünger sie sind, um so längere Zeit brauchen sie, um sich auf gewohnte Rituale und Regeln wieder neu einzulassen, ihre Verläßlichkeit schätzen zu lernen.

Auch im Spiel bereiten Kinder problematische Erfahrungen nach, bringen ihre Ängste auf den Begriff. Spiele, in denen krankheitsbedingte Vernichtungsängste im Mittelpunkt stehen, zeichnen sich durch starre Rituale und festgelegte Regeln aus, die darauf hinweisen, wie tiefgehend die Vernichtungsängste für das Kind waren. Im Spiel drückt es diese verunsichernden Erfahrungen aus. Aber das Kind verarbeitet nicht nur, im Spiel wird das Kind vielmehr aktiv, befreit sich aus der Hilflosigkeit. Es versetzt sich in eine Rolle, die es ihm zumindest spielerisch-phantastisch ermöglicht, diffuse Lebenssituationen künftig anpackend zu beherrschen.

Die Guten und die Bösen – Über Phantasiefiguren, Zaubergeschichten und Monsterrituale

Je jünger die Kinder sind, um so heftiger empfinden sie Vernichtungsängste, weil ihre Identität nur unzureichend entwickelt ist, sie sich ihrer selbst noch nicht sicher sind. Solche Ängste begleiten Kinder vom zweiten Lebensjahr an, und sie suchen intensiv nach Wegen, ihnen ein Gesicht zu geben, um sie dem diffusen Licht der Nacht zu entreißen, das die Bedrohlichkeit der Figuren und ihre Unheimlichkeit nur steigert. Spiel und Phantasiefiguren sind dabei legitime und wichtige Begleiter des Kindes auf diesem Weg. Nun greift eine ganze Konsumindustrie mit ihren Action-Figuren diese Faszination auf und überformt sie kommerziell. Die Medien stellen den Kindern gewalttätige, manchmal gewaltverherrlichende Helden und Heldinnen zur Verfügung. Trotzdem gibt es die selbstbestimmten Ansätze von Kindern, sich mit manchmal brutalen und grausamen Phantasien gegen ihre Vernichtungsängste zu behaupten.

Anstatt dem Kind solche Figuren oder Spiele auszureden und ihnen mit Verboten oder Sanktionen zu drohen, sollten Erwachsene nach der Bedeutung dieser Figuren fragen: «Warum hat mein Kind Interesse daran?» Diese Frage dient dazu, eigene Reflexionen anzustoßen, das Kind genauer zu beobachten, Figur oder Spiel vor dem Hintergrund kindlicher Entwicklung und Reifung zu interpretieren. Zu überprüfen ist auch, ob durch die Spiele und den Umgang mit Phantasiefiguren Ängste verarbeitet *oder* verstärkt werden. Ein vorschneller Eingriff in die Aktivitäten des Kindes ist ebensowenig ratsam wie eine pädagogische Überformung: «Kannst du nicht mit was Schönerem spielen?!» Solch Hinweis verstehen Kinder schnell als Maßregelung ihrer Person, sie befürchten Liebesentzug, nur weil sie mit «bösen» Dingen spielen.

Doch sollte die elterliche Frage nicht lauten: «Warum spielst du mit den Monstern?» Denn was kann ein Kind schon darauf antworten – vielleicht «Darum!» oder «Weil's Spaß macht!» oder «Weil ich meine Vernichtungsängste habe und diese verarbeite!» Kindern sind die Motive und Themen ihrer Spielinhalte nur wenig bewußt. Sie handeln und spüren, daß ihnen die gruseligen Spiele und vorgestellten wie realen Phantasiefiguren guttun, weil sie den bedrohlichen Vernichtungsängsten ein Gesicht geben und damit ihrer Bannung dienen.

Benjamin, vier Jahre, kommt nur ungern in den Kindergarten. Er wirkt unsicher, hat kein Selbstvertrauen. Benjamin erzählt seinen Eltern und Erzieherinnen, er fürchte sich vor Dinosauriern. Die gebe es nicht, erklären ihm vor allem die Eltern. Doch Benjamin beharrt darauf: «Ich hab doch welche im Kindergarten und auch bei uns gesehen!»

Man belächelt seine Phantasie, er fühlt sich nicht ernst genommen, weil er Angst hat, daß sie ihn doch eines Tages fressen würden.

«Du spinnst!» schimpft sein Vater, und die Mutter versucht es pädagogisch-verständnisvoll: «Wenn du nicht in den Kindergarten willst, sag es, dazu brauchst du keine Ausrede!»

Benjamin fängt an zu weinen: «Ihr glaubt mir nicht! Aber ich hab sie doch gesehen!»

«Komm mal her», beschwichtigt die Mutter. «Komm mal her.» Sie zieht Benjamin an sich. «Benjamin, die Dinos sind schon lange tot. Die gibt es überhaupt nicht mehr!»

Benjamin schüttelt den Kopf: «Aber ich hab doch welche gesehen», beharrt er eindringlich, «im Kindergarten und auch bei uns im Garten.»

«Bei uns?» fragt die Mutter überrascht. Er nickt. «Zeig sie mir!»

Beide gehen in den Garten. Benjamin sucht nach Abdrücken im Rasen und in den Blumenbeeten. Er findet welche. Es sind Abdrücke, die von Igeln und Kaninchen stammen – oder von was für Tieren auch immer. Die Mutter weiß es jedenfalls nicht so genau. Für Benjamin sind es jedoch Dinosaurier-Spuren.

Ich lerne Benjamin bei einem Familienseminar kennen, er erzählt mir viele Einzelheiten über Dinos: «Die meisten sind gut. Aber», so fügt er leise hinzu, «es gibt auch ein paar böse, die fressen sogar Menschen!»

Seine Augen sind weit geöffnet, so als sähe er sie vor sich. «Laß uns die bösen malen», schlage ich vor. «Ich hab so einen noch nie gesehen!»

Benjamin ist begeistert. Er holt Papier, Buntstifte, malt schwungvoll einen riesigen massigen Körper mit vielen Dornen und Pranken und einem kleinen, verschmitzt-lächelnden Gesicht mit großen Kulleraugen.

«Ist das der Dino, vor dem dir gruselt?» frage ich.

«Vor dem nicht», antwortet er und sieht mich an, «vor dem nicht. Aber vor dem anderen!»

«Und wie sieht der aus?»

«Weiß ich nicht!» Er blickt zu mir: «Soll ich den auch malen?»

Ich nicke ihm zu. Er macht drei oder vier Anläufe. Er hat den Körper schon entworfen, nicht unähnlich dem des guten Dinosauriers, aber als Benjamin ans Gesicht geht, meint er: «Ich krieg das nicht hin. Der schaut so gruselig. Ich krieg das nicht hin!» Er nimmt das Papier, zerknüllt es und wirft es schwungvoll in den Papierkorb.

«Der schaut so grimmig, so gruselig. Ganz grimmig!» meint Benjamin mit fester Stimme, ganz ernst. «Und der frißt wirklich Menschen! Wirklich!»

«Laß uns den Dino mal basteln, den du gemalt hast und den du magst», schlage ich vor.

«Den guten hier, den meinst du», antwortet Benjamin, auf seine Zeichnung deutend.

Er geht mit Feuereifer und viel Engagement an die Sache. Ich bin sein Handlanger, reiche ihm die Materialien, darf hin und wieder etwas festhalten oder drücken. Er besteht darauf, alles allein zu machen.

«Er ist schon eigensinnig», meint die hinzukommende Mutter.

Benjamin schüttelt vehement den Kopf: «Ich muß das alleine machen. Ihr wißt ja gar nicht genau, wie der aussieht. Ihr habt den ja noch nie gesehen!» Während er bastelt, erzählt er von den Dinos, von ihrer Größe, ihrer Kraft und daß manche eben gefährlich seien.

«Aber meiner, weißt du, meiner frißt keine Menschen. Der ist nur mächtig. Und der vertreibt den Bösen. Dann kommt der Böse nicht mehr zu mir!»

«Und wie heißt dein Dino?»

«Dino, der Gute.» Benjamin klingt sehr selbstbewußt.

Benjamin besiegt den bösen Dino

Von diesem Tag an begleitet Dino Benjamin überallhin – egal, wo er auftaucht. Der niedlich lächelnde Dino aus Pappe, Stoff und Papier, ebenso zerbrechlich wie mächtig, liegt in Benjamins Fingern. Sie bilden eine Einheit, und fast sieht es so aus, nein, es ist so: Während Benjamin mit dem Dino in der Hand Halt findet, beschützt der Dino den Jungen, macht ihn unverwundbar. Ich hatte Benjamin, als er seinen Dino fertig gebastelt hatte, gesagt: «Mit dem Dino in der Hand geht Benjamin durchs ganze Land.» Diesen Zauberspruch wiederholte er ein paarmal. Benjamin nimmt seinen Dino auch mit in den Kindergarten. Er sitzt an seinem Platz. Die anderen Kinder bewundern die Figur. Nur Ann-Katrin meint, sie brauche so eine Figur nicht, sie habe eine niedliche Kuschelpuppe, die sie immer dabeihabe.

Es genügt, wenn Benjamin seinen Dino an seinem Platz weiß. Nur wenn er in den Garten geht, um nach Dinospuren zu suchen, dann nimmt er ihn mit. Benjamin geht gerne allein in den Kindergarten – und dies, obwohl einige Erwachsene mit Kopfschütteln reagieren, wenn sie ihn mit einem Dino in der Hand durch die Straßen gehen sehen. Seine Erzieherin, seine Eltern lassen ihn, weil sie doch bemerken, wie er zunehmend selbstsicher und eigenständig wird. Wenn die Bösen kommen, da ist sich Benjamin sicher, dann helfe sein Dino. Und eines Novembertages geht Benjamin in der Abenddämmerung in den häuslichen Garten, den Dino an sich gedrückt – wohl neue Spuren suchend. Nach einer Viertelstunde kommt er zurück.

«Wo warst du?» fragt die Mutter, als ihr vor Kälte zitternder Benjamin vor ihr steht.

«Vorne im Garten!» antwortet er. Und mehr zu sich gewendet, fügt er hinzu: «Die kommen nicht mehr!» Und dann ganz bestimmt: «Nie mehr!»

«Wer kommt nicht mehr?»

«Na, die bösen Saurier! Die erschrecken mich nicht mehr!»

«Wieso?»

«Wegen Dino. Die haben Angst vor dem!»

Zwar schaut Benjamin noch weiter nach den Spuren im Garten und ist sich nicht ganz sicher, ob die bösen Monster wirklich wegbleiben werden. Eines ist für ihn klar: Er hat einen Weg gefunden, seine Ungeheuer zu zähmen. Benjamins Entwicklung macht gleichermaßen Aspekte seiner Vernichtungsängste wie ihrer Verarbeitung deutlich:
■ Seine Dinosaurier – bei anderen Kindern sind es vielleicht Monster, Geister, Tiger, Löwen, Kobolde, Hexen, Räuber oder Einbrecher

– stehen für seine Angst. Er sieht ihre Spuren, denen er sich vorsichtig annähert, mit der Zeichnung gibt er seiner Angst ein Gesicht, in seiner Bastelarbeit eine Gestalt. So bringt Benjamin seine Angst auf den Begriff. Durch Veranschaulichung können Kinder diffus erscheinende Phänomene gekonnter verarbeiten.

■ Die Dinosaurier haben für Benjamin doppelte Bedeutung: Einerseits verkörpern sie Größe und Macht, die vernichtend sein können, andererseits bieten sie Schutz und Geborgenheit. Wie bedrohlich der «böse» Dino ist, zeigt sich in Benjamins Verhalten: Er kann dem Blick des vernichtenden Dinos nicht standhalten und vermag ihm noch kein Gesicht zu geben. Benjamin zerknüllt die Zeichnung.

■ Benjamin entscheidet sich für den niedlichen, den «guten» Dino, der behütet und vor realen und eingebildeten Gefahren beschützt. Sein Dino gibt ihm die Kontrolle über Gefahren, oder besser: gibt ihm die Illusion, unsichere Situationen bestehen zu können. Und diese Illusion, noch unterstützt durch den Zauberspruch, macht ihn so sicher, daß er sich eines Tages im Dunkeln einer gefährlich-beunruhigenden Situation stellt. Er hat den «bösen» Dino besiegt.

Ein paar Monate später. Eines Tages setzt sich Benjamin wieder hin, bastelt aus Pappe Zacken, die er an seinem Pullover und den Ärmeln befestigt. Mit lautem Geheul springt er seine Erzieherin im Kindergarten an: «Ich bin jetzt der böse Dino.» Die Erzieherin läßt sich auf das Kämpfchen ein, denn ihr ist schon aufgefallen, daß Benjamin in der letzten Zeit mehr aus sich herausging, Grenzen überschritt, nicht mehr der schüchtern-zurückhaltende Junge war. Er spielte gerne Räuber und Gendarm, er wollte dabei fast nur der Räuber sein.

Benjamin erklärt ihr die Regeln des Dino-Spiels: «Du bist der gute Dino. Du mußt mich jagen. Und dann kämpfen wir. Erst gewinne ich, dann du!» Zweimal am Tag wollte er das Spiel – über Wochen, bis es eines Tages beendet war. Benjamin wollte nicht mehr. Sein Interesse an den Dinos ließ nach.

Benjamin hatte nicht nur seine Vernichtungsangst besiegt, sein Spiel mit dem Dino zeigt einen weiteren Reifeschritt an. Nun konnte er dem «bösen» Dino ins Gesicht sehen. Anders formuliert: Benjamin konnte sich bisher nur mit dem «guten» identifizieren, weil er sich als «gut» sah, seine «bösen», also die wilden, bissigen und zerstörerischen Anteile legte er in den «bösen» Dino hinein. Indem er diesen durch ein spielerisches Ritual besiegte, die stärkenden Kräfte von Spiel und Ritual praktisch erfuhr, konnte er sich auf die eigenen unbeherrschten, impulsiven und wilden Anteile einlassen, sie in einem ritualisierten Spiel umbiegen und zähmen.

So geht es denn beim Umgang mit der Vernichtungsangst nicht allein um das Bannen von Dämonen, es geht darum, die «bösen» Anteile in sich zu erkennen, sie zuzulassen und zu zivilisieren.

Diese Ängste fordern Heranwachsende in einer Mischung aus Faszination und Schrecken heraus. Sie suchen zwar den Schutz ihrer Eltern, um sich den Ängsten zu stellen, sie brauchen Gewißheit und Verläßlichkeit, um den Monstern und wilden Tieren ein Gesicht zu geben. Aber viele Eltern mißverstehen die Suche ihrer Kinder nach Schutz und entwickeln zwei Bewältigungsstrategien, die wenig passend und dem Kind angemessen sind:

■ Eltern gehen mit den Kindern in einen rationalen Diskurs, versuchen sie zu überzeugen, daß es die Phantasiegeschöpfe nicht gäbe. Sie lassen dabei kindliche Sichtweisen völlig außer acht.

■ Andere Eltern überbewerten und -dramatisieren die Schreckenserlebnisse ihrer Kinder. Sie wollen die Ängste für die Kinder lösen, entwickeln Ideen, machen ununterbrochen Vorschläge, auf die Heranwachsende nicht selten mit Unverständnis und nachhaltigem Widerstand reagieren.

Vernichtungsängste sind entwicklungsbedingt. Sie fallen in die magische Entwicklungsphase des Kindes, auf die ich später noch eingehen werde. In dieser Phase schafft sich das Kind Figuren und Phantasiegefährten, die auch bedrohliche Seiten haben. Wenn Kinder Schöpfer sind, können sie die «selbstgemachten» Geschöpfe, die Figuren und wilden Gefährten zum Verschwinden bringen. Genauer: Man kann das kindliche Phantasiepotential nutzen!

Zwei Vorgehensweisen, die für Kinder sehr charakteristisch sind, können Vernichtungsängste auf eine lustvoll-spielerische Weise langsam zum Verschwinden bringen. Diese stelle ich in einem späteren Abschnitt dieses Buches (s. S. 167f.) noch genauer vor: die Zaubergeschichte und das Monsterritual.

Tamara und die Krokodile
Von der Kraft der Zaubergeschichten

Die siebenjährige Tanja hat Angst vor schrecklichen Krokodilen, die sie nachts besuchen. Sie säßen in allen Ecken, würden nur darauf warten, daß sie einschläft, um sie dann zu fressen.

«Die Krokodile sind viel schlimmer als Hexen», erzählt Tanja ihrer Mutter.

«Wieso?»

«Weil, wenn es eine Hexe wäre, dann würde ich sie verbrennen, wie Hänsel und Gretel.»

«Wie denn?» fragt die Mutter neugierig.

«Ich würde im Garten den Grill anmachen, sie mit Fleisch anlocken und dann, wenn sie am Grill steht, daraufstoßen!» Sie grinst ihre Mutter an: «Gruselig, nicht?»

Die Mutter nickt, lächelt. «Bei den Krokodilen hast du keine Idee?» fragt die Mutter.

Tanja schüttelt spontan den Kopf. «Hab schon so viel nachgedacht!» Sie sieht ihre Mutter an: «Weißt du was?»

Diese überlegt. «Laß uns noch mal gemeinsam nachdenken!» Beide schweigen, denken angestrengt nach. Tanja fällt nichts ein.

«Ich kenn da 'ne Geschichte», sagt dann die Mutter. «Die erzähl ich dir!»

Und dann fängt sie mit einer Geschichte an, die ich der Mutter in einer Beratung vorgeschlagen hatte, als sie mir von den Krokodilsängsten ihrer Tochter berichtete.

«Das ist die Geschichte von Tamara und dem Zaubersand», beginnt sie. «Tamara war ein kleines Mädchen. Das konnte nicht einschlafen, weil es an soviel denken mußte. Und wenn sie dann an alles gedacht hatte, dann konnte sie ihre Augen erst recht nicht zumachen. Als sie mal wieder verzweifelt war, traurig darüber, daß ihre Augen nicht zufielen, da erschien die Fee Ohneschlaf bei ihr. Sie könne auch niemals schlafen. Aber es gäbe einen Schlafstein. Wer den hat, kann immer schlafen. Wo der denn sei, fragt Tamara. Und die Fee Ohneschlaf erzählte von einer Höhle, davor lägen bissige Krokodile, die immer wach wären und den Stein bewachten. Die Fee wußte, daß die keinen hineinlassen. Aber ich möchte wieder einmal schlafen, sagte die Fee voller Traurigkeit. Ich möchte den Schlafstein holen.

Ich komme mit, rief Tamara, zog sich an, und beide machten sich auf den Weg. Unterwegs trafen sie viele Tiere. Und als Tamara und die Fee Ohneschlaf erzählten, daß sie den Schlafstein holen wollten, waren alle begeistert. Der alte Uhu, der tagsüber nicht mehr schlafen konnte, das taube Kaninchen, das immer die Augen offen halten mußte, die Fledermaus, die den Lärm der Stadt nicht mehr ertrug. Als sie kurz vor dem Ziel waren, überlegten sie hin und her, wie sie die Krokodile überlisten könnten, aber ihnen fiel nichts ein.

Da trat ihnen ein kleiner grauhaariger Gnom in den Weg. Sie erzählten von ihrem Vorhaben. Und er sagte, er habe das schon immer vorgehabt, denn auch er könne nicht mehr schlafen. Er habe sogar ein Zaubermittel erfunden, um die Krokodile zum Schlafen zu bringen. Aber warum hast du das noch nicht ausprobiert? fragte Tamara. Ich hab mich noch nicht getraut, antwortete der Gnom. Wie geht denn das Zaubermittel? fragte Tamara neugierig. Und der Gnom lachte sie an: Reibe dreimal deine Hände, dann dreh dich zweimal nach rechts, einmal nach links und reibe zweimal die Hände. Öffne die Hand und puste das Pulver und sage: Ihr werdet schlafen. Tamara und Ohneschlaf gingen mit Herzklopfen zu den Krokodilen, die neugierig und hungrig auf sie zukamen. Da kommt frisches Fleisch, lachte das gruselige Oberkrokodil. Tamara rieb sich die Hände, und die Krokodile kamen immer näher. Schneller, sagte Ohneschlaf, Tamara drehte sich nach rechts, zweimal, einmal nach links. Schneller, schneller, schrie Ohneschlaf. Tamara rieb sich zweimal die Hände. Schneller, mach schneller, kreischte Ohneschlaf. Dann pustete Tamara den Zaubersand und sagte dabei: Ihr werdet schlafen. Und wie von einem Blitz getroffen, wurden die Krokodile langsamer, Tamara rieb sich verwundert die Augen. Die Krokodile krochen langsamer und langsamer, dann ganz langsam, streckten alle Glieder von sich, schliefen ein und fingen an zu schnarchen. Tamara faßte dem Oberkrokodil in den Rachen, keine Reaktion. Tiefschlaf, meinte Tamara fachmännisch. Es hat geklappt, es hat geklappt, schrie der Gnom aus dem Hintergrund und kam freudig aufgeregt angerannt. Sie stiegen über die Krokodile, öffneten die breite Felstür und fanden den mattglänzenden Schlafstein. Sie nahmen ihn und gingen zurück. Es hatte sich schnell herumgesprochen, daß Tamara und Ohneschlaf den Schlafstein gefunden hatten: die Fledermaus kam, der Uhu, das Kaninchen. Tamara, Ohneschlaf und der Gnom hatten sich schon gesetzt. Sie saßen im Kreis, den Schlafstein in der Mitte, und schliefen tief und fest. Da fing auch der Uhu an zu gähnen, das Kaninchen und die Fledermaus taten es ihm gleich, und wenn sie nicht aufgewacht sind, dann schlafen sie noch heute!»

«Toll!» sagt Tanja, die mit glühenden Ohren zugehört hat. «Aber wie war noch das Zaubermittel?» Die Mutter wiederholt: «Reibe dreimal deine Hände. Dreh dich zweimal nach rechts, einmal nach links, reibe zweimal die Hände, öffne die Augen, puste das Pulver und sage: Ihr werdet schlafen.»

«Den Schlafstein brauch ich nicht. Aber das Zaubermittel», sagt Tanja.

Bevor Tanja nun zu Bett ging, rieb sie dreimal die Hände, drehte sich zweimal nach rechts, einmal nach links. Dann rieb sie noch zweimal die Hände. Und dann pustete sie kräftig ihr Zaubermittel im Zimmer herum und sagte: Ihr werdet schlafen!

Zwar dachte Tanja noch jeden Abend über den Tag nach, aber irgendwann schlief sie ruhig ein – bewacht von schlafenden Krokodilen. Tanjas Mutter hatte ihre Tochter ernst genommen, nicht gegen ihre Phantasie gearbeitet, sondern sie zur Mitarbeit aufgefordert. Als Tanja Ideen entwickelte, sich aber offensichtlich überfordert sah, ihr Problem allein zu lösen, hat die Mutter ihr Phantasiematerial angeboten. Doch hat sie ihrer Tochter Eigenständigkeit belassen, sich davor gehütet, an deren Stelle die Krokodile zu zähmen. Statt dessen hat die Mutter das Medium der Zaubergeschichte gewählt, die in dieser Situation mehrere Vorteile bot.

Obwohl die Geschichte nicht genau auf Tanja zugeschnitten war, konnte sie sich ihr eigenes Thema heraussuchen. Die Geschichte ließ ihr genügend Raum, Kreativität zu entfalten. Die Geschichte war einfach strukturiert, hatte ein Happy-End. Tanja konnte sich vorbehaltlos darauf einlassen.

Sie fühlte sich verstanden. Die Geschichte wies ihr einen Weg, ihre Krokodile mit eigenen Mitteln zu bannen. Dies mag ihr zugleich für die Zukunft Zuversicht geben, ihre Ängste zu bewältigen.

Viele Kinder erleben vergleichbare Situationen wie Tanja, nur jedes Kind hat ein anderes Phantasiegeschöpf. Die nächste Geschichte handelt von einem Geist, der beißt. Der achtjährige Mathias wird jede Nacht von einem Quälgeist besucht. Die Eltern sind hilflos, weil Mathias schlecht einschläft, die ganze Nacht unruhig verbringt und deshalb am folgenden Tag wenig ansprechbar ist.

Mathias bekommt die Monster-Zähm-Medaille

Die Eltern stellen ihr Problem auf einem Familienseminar vor, Mathias ist dabei. Bisher hatten sie ihrem Sohn ununterbrochen neue Vorschläge gemacht, wie er den Quälgeist besiegen könne. Aber keine Idee akzeptierte er, ja machte neuerdings sogar seine Eltern dafür verantwortlich, wenn er morgens unausgeschlafen war.

«Kennst du Jan-Peter?» frage ich Mathias.

Er sieht mich kopfschüttelnd an. «Wer ist das?» Er wirkt neugierig.

«Der hat die Monster-Zähm-Medaille in Gold bekommen!» antwortete ich.

«Die Monster-Zähm-Medaille?» fragt er irritiert.

«Ja, der hat seine Monster gezähmt.»

«Wie?»

Und dann schildere ich ihm das Ritual einer Monster-Zähmung, das auf eine Idee des australischen Psychologen Michael White zurückgeht. Die Eltern sind etwas irritiert, wissen wenig damit anzufangen. In ihren Blicken liegt Skepsis, Mathias dagegen ist gespannt.

«Bevor du ins Bett gehst, nimmst du eine Schachtel. Und darin lockst du das unsichtbare Monster, deinen Quälgeist!»

«Aber wie?»

«Quälgeister sind gefräßig!»

Mathias lacht. «Wie ich! Ich fresse gerne Bonbons!»

«Gut, dann tust du Bonbons hinein! Und wenn der Quälgeist drin ist, schnell den Deckel drauf. Kräftig zuhalten! Zubinden! Ganz fest!»

Seine Augen leuchten. Im Kopf ist er wohl schon dabei, seinen Quälgeist zu zähmen. «Aber erstickt der nicht?» fragt er. «Erstickt der nicht, wenn der da drin ist?»

«Mach Luftlöcher hinein!»

«Na klar! Ist klar!» Er schmunzelt. «Und dann?»

«Dann bringst du die Schachtel aus dem Zimmer. Was meinst du, was die für einen Krach machen, wenn Quälgeister eingesperrt sind.» Er lacht laut auf. Die Eltern tauen aus ihrer skeptischen Haltung auf, schmunzeln.

«Du trägst den Karton in den Garten, hängst die Schachtel an einen Baum. Habt ihr in eurem Garten einen Baum, den du von deinem Zimmer aus sehen kannst?» Mathias überlegt, dann nickt er.

«Gut, wenn du aufwachst in der Nacht, an den Quälgeist denkst, schaust du aus dem Fenster, siehst die Schachtel und lachst dir eins ins Fäustchen. Du schläfst in der Wärme, und dein Quälgeist friert.»

«Aber der stirbt doch nicht?» will er vorsichtig wissen.

«Du hast doch Luftlöcher in die Schachtel gebohrt, oder?»

«Klar doch!»

«Und am nächsten Morgen läßt du ihn wieder raus.»

«Der muß doch auch am Tag was zu tun haben!» meint Mathias, dann kichert er: «Nur im Karton ist das ja auch langweilig!» Und dann erkundigt er sich: «Und am Abend fange ich ihn wieder ein?»

Dann will Mathias wissen, wann er die Monster-Zähm-Medaille bekommt. Nach kurzer Pause meint er: «Bei mir ist es dann eine Quälgeist-Zähm-Medaille, oder?»

«Ja! Die kriegst du nach dem ersten Abend!»
«Und wann hat Jan-Peter die bekommen?»
«Nach zehn Tagen!»

Die Eltern sind begeistert, aber noch ein bißchen unsicher, ob das funktionieren wird. Zu Hause setzen sie das Quälgeist-Zähm-Spiel an den Anfang des Gute-Nacht-Rituals. Mathias ist Feuer und Flamme. Nach dem ersten Tag ist er stolzer Träger der Quälgeist-Zähm-Medaille, nach zehn Tagen hat er sie in Gold. Und er hängt sie über sein Bett. Nach zwei Wochen ist das Thema der Quälgeist-Zähmung für ihn erledigt: «Der kommt nicht mehr», meint er, «das hat sich unter den Geistern rumgesprochen, daß die bei mir eingesperrt werden!»

Später berichten die Eltern, es habe danach nur noch zweimal Probleme gegeben. Einmal habe die Großmutter früh morgens den Karton abhängen wollen: «Was denken die Nachbarn bei dieser Spinnerei!» Als ihr Schwiegersohn das erklären wollte, habe diese erklärt: «Pieschologen, oder wie die heißen, werden ja wohl immer verrückter!»

Eine andere Schwierigkeit sei aufgetaucht, als Mathias seinen Freunden begeistert von dem Ritual erzählt habe. Seine Freunde wollten das auch ausprobieren, selbst die, die keine Angst vor Monstern hatten. Einmal hätten acht Kartons in den Gärten gehangen. Na ja, meinten die Eltern schmunzelnd, das war schon komisch. Aber es hat ja geholfen.

Hier hat sich das Monsterritual zur Bewältigung von Vernichtungsängsten bewährt. Dieses Ritual eignet sich besonders zur Besänftigung unsichtbarer Monster. Mathias hat die Verantwortung für die Verarbeitung seiner Angst selbst übernommen. Das spielerische Ritual bot ihm Verläßlichkeit, seine Ängste zu bannen, weil es immer gleich ablief:

- die unsichtbaren Monster (Geister etc.) werden in die Schachtel gelockt,
- die Schachtel wird zugebunden, nach draußen getragen,

- die Schachtel wird, gut sichtbar außerhalb des Kinderzimmers, draußen aufgehängt. Mathias muß sich versichern können, daß die Monster nicht in seinem Zimmer sind. Deshalb war es auch wichtig, der Großmutter das Abhängen zu untersagen;
- am Morgen werden die Monster herausgelassen,
- und das Kind bekommt eine Belobigung in Form einer Medaille.

Machen Horrorfiguren aggressiv?

Wenn ich auf Seminaren und in Beratungen diese Beispiele vorstelle, schmunzeln viele Eltern, lassen sich aber gern darauf ein. Und Rückmeldungen zeigen, daß manche Eltern diese Methode mehr oder minder erfolgreich anwenden. «Aber das läuft ja nicht immer so niedlich ab», klagt eine Erzieherin. «Sie müßten mal die Monster sehen, die die Kinder mit in den Kindergarten bringen. Gräßliche Figuren. Kein Wunder, wenn die Kinder so aggressiv sind!» Und dann kommt die Rede oft auf das Fernsehen. Ein Vater: «Diese gräßlichen Figuren. Was ist denn damit? Das muß man doch verbieten. Hier hat die künstlerische Freiheit doch ihre Grenzen.»

Tatsächlich: Die medialen Angebote arbeiten mit den Symbolen und Figuren, die die kindlichen Ängste hervorbringen, überformen und verzerren sie ins Groteske. Das Ergebnis ist oft überzeichnet und gewaltverherrlichend. Auch mir gefällt manche Figur, manche Spielform nicht, auch ich habe Probleme mit der Verherrlichung von Gewalt. Doch die Ausgrenzung dieser Figuren löst keine Probleme, ihr Verbot und ihre Tabuisierung treffen nur die Kinder. Gewaltphantasien und Zerstörungswünsche, die mit kindlichen Ängsten einhergehen, sind nicht durch Verleugnung oder Verdrängung aus der Welt zu schaffen. Sie sind – so der Psychoanalytiker Wolfgang Schmidbauer – nur durch andauernde gemeinsame Bemühungen zu mildern.

Wenn solche Figuren den Kindern offensichtlich Lösungen anbieten und ihre Gefühle ansprechen, muß es erstaunen, daß viele Eltern und Pädagogen zu einer harten Entweder-oder-Haltung neigen. Sie sind entweder für oder gegen die Figuren. Dabei ist die eigentliche Frage doch, was Eltern und Pädagogen mit den Phantasien anfangen, die für Kinder hinter den Figuren stehen. Bedeutsam ist, ob die Kinder sich mit ihren Phantasien von den Erwachsenen angenommen fühlen.

«Also», fragt eine Mutter, «soll ich die Figuren nun kaufen, wenn mein Sohn das wünscht?»

«Nein», antworte ich, «spielen Sie mit Ihrem Sohn den Inhalt dieser Figuren, verkleiden Sie sich entsprechend, toben Sie, rangeln Sie, lassen Sie sich ein auf die Regeln und Grenzen, die Ihr Sohn wünscht, das spart nicht nur Geld. Sie zeigen Ihrem Sohn, daß Sie Zeit für ihn haben und auch mit seinen Vernichtungsphantasien umgehen können.»

«Und wenn er dann nur solche Spiele noch will?» bleibt sie hartnäckig.

«Dann setzen Sie zeitliche und räumliche Grenzen. Verständnis für ein Kind zu haben bedeutet ja nicht, sich seinen Wünschen selbstlos unterzuordnen.»

«Aber», hakt ein Vater nach, «wenn mein Sohn sein Taschengeld nur für solche Figuren ausgeben will?»

«Wenn Sie vereinbart haben, daß er mit dem Geld kaufen kann, was er will, dann kann er sich auch diese Figuren kaufen!»

«So war es bei meinem Sohn auch», ergänzt eine Mutter. «Erst hat er sich sein Geld für diese blöden Figuren vom Munde abgespart, und als er sie dann hatte, lagen sie nach drei Wochen unbenutzt in der Ecke rum!»

Wenn man Kindern den Umgang mit den Figuren gestattet, sind
1. Eingriffe und Begrenzungen des Spiels durchaus möglich und
2. ist der Kauf dieser Figuren keineswegs zwingend.

Erfahrungsgemäß trägt der Versuch, die Phantasien, die an diese Gestalten gebunden sind, in andere unmittelbare Spielformen zu überführen, dazu bei, daß die Faszination des Spielzeugs abnimmt. Denn: Je weniger sich Kinder verstanden fühlen, je mehr Tabus auf den Figuren lasten, um so mehr gerät die Auseinandersetzung zu einem Machtkampf, der weder den Eltern noch den Kindern hilft.

«Woran erkenne ich aber», so die sorgenvolle Anmerkung eines Vaters, «ob solche Figuren nicht doch schädlich oder problematisch für meine Kinder sind?»

Wichtig ist, ob Kinder eingebunden sind in eine vertraute Familienatmosphäre, ob sie emotionale Unterstützung erfahren. Sie mögen zwar diese Figuren und ihre Spiele, wichtiger sind ihnen aber die Kontakte zu Eltern, Geschwistern und anderen Bezugspersonen. Dort fühlen sie sich angenommen. Wenn sie keine Möglichkeit haben, Vernichtungsphantasien und -ängste über Spiele auszudrücken und zu bewältigen, besteht die Gefahr einer gefühlsmäßig starken Bindung an diese Figuren. Dann können Probleme bei der Ausbildung der Ich-Identität und des Selbstwertgefühls nicht ausgeschlossen werden.

Wenn Kinder schießen – Aggressionen im Spiel

Kinder, die sich mit Vernichtungsphantasien beschäftigen, wollen sich behaupten. Aus ihrer Gulliver-Situation schießen sie um sich, verwandeln Legosteine oder einen Zweig in ein Gewehr. Und ernten so oft Ablehnung. Denn manch Erwachsene übersehen den symbolischen Charakter dieser Spiele, in denen es nicht um realen Tod, sondern um Zerstören («Bum! Bum!») und Wiederauferstehung («Du bist nicht tot! Steh auf!») geht. Erwachsene verkennen oft den Gehalt, deshalb dürfen sie nicht mitspielen. Kinder sind sich häufig nicht sicher, ob Erwachsene die Spielregeln einhalten. Manche drohen sogar: Wenn ihr richtig schießt, dann kann ich tot sein. Dies zeigt ein Beispiel. Was für Kinder eine symbolische Funktion besitzt, hat für Erwachsene – aufgrund anderer Erfahrungen – einen realen Kern. Das versuchen Eltern ihren Kindern manchmal auf eine drastische Art und Weise zu vermitteln.

Jochen schießt mit einer selbstgebastelten Holzpistole wild um sich, zielt auch auf seinen Vater. Der fällt sofort «getroffen» um.

«Steh auf! Das war nur ein Spiel», schreit Jochen seinen Vater an, der weiter am Boden liegen bleibt. Er rührt sich nicht, er atmet, aber für Jochen ist das kaum spürbar. Jochen schubst seinen Vater, der noch immer regungslos daliegt. Das Kind gerät in Panik: «Papa! Wach auf! Papa, wach auf!»

Endlich – für Jochen nach einer schier unvorstellbar langen Zeitspanne – öffnet der Vater die Augen, kommt langsam mit seinem Oberkörper hoch: «So ist es, wenn du andere totschießt.»

«Aber ich hab doch nicht wirklich geschossen», beharrt Jochen. «Das war nur ein Spiel!» Er ist nach wie vor völlig aufgelöst. Der Vater hat die von seinem Sohn bestimmten Spielregeln verletzt. Aus der symbolischen wurde eine für Jochen nicht vorhersehbare äußere Wirklichkeit. Dies überforderte ihn intellektuell wie gefühlsmäßig. Übrig blieb Jochens Angst, die freilich keine Angst vor weiteren Schüssen als vielmehr eine Angst vor dem Tod des Vaters ist, an dem Jochen sich eine Schuld gibt. So können aus einem Spiel wirkliche Schuldgefühle entstehen, eine starke emotionale Betroffenheit, die hilflos machen kann.

Eine Ein- und Begrenzung von Jochens Spiel durch nachvollziehbare Regeln mag durchaus notwendig und richtig sein. Die drastische Methode von Jochens Vater bewirkt aber bei dem Kind nur Panik und Handlungsunsicherheiten, ein starkes Gefühlserleben, das es klein hält und unselbständig machen kann.

Aus dieser Geschichte ist allerdings nicht ein Umkehrschluß zu ziehen: Da derartige Spiele bei der Verarbeitung von Vernichtungsängsten hilfreich sein können, dürfe man sie grenzenlos gestatten. Kinder brauchen Grenzen – hier durch räumliche und zeitliche Regeln. Dies habe ich ausführlicher in meinem Buch *Eltern setzen Grenzen* dargelegt.

Aber Verbote von Schießspielen sind nicht selten Ausdruck von Hilflosigkeit. Hinter der Faszination, die Gewaltszenarien, -bilder und -helden auf Kinder ausüben, steckt der Wunsch nach Loslösung und Autonomie. Ohne Abgrenzung und Autonomie ist eine eigene Identität, sind Selbstwertgefühl und Selbstvertrauen nicht möglich. Kindliche Aggression ist eine dynamische Kraft, sie dient der Ausbildung einer eigenen Identität.

Aggression als produktive Kraft will weg vom Erreichen, dient dazu, Unbekanntes bei sich und anderen zu entdecken. Eine kindliche Entwicklung ist ohne eine gekonnte Anwendung von Aggression undenkbar. Schon deshalb kann es in der Erziehung nicht um die Hemmung oder Verleugnung aggressiver Kräfte gehen, sondern darum, sie zu kontrollieren und zu kultivieren. Verdrängung, Verleugnung und Tabuisierung können Aggressionen nicht abschaffen. Das trifft auf den familiären Alltag ebenso zu wie auf eine Pädagogik, die im Namen der Moral Kinder zur Friedfertigkeit zwingen will.

Kriegsängste sind Vernichtungsängste

Kinder werden früh in gesellschaftliche Zusammenhänge einbezogen. Man konfrontiert sie mit Informationen, die sie nicht selten belasten und überfordern, die Ängste, ein Gefühl von Ohnmacht, Resignation und Hilflosigkeit hinterlassen. Gerade jüngere Kinder verarbeiten diese Gefühle im Spiel. Deshalb ist es wichtig, den Kindern Raum dafür zu geben. In den neunziger Jahren ist eine deutliche Zunahme des Kriegsspiels unter Heranwachsenden zu beobachten. Dies ist auf eine lebenszeitliche frühe Begegnung von Kindern mit kriegerischen Ereignissen, die sie auf der Mattscheibe und in den Medien erleben, zurückzuführen. Während mitteleuropäischen Kindern der symbolische Verarbeitungscharakter ihres Spiels deutlich ist (es wird nicht «richtig» gestorben), verarbeiten Kinder mit realen Kriegserfahrungen, z. B. Kinder aus Bosnien oder afrikanischen Bürgerkriegsgebieten, diese gravierenden Erfahrungen anders: Die «totgeschossenen» Spielkinder müssen liegenbleiben, dürfen nicht aufstehen.

Und dies sei allen Pädagogen bei ihren wohlgemeinten Friedensbemühungen ins Stammbuch geschrieben: Kindern ist mit pädagogischen Bemühungen, die sich am Entwicklungsstand von Erwachsenen orientieren, nicht geholfen. Kinder haben ein genaues Gespür für die symbolische wie die reale Aufarbeitung von Schreckenserfahrung. Wer praktische Friedensarbeit mit Kindern leisten will, muß bereit sein, von Kindern zu lernen und sich auf ihr unzivilisiertes, manchmal drastisch unbekümmertes Handeln einzulassen.

Kinder brauchen Begleitung, aber keine Besserwisser, erzieherische Bevormundung oder gar eine pädagogische Aggression, die mit Verbot und Liebesentzug arbeitet. Wenn Kinder nach dem Krieg fragen, gilt die Regel: Fragen Sie zurück. Nur so erfahren Sie, was Kinder wissen wollen.

«Papa, was sind Napalm-Bomben?» fragt der sechsjährige Tobias.
«Was stellst du dir darunter vor?»
«Das ist was Großes, Farbiges, was Klebriges!»

Man kann diese Antwort so stehenlassen, wenn das Kind damit zufrieden ist. Irgendwann wird ihm diese Antwort nicht mehr ausreichen, dann stellt es andere Fragen und fordert genauere Antworten. Vermeiden Sie unbedingt einen endlosen Wortschwall! Antworten Sie knapp und am Gefühl- und Entwicklungsstand Ihres Kindes orientiert. Lassen Sie dem Kind Zeit, seine Fragen zu entwickeln. So bereiten Sie die emotionale Grundlage vor, die Ihr Kind befähigt, später umfassende und komplexe Antworten zu stellen und auszuhalten.

Und denken Sie daran: Mit Fragen nach dem Krieg wollen Kinder sicherstellen, daß sie im Falle eines Falles nicht allein sind und sich der Nähe von Erwachsenen sicher sein können.

«Was ist, wenn der Krieg zu uns kommt?» fragt die achtjährige Evelyn.
«Der kommt nicht!» antwortet der Vater.
«Aber was ist, wenn er doch kommt?» beharrt sie.
«Dann bin ich bei dir!»
«Bestimmt?»
Der Vater zieht seine Tochter fest an sich.
«Bestimmt?»
Der Vater nickt. Er hält seine Tochter fest.
«Das ist gut! Das ist gut!»

Auch Erwachsene haben Kriegsängste, die für sie bedrohlich sind und die sie verarbeiten müssen. Doch sollten sie ihre Kinder nicht in diese persönliche Auseinandersetzung hineinziehen. Der Psychologe Wolfgang Rost hat das so ausgedrückt: «Laßt eure Kinder in Ruhe, macht eure Ängste mit euch selber aus (...). Schaut den Kindern zu und versucht, von ihnen zu lernen. Sie können es besser als ihr.»

Vom Woher und vom Wohin
Kinder philosophieren über den Sinn des Lebens

**Ich hab Angst vorm Sterben, weil ich dann nicht bei meinen Eltern bin.
Andrea, 8 Jahre**

Für viele Eltern mag es zunächst ein befremdlicher Gedanke sein, den Tod – jenes Ur-Symbol für Trennung – als Bestandteil der kindlichen Entwicklung zu verstehen. Autonomie ist ohne Trennung nicht denkbar, und Eigenständigkeit ist ohne Abschied von vertrauten Situationen und Personen nicht vorstellbar. Sich aus der symbiotischen Einheit mit der Mutter zu trennen, sich der Geborgenheit der Familie, der Vertrautheit des Freundeskreises zu entziehen gehört zu den existentiellen Erfahrungen des Kindes.

Bis zum sechsten Lebensjahr verbinden Kinder mit dem Tod noch nicht das absolute Ende. Ihre Todesvorstellungen sind an bestimmte Symbole, an spezifische Situationen, an eigene Erlebnisse gekoppelt: den schwarzen Mann, die Dunkelheit, die Nacht, die Krankheit, die Verletzung oder den Schmerz. Erst mit Beginn des Schulalters rückt die Endgültigkeit des Todes in ihr Blickfeld.

Während Kinder häufig selbstverständlich ihre Wissenswünsche äußern, reagieren manche Erwachsene bei diesem Thema verlegen-unsicher, zögerlich-stockend, andere wiederum wortgewaltig. Doch Kinder wollen keine perfekt-richtigen Antworten, sie wollen wahre Antworten, das heißt Erklärungen, die ihrem Entwicklungsstand und ihrem Bedürfnis nach Anschaulichkeit entsprechen.

Fragen nach Tod und Trauer, nach Gott und Himmel sind für Kinder normal, und Erwachsene sind mit den Antworten deshalb überfordert, weil solche Fragen an Verdrängtes, an Verleugnetes rühren. Je deutlicher der Tod aus dem Alltagsleben der Erwachsenen ausgeblendet bleibt, je stärker Erwachsene sich diesen Grenzerfahrungen ausgeliefert fühlen, um so tiefer spüren Kinder, wie sie von ihren engsten Bezugspersonen mit bedrückenden Erlebnissen allein gelassen werden. Kinder empfinden sich in diesen Situationen haltlos. Manchmal sind ihre Fragen nach dem Tod auch zweckorientiert, sie enthalten Wünsche. Es sind Wünsche nach Auskunft über zentrale Sinnfragen des Lebens.

Kinder erweisen sich hier als permanente Grenzverletzer und Tabubrecher. Sie ahnen instinktiv: Ein Leben ohne Bilder und Symbole des Todes, der Trauer und der Trennung ist langweilig. Sie ahnen, daß ihr eigener Auszug in die Welt manchmal Furcht mit sich bringen wird. Diese Ahnungen suchen sich Bilder und Symbole, die kindlichen Vorstellungen binden sich an konkrete Formen und Ereignisse. Kinder wollen das Unbegreifliche auf den Begriff bringen. Gerade weil Heranwachsende heutzutage schon früh in gesellschaftliche Zusammenhänge eingebunden werden, kommt es zu einer Beschäftigung mit dem Tod:

■ Fragen zum Tod tauchen entwicklungsbedingt auf, vollkommen unabhängig von tagesaktuellen Ereignissen oder Vorkommnissen.

Fragen nach dem Tod deuten auf einen gefühlsmäßigen und intellektuellen Reifeschritt des Kindes hin. Es fängt zwischen dem vierten und fünften Lebensjahr an, sich mit dem Tod zu beschäftigen, wobei zeitgleich Fragen zur Sexualität auftauchen. Tod und Sexualität gehören für Kinder zusammen. Das Kind will Antworten auf das «Woher komme ich?» und «Wohin gehe ich?». Fragen zu Sexualität und Tod stehen für den Beginn eines sich allmählich entwickelnden Zeitbewußtseins.

■ Medien (Fernsehen, Zeitung, Zeitschriften oder Radio) berichten von Katastrophen, Unglücken, von Opfern und Verletzten, was für Kinder belastend sein kann.

■ Erlebnisse aus der Nahwelt führen Kindern Tod und Trauer vor Augen, sei es den Tod von Vater und Mutter, von Großeltern oder Verwandten, von Geschwistern oder Freunden.

■ Die meisten Kinder begegnen dem Tod, wenn sie beginnen, sich für Tiere zu interessieren: das Haustier, das Tier auf dem Bauernhof oder in der freien Natur.

Von Liebe und Haß, vom Pflegen und Quälen – der Umgang mit Tieren

Die letztgenannte Begegnung mit dem Tod wird häufig in ihrer Bedeutung übersehen oder verkannt. Heute erleben nur noch wenige Kinder Hausschlachtungen von Schwein, Rind, Lamm, Huhn oder Kaninchen hautnah. Doch der Tod der Katze, des Hundes oder des Meerschweinchens bewegt Kinder und ist genauso schmerzhaft und tränenreich, als wenn ein geliebter Mensch stirbt. Und wehe, Eltern oder Freunde nehmen die Trauer und Schmerzen nicht ernst, dann reagieren die Kinder heftig, weil sie sich nicht ernst genommen fühlen.

Wenn die ersten Begegnungen mit dem Tod in die magische Entwicklungsphase fallen, empfinden sich die Kinder als Schöpfer, sie haben das Gefühl, als hauchten sie den Dingen, den Tieren, aber auch Menschen ihren Atem ein. Dies gilt insbesondere für Tiere, die Kindern als seelenverwandt erscheinen.

Aber Kinder sind eben nicht allein kreative Gestalter, sie haben gleichermaßen zerstörerische Kräfte: Sie bauen Türme aus Holzklötzen, um sie dann mit lustvollem Getöse niederzureißen, sie zeichnen kleine Gemälde, um das Papier in Stücke zu zerfetzen. Diese zerstörerischen Phantasien walten auch im Umgang mit Tieren. Die liebevolle Pflege wandelt sich urplötzlich in eine Behandlung mit tödlichen Folgen.

Die vierjährige Annabel läßt ihr Meerschweinchen, das sie ansonsten sehr gern hat und mit großer Geduld und Sorgfalt umhegt, mitsamt dessen Käfig im Winter auf der Terrasse des Hauses stehen und beobachtet vom warmen Zimmer aus das zitternde Tier. Als die Mutter die Versuchsanordnung sieht, greift sie in einer Mischung aus Wut und Erschrecken ein. Auf ihre hilflose «Warum machst du das?»-Frage erhält sie ein Achselzucken zur Antwort. Wochenlang gibt sich Annabel danach wieder der Fürsorge für ihr Kind hin, als die Mutter eines Tages konsterniert beobachtet, wie Annabel dem Meerschweinchen in der Badewanne Schwimmunterricht erteilt – mit fast voraussehbarem Ausgang. Annabel reagiert beleidigt, als die Mutter ihr daraufhin die Pflege des Tieres entzieht. Als es drei Monate später stirbt, weint Annabel bittere Tränen und inszeniert eine eindrucksvolle Beerdigung.

Torben, viereinhalb, ist ein junger Naturforscher mit ausgeprägtem Interesse an Käfern und Ameisen. Wie ein Wissenschaftler kann er stundenlang die Tiere geduldig beobachten, verfolgt ihre Wege, kann minutiös und detailgetreu schildern, was sie tun. Oder er läßt Marienkäfer über Hand und Finger gleiten, haucht sie an, wartet gespannt, bis sie ihre Flügel öffnen, um sie dann in die Lüfte entschwinden zu sehen. Aber Torbens distanziert-eindrucksvolle Beobachtungstätigkeiten schlagen manchmal jäh um. Dann kann es passieren, daß er den Käfer fachmännisch auseinandernimmt: Flügel für Flügel, Bein für Bein. Die Pinzette in der Hand, konzentriert er sich, macht ein ausdrucksloses Gesicht, als sei er ein Gerichtsmediziner, der eine auf dem Seziertisch liegende Leiche untersucht. Aber damit nicht genug. Torben fügt die Teile dann in einer kleinen Streichholzschachtel zusammen, hebt ein Grab im Garten aus, legt die Schachtel hinein, schüttet Erde darauf und bedeckt das Ganze mit einer Blume. Dann setzt er seine naturkundlichen Aktivitäten fort – mit großer Geduld, Sorgfalt, Präzision und Vorsicht, um dem neuen Käfer keinen Schaden zuzufügen.

Beschäftigung mit Leben, Liebe und Tod geschieht bei Kindern handgreiflich. Kinder bringen ihre Aktivitäten auf den Begriff. Dabei überschreiten sie nicht selten die moralischen Grenzen der Erwachsenen – doch um Respekt vor allen Lebewesen zu zeigen, ihre Unversehrtheit zu bewahren, dazu bedarf es weiterer moralischer Entwicklungsschritte, die Kinder erst noch erlernen müssen. Damit sich diese Entwicklung vollziehen kann, braucht es die Begleitung durch die Erwachsenen, ihre bewertenden Feststellungen. Nur so können sich bei Kindern ein Gewissen und eine Gewissensangst herausbilden. Die Gewissensangst ist – richtig eingesetzt – sinnvoll, nützlich und notwendig, bildet sie doch die Grundlage eines zivilisierten Miteinanders. Nur wo Gewissensangst das normale Maß mit Formulierungen wie «Du mußt immer ...», «Du darfst niemals ...» überschreitet, wird sie zum Zwang, engt sie ein.

Annabels und Torbens Grenzüberschreitungen sind nicht mit Strafen oder Strafandrohungen zu unterbinden. Kinder brauchen klare und wertende Hilfestellungen durch Erwachsene, dann geht diese wilde, manchmal unmoralische, unsoziale, auch unmenschlich erscheinende Entwicklungsphase vorüber. Und dazu bedarf es der Fähigkeit, sich in andere hineinzuversetzen nach dem Motto: «Was du nicht willst, das man dir tu, das füg auch keinem andern zu!»

Ungewöhnlich und grausam können Fragen zum Tod sein, mit denen Kinder sich Gehör verschaffen und Antworten haben wollen.

Kinder fragen nach dem Tod

Marion, fünf Jahre, setzt sich auf das Sofa zu ihrer Mutter, die Zeitung liest. Marion wirkt etwas verunsichert. Die Mutter hat ihre Tochter nicht bemerkt. Sie stößt die Mutter an und fragt:

«Kann ich sterben, Mama?»

«Wie bitte?» fragt die Mutter, ihre Zeitung weglegend.

«Kann ich sterben?» wiederholt Marion.

Die Mutter nickt: «Ja!» Dann fügt sie hinzu: «Aber noch nicht!»

«Warum?»

«Weil du noch jung bist», erklärt die Mutter schnell.

Marion lächelt, denkt nach: «Du stirbst dann früher?»

Die Mutter lacht spontan.

«Aber lebst noch lange, nicht?» Marion schaut ihre Mutter an.

Die nickt. Wieder denkt die Tochter nach, die Mutter drückt sie an sich.

«Vorher stirbt noch unser Jimmy, nicht?» Und so, als wolle er dagegen protestieren, bellt Jimmy, der Dackel, auf dem Flur.

«Ich denke, ja.» Nach einer Pause fügt sie hinzu: «Wen willst du noch unter die Erde schicken?»

Es entsteht eine Stille, es scheint, als habe Marion die Frage nicht verstanden. Doch nach längerem Schweigen beweist sie das Gegenteil: «Erst stirbt noch Opa, nicht?»

Wieder lächelt die Mutter: «Ja, könnte sein.» Dann etwas ernster, ihre Tochter anblickend: «Wieso meinst du das?»

«Weil Opa krank ist ...» Dann mit brüchiger Stimme: «Und weil er nicht mehr da sein will!»

«Nun, was heißt das denn?» fragt die Mutter ernst.

«Na, ihr sagt doch immer, Opa hat keine Lust mehr zu leben.»

Die Mutter stutzt, runzelt die Stirn.

Dann sagt Marion ganz ernst: «Und wenn man nicht leben will, dann muß man sterben!»

Marion steht auf, läßt eine Mutter zurück, die darüber nachdenkt, ob das nun richtig war, was sie gesagt hat.

Eine andere Situation. Moritz, sieben Jahre, hat eine Tageszeitung in der Hand, kommt damit zu seiner Mutter. «Hier ist ein Auto Matsch. Es sieht aus wie unseres!»

Die Mutter blickt auf ein Unfallfoto.

«Was steht darunter?» fragt Moritz.

Die Mutter überfliegt den Text, ist erschüttert.

«Was steht da?» beharrt Moritz.

«Der Wagen ist kaputt.»

«Seh ich auch!» Dann zur Mutter gewandt, mit energischer Bestimmtheit in der Stimme: «Was steht da?» Er sieht seine Mutter an: «Aber alles!»

«In diesem völlig zerstörten Wagen starben am Nachmittag die 29jährige Elisabeth B. und ihr fünfjähriger Sohn Thomas. Beide waren auf der Stelle tot, als ein Lkw auf die Gegenfahrbahn geriet und das Auto erfaßte!»

«Was heißt das, auf der Stelle...» Moritz sucht nach dem Wort.

«... tot, meinst du?» ergänzt die Mutter, mehr als nachdenklich. Ihr scheinen die Worte zu fehlen.

«Die haben nicht gelebt.»

Moritz blickt abwechselnd im Zimmer umher, dann wieder die Mutter an. Sie scheint intensiv zu überlegen. Der Mutter ist unwohl in ihrer Haut, sie hat Angst vor weiteren Fragen, die noch kommen würden, erinnert sie sich später.

«Mama?» fängt Moritz erneut an.

«Ja, Moritz!» Die Stimme der Mutter klingt mehr als unsicher.

«Mama, Papa hat gesagt, der Mercedes ist ganz sicher, da passiert nichts drin!»

Ihre Lippen sind zusammengepreßt, ihre Gedanken scheinen Achterbahn zu spielen.

«Das ist ein Wagen vom Tod!» flüstert Moritz unmerklich mehr zu sich. «Ein Tod-Wagen! Ein Tod-Wagen!» Dann zur Mutter: «Hat Papa mal wieder gesponnen. Typisch, der Spinner. Sagt immer, das Auto ist sicher. Hat von Autos keine Ahnung, hat er nicht!»

Die Mutter wiegt nachdenklich den Kopf. Wenn das doch nur zu Ende geht, fleht sie innerlich.

Aber Moritz macht keine Anstalten aufzustehen. «Du, Mama, kann uns das auch passieren?»

Die Mutter schüttelt instinktiv den Kopf. Jetzt wird Moritz sauer, seine Augen sind starr auf das Zeitungsbild gerichtet. Er ruft aus: «Find ich gemein! Papa sagt, der Wagen ist sicher. Und du sagst, uns kann das nicht passieren! Das stimmt doch nicht!»

«Ach, Moritz!» Dieser entzieht sich dem Griff der Mutter.

«Kann uns das passieren?» wiederholt er mit Bestimmtheit.

Die Mutter nickt.

«Sind wir dann tot?»

Und wie aus einem Reflex heraus antwortet die Mutter: «Ich bin bei dir, Moritz!» Sie zieht ihren Sohn zu sich heran, der sich nun ganz inniglich an sie schmiegt. Fast beschwörend wiederholt sie: «Ich bin dann bei dir!» Moritz schaut die Mutter skeptisch fragend an.

«Ich bin bei dir!» wiederholt sie lächelnd.

«Deshalb war der Thomas auch nicht traurig.»

«Welcher Thomas?» fragt die Mutter irritiert.

«Na der», er weist auf das Foto, «der Thomas aus dem Auto!»

Das geht ja immer noch weiter, denkt die Mutter verzweifelt. Hat das denn niemals ein Ende? «Wieso ist der Junge nicht traurig?»

«Na, weil der, als er in den Himmel geflogen ist, seine Mama dabeihatte», antwortet Moritz selbstbewußt, steht auf und geht aus dem Raum, während seine Mutter einen Stoßseufzer losläßt.

Diese beiden unterschiedlichen Situationen, die die Souveränität von Kindern zeigen, veranschaulichen zugleich die Unsicherheit von Erwachsenen. Deutlich werden einige Gesichtspunkte, die bei der Beantwortung von Fragen nach Tod und Trauer helfen können:

■ Beim Kind entwickeln sich allmählich Formen des Zeitbewußtseins, Vorstellungen über das eigene Woher und Wohin. Dies bringt Spannungen mit sich, die für das Kind Unsicherheit bedeuten, aber zugleich seinen Wissensdurst fördert. Das Interessenspektrum des Kindes weitet sich, und das bisherige Wissen reicht nicht mehr aus. Das Kind spürt: Neue Situationen erfordern neue Fragen, einen veränderten Zugriff auf die Wirklichkeit.

■ Das Kind will andere, gleichwohl feste und verläßliche Sicherheiten. Die Fragen der Kinder stehen für Suche nach Sinn, aber sie beinhalten zugleich den Wunsch nach Halt und Bindung. Nur auf dieser Basis sind Kinder aufgeschlossen für neue, bisher ungewohnte Erfahrungen.

Kinder werden heute schon sehr früh mit vielerlei gesellschaftlichen, sozialen und ökonomischen Problemen konfrontiert. Die multimediale Darstellung und Inszenierung von Katastrophen bedeuten, daß ein Kind auf abstrakte, wenig greifbare Weise Situationen wahrnimmt, die Vernichtungs- und vor allem Trennungsängste zurücklassen. «Das kann uns nicht passieren!» – «Du brauchst keine Angst davor zu haben!» – «Nun stell dich nicht so an!» Solche Antworten helfen wenig und signalisieren dem Kind elterliche Hilflosigkeit. Und es fühlt sich allein gelassen.

Kinder brauchen Wahrhaftigkeit

Weil Kinder bis zum achten/neunten Lebensjahr Katastrophen und Unglücke als die Aktualisierung von vorhandenen Vernichtungs- und Trennungsängsten erleben, ist neben einer möglichst ehrlichen Antwort der persönliche Halt wichtig: «Es kann passieren. Aber wenn es passiert, bin ich bei dir.» Erfahrungen aus der Geschichte untermauern diese Feststellung: Kinder, die während der Bombennächte des Zweiten Weltkriegs nahe bei ihrer Mutter waren, denen die Mutter emotionale Nähe geben konnte, haben in der Regel weniger traumatische Erinnerungen als Kinder, die diese schreckliche Situation getrennt von ihren Müttern erleben mußten.

Generell gilt: Das Thema Tod ist erst dann von Eltern und Pädagogen aufzugreifen, wenn Kinder danach fragen. Würden sie von außen an das Kind herangetragen, hätte das in der Regel eine gefühlsmäßige Überforderung zur Folge. Wenn Fragen gestellt werden, sollten Erwachsene genau zuhören, auf das achten, was das Kind wissen will. Fühlt man sich unsicher, sind geschickte und einfache Rückfragen angezeigt.

«Was ist, wenn ich tot bin? Krieg ich dann eine schöne Beerdigung?» fragt die siebenjährige Sibylle.

Der Vater nähert sich ihr, lächelt: «Ich denke, du lebst noch lange. Noch ganz lange.» Kurze Pause: «Aber wie möchtest du, daß deine Beerdigung aussieht?»

Eine andere Situation: «Wenn Oma jetzt im Himmel ist, wie sieht es wohl dort aus?» will Johannes, sechs Jahre, wissen.

«Was meinst du, wie sieht es dort wohl aus?» gibt die Mutter die Frage zurück. Johannes überlegt kurz, erzählt dann von seinen Phantasien.

Rückfragen knüpfen an Vorstellungen und Phantasien der Kinder an. Das Kind kann sich so im Hier und Jetzt angenommen fühlen. Es erfährt: Meine Frage nimmt man ernst. Ich bin nicht hilflos oder zu klein für diese Fragen. Gerade der letztgenannte Aspekt taucht in elterlichen Antworten – sicherlich als Folge von Verhaltensunsicherheiten – häufig auf: «Dafür bist du noch zu klein!» Diese Antwort nimmt das Kind nicht an, sie hält das Kind unwissend. Es fühlt sich zurückgesetzt, allein gelassen.

Nun gibt es Situationen, in denen Antworten nicht möglich sind. Es gibt persönliche Tagesformen, die keine passende Antwort zulassen; ja manchmal benötigt man Bedenkzeit, weil man selber vom Tod eines Menschen tief getroffen ist oder von der Kinderfrage überrascht wurde. Wer sich in der Situation überfordert – nach dem Motto: Ich muß jetzt aber richtig handeln! –, gibt, ohne es zu merken, die Überforderung an die Kinder weiter. Angemessener sind Antworten wie: «Ich kann das jetzt nicht beantworten, aber nachher habe ich Zeit für dich, und dann komme ich.» Es braucht wohl nicht betont zu werden, daß man später von sich aus auf das Kind zugehen und das Versprechen einlösen sollte.

Während einige Eltern und Pädagogen sich den Kinderfragen nach dem Tod entziehen, meinen es andere besonders gut. Sie geben eine Menge an Informationen, die das Kind möglicherweise gar nicht will, weil es diese noch nicht verarbeiten kann. Solche Schilderungen können Bilder und Phantasien beim Kind hervorrufen, auf die es emotional nicht vorbereitet ist. Eltern sollten bedenken: Das Kind im Hier und Jetzt anzunehmen bedeutet, darauf zu vertrauen, daß es wieder zu den Eltern kommen und, wenn notwendig, weitere Nachfragen stellen kann. So könnte denn die Antwort auf eine Frage mit dem Satz schließen: «Falls du mehr wissen willst, kannst du jederzeit kommen.» Klare und wahrhaftige Auskünfte sind notwendig. Doch genauso bedeutsam ist die emotionale und körperliche Nähe, in der diese Gespräche stattfinden. Kinder brauchen verläßlichen Halt, dann können sie mit den Antworten ihrer Eltern und anderer Erwachsener umgehen.

Protest, Verleugnung und Verarbeitung – Phasen von Trauer und Trennung

Nach dem plötzlichen Tod seines Vaters reagiert der neunjährige Klaus mit einem Schock. Er weint, schluchzt, macht äußerlich dicht, läßt nichts an sich herankommen. Ohne Gefühl, versteinert wirkt er auf seine Umwelt, keiner kommt an ihn heran. Seine Leistungen in Schule und Sportverein bleiben unverändert gut. Er macht seine Aufgaben, als wäre nichts geschehen, erlebt ein Stück Normalität im Durcheinander. Nur manchmal lacht er unmotiviert und schrill auf, ist aufgesetzt fröhlich und ungeheuer betriebsam.

Nach mehr als 16 Monaten reagieren Klaus' Verwandte entsetzt: Klaus entwickelt Zorn und Wut auf seinen Vater, ja einen richtigen Haß. Er schreit: «Es ist richtig, daß du tot bist!», oder er weint hemmungslos: «Warum mußtest du sterben und hast mich allein gelassen?» Diese heftigen Ausbrüche dauern einige Wochen, schwächen sich dann ab. Klaus scheint wieder versteinert, in sich zurückgezogen. Eines Tages fragt er seine Mutter, ob er den Schlafanzug des Vaters anziehen könne. Zudem wolle er den Rucksack seines Vaters als Schultasche benutzen. In dieser Phase setzen vorsichtige Fragen nach dem Vater ein, er wünscht sich von der Mutter, daß sie von ihm erzählt. Und manchmal sehnt er sich seinen Vater herbei: «Es wär so schön, wenn er bei meinem Geburtstag hier wär!»

Klaus geht nun häufiger mit auf den Friedhof. Seine Mutter gewinnt fast den Eindruck, als wolle er auch tot sein. Und dann folgt der Schock: An seinem zwölften Geburtstag trampelt Klaus auf dem Grab des Vaters herum, brüllt: «Du hast uns verlassen! Du gemeiner Hund! Warum hast du gerade uns verlassen?» Er schreit sich so in Rage, daß er auf dem Grab zusammenbricht. Es folgt dann eine Phase, in der er den

Vater verklärt, geradezu unheimliche Verschmelzungswünsche entwickelt. In seinem Zimmer stehen fünf Bilder vom Vater, in einer von Klaus genau festgelegten Ordnung, die keiner anfassen darf.

Am Morgen seines 13. Geburtstages sammelt Klaus alle Fotos des Vaters in seinem Zimmer zusammen, legt sie der Mutter auf den Frühstückstisch: «Ich habe seinen Rucksack. Und ein kleines Bild!»

«Wo?» fragt die Mutter überrascht.

«In meinem Herzen!» antwortet Klaus wie selbstverständlich.

Obgleich jede Bewältigung von Trauer und Tod einzigartig und individuell ist, so kann man doch einige Phasen der Verarbeitung unterscheiden, Phasen, die nicht nacheinander verlaufen, sondern nebeneinanderstehen und sich häufig wiederholen können:

- Da ist die Phase der Abwehr, des Nicht-haben-Wollens. Das Kind weigert sich zu glauben, jemand sei gestorben. Es geht der Auseinandersetzung aus dem Weg, zeigt damit aber auch, daß es mit dem Schmerz noch nicht fertig wird, sich von den Gefühlen überfordert fühlt. Es existiert eine Vielzahl von Abwehrmechanismen: Manche Kinder reagieren auf den Tod eines Verwandten oder Bekannten mit einer Umkehr der Gefühle. Sie sind fröhlich, ungeheuer in Bewegung, ihnen fällt ständig etwas ein. Andere Kinder brechen bei geringsten Anlässen und Streßsituationen in Wut und Wehklagen aus oder fallen körperlich zusammen. Und dann gibt es Kinder, die reden nicht über den Tod, sparen dieses Thema aus oder schneiden ein anderes an, wenn das Gespräch darauf kommt. Wieder andere Kinder reagieren mit Lernhemmungen, chronischen Krankheiten. Als Abwehrmechanismen kann man auch Verhaltensregressionen beobachten. Jüngere Kinder neigen hin und wieder zu grausamen Spielen, quälen z. B. ein Tier, um Trauer und Schmerz zu überspielen.
- In einer weiteren Trauerphase idealisieren Kinder den verstorbenen Menschen. Alles, was an den Toten erinnert, wird wichtig. Gegenstände erinnern an den Toten. Sie rufen schöne Stunden der Gemeinsamkeit wach. Gerade bei jüngeren Kindern kann es zu starken Verschmelzungswünschen mit der verstorbenen Person kommen: man will ihre Sachen anziehen, ihren Beruf ergreifen. Zweifels-

ohne besteht in dieser Phase bei Kindern mit noch nicht gefestigter Identität die Gefahr, daß die Entwicklung des eigenen Ichs gehemmt wird.
- Die Phase der Idealisierung wechselt häufig mit der Abwertung des Toten ab. In den Schmerz mischen sich Wut und Zorn darüber, allein gelassen zu sein. Die negative Besetzung des Toten ist der Versuch des Kindes, Abschied zu nehmen. Kommt es bei der Verarbeitung der Trauer zu einer zu frühen Idealisierung, kann es passieren, daß das Kind den Toten nicht losläßt. Nur ein realistisches Bild des verstorbenen Menschen, also ein Nebeneinander all seiner Persönlichkeitsanteile, bietet die Gewähr dafür, den Toten loszulassen, um sich ihm auf neuer Stufe wieder anzunähern. Nicht übersehen werden darf: Die Verarbeitung von Trauer ist ein äußerst schmerzhafter, bewegender Prozeß, der dem Kind viele Energien abverlangt. Deshalb braucht ein Kind Zeit, in der es nicht trauert, in der es Trauer abwehrt, sich den Toten wieder lebendig wünscht.

Wiederannäherung als Form der Bewältigung

Am Ende des Trauerprozesses, dessen zeitlicher Verlauf nicht vorhersehbar ist, steht eine Wiederannäherung an den Toten auf einer qualitativ neuen Stufe. Die Trauer geht zu Ende, ist aber nicht abgeschlossen. Das Kind ist nun fähig, zu dem Toten eine veränderte, reifere Beziehung einzugehen. Aber auch dann sind Trauer und Schmerz noch möglich. Narben bleiben zurück. Der Verlust ist nicht ungeschehen zu machen. Aber Erwachsene können Kindern vorleben, wie man mit diesen Narben umgehen kann.

Ich betone es nochmals: Die beschriebenen Phasen müssen nicht nacheinander verlaufen, sie können nebeneinanderstehen. Sie können unterschiedlich lange dauern. Das Kind braucht bei der Verarbeitung Halt und Unterstützung, es braucht klare Informationen, die man aber nicht mit naturalistischen Schilderungen verwechseln darf. Nicht die objektiv richtigen Informationen sind passend, vielmehr jene, die sich am Entwicklungsstand des Kindes orientieren und die es verarbeiten kann. Eine Verarbeitung ist nicht möglich, wenn das Kind keine begriffliche Vorstellung hat. So verarbeiten Kinder, die beispielsweise Erfahrungen mit dem Sterben eines Tieres gemacht haben, den Tod eines geliebten Menschen produktiver: «Das ist wie bei unserer Katze», berichtet die sechsjährige Katja, als sie vom Tod ihres Großvaters erzählt. Das Abschiednehmen kann dem Kind durch Trauerrituale begreiflich gemacht werden, das Spiel und die Phantasie können dem Kind behilflich sein.

Manche Erwachsene greifen häufig unsensibel in Verarbeitungsprozesse ein. Sie halten es nicht aus, wenn Kinder in bestimmten Trauerphasen verharren und einen eigenen Umgang mit dem Tod entwickeln. Kinder werden nicht nur vom Tod in ihrer Umwelt betroffen, der inszenierte Tod in Buch, Film und Theater kann gleichfalls emotionale Spuren hinterlassen, kann Kinder nachhaltig berühren. Und auch das sollte ein Kind durch seine Traurigkeit verarbeiten dürfen.

Rituale geben Kraft

Zweifellos bringt jeder Todesfall heftige Gefühle mit sich. Diese sind aushaltbar, wenn sich die Eltern über folgenden Rahmen im klaren sind:
- Vergleichen Sie den Tod nicht mit Schlaf, denn das kann für jüngere Kinder zu einer realen Angst vor dem Einschlafen führen. Es kann Angstträume, einen unruhigen Schlaf ebenso mit sich bringen wie die ständige Versicherung, ob die Eltern oder Geschwister noch da seien, eben leben würden. So kommen Kinder unter anderem deshalb ins Bett ihrer schlafenden Eltern, streicheln, kneifen oder zwicken sie, um an der Reaktion zu spüren: Meine Eltern leben noch!
- Denken Sie daran: Kinder verarbeiten Unbegriffenes im Spiel. Hier haben sie die Möglichkeit, unverarbeitete Trennungsgefühle auf eine für sie nachvollziehbare Weise zu inszenieren.
- Antworten Sie auf Kinderfragen nach Sterben, Tod und Begräbnis in anschaulichen Bildern. Ihre Antworten müssen nicht völlig rich-

tig, sondern wahrhaftig sein. Dann kann Ihr Kind sich mit seinen Phantasien und Vorstellungen in Ihren Antworten wiederfinden.

■ Kinder können an Begräbnissen teilnehmen, wenn sie es freiwillig wünschen. Kein Kind sollte gezwungen werden. Freiwilligkeit ist die wichtigste Vorgabe, sie schützt ein Kind: Es weiß am besten, wie weit es sich selbst emotional belasten kann. Aber da sich Kinder auch überfordern können, ist persönlicher Beistand während des Begräbnisses wichtig. Kinder brauchen einen Halt, auf den sie sich verlassen können. Dies bietet ihnen zusätzlichen Schutz.

■ Hilfreich ist eine Vorbereitung auf den Gottesdienst. Man kann Kindern die Abläufe erklären, ihnen Rituale erläutern. Gerade ältere Kinder sind daran besonders interessiert. Generell gilt: Je intensiver Kinder sich angenommen fühlen, um so produktiver erweist sich die Grenzerfahrung von Trauer und Tod für die Persönlichkeitsentwicklung. Dies schließt Tränen, Wut, Zorn, dies schließt Verhaltensregressionen wie z. B. Einnässen, Rückfall in eine Babysprache, übertriebene Kuschelbedürfnisse, Angst vor Dunkelheit nicht aus. Aber in der selbstbestimmten Konfrontation mit Trauer und Tod erlebt das Kind, daß es in dieser Situation nicht allein ist, es vielmehr Wege gibt, auf denen es eigenständig laufen kann.

Abschied inszenieren

Tod, Verlust, Trennung bringen für Kinder Trauer und Schmerz mit sich. Viele Eltern meinen, dies Kindern vorenthalten zu müssen, weil sie noch «zu klein» dazu seien, solche Gefühle sie unnötig belasten würden. Zweifelsohne bringen Trauer und Schmerz Tränen und Weinen mit sich. Doch schwächen diese Gefühle Kinder nicht.

Wer ihnen diese Erfahrungen vorenthält, verstellt ihnen eine wichtige Erfahrung, die der Philosoph Bachofen so umschreibt: «Mit der Zeugung beginnt das Reich des Todes.» Kinder spüren dies. In ihren Fragen nach dem Ursprung («Woher komme ich?») sind auch Fragen nach dem Wohin («Was ist, wenn ich sterbe?», «Was ist danach?») enthalten. Kinder sind Philosophen und Forscher, die konkret-anschaulich komplexe Fragen angehen, sie durch Spiel und Ritual auf den Begriff bringen. Die Nähe zum Tod mag sie erschrekken, aber sie suchen sie auch.

Wer Kindern das Trauern vorenthält, diese Gefühle nicht zuläßt, der riskiert, daß die Gefühle überhandnehmen, aus der Emotion – wie bei Mirco – ein Gefühlschaos, aus Trauer dann Wut, Zorn und zerstörerische Aggression werden.

Dies macht eine Situation deutlich. Hans Hering, Vater von Ilka und Jasmin, sechs und acht Jahre alt, ist entsetzt. Die Töchter hätten versucht, die Katze Pia anzuzunden.

«Ilka hielt sie fest, und Jasmin hatte mein Feuerzeug in der Hand.» Und an mich gewandt: «Dabei sind sie sonst ganz friedlich. Absolut friedlich. Und das kann auch nicht vom Fernsehen kommen. Solche Sendungen sehen wir nicht», versichert er mir mit heller Stimme. «Ich versteh das nicht!» Dann erzählt er von der Katze Pia, davon, daß sie ein richtiges Kuscheltier sei, ein graues Fell habe, große Augen. «Am liebsten hätte ich sie für mich behalten.» Dann fügt er hinzu: «Aber zur toten Maxi waren sie doch so lieb!»

«Zur alten Katze?» frage ich.

Er nickt. Die sei vor 14 Tagen plötzlich eines Nachts gestorben. Morgens habe sie im Flur gelegen.

«Ich hab sie schnell genommen, im Garten beerdigt. Die Kinder sollten keinen Schock bekommen!» Er sei dann los, habe eine neue besorgt, und «mittags war sie dann auch schon da!» Die Mädchen hätten nach dem Verbleib von Maxi gefragt. «Ich konnte es nicht übers Herz bringen, ihnen die Wahrheit zu sagen. Meine Frau hat dann erklärt, die sei schon im Katzenhimmel. Und dann haben die beiden losgeheult!»

Einen Katzenhimmel gäbe es nicht, die liege irgendwo im Garten. «Wir wollen unsere Maxi wiederhaben», haben die beiden Mädchen geschrien. «Die neue will ich nicht», brüllte Ilka.

Der Vater: «Das war einfach fürchterlich. Na ja, sie beruhigten sich dann irgendwie, gingen aber mit Pia teilnahmslos um. Aber nach ein paar Tagen hatte es die Katze nicht mehr gut bei uns. Sie kriegte häufig Schläge, Fußtritte. Meine Frau und ich waren wütend, sauer und auch hilflos.» Er senkt die Stimme: «Tja, und dann die Geschichte mit dem Feuerzeug.» Er wirkt hilflos. «Ich weiß nicht mehr weiter!» Und nach einer kurzen Pause sagt er: «Ich hab einen Fehler gemacht. Das weiß ich. Ich hätte die Katze nicht wegschmeißen dürfen. Wir hätten sie beerdigen müssen!» Er blickt mich verzweifelt an: «Aber ich kann doch nicht das Gerippe wieder ausgraben!»

«Das war ein Fehler», bestätige ich ihm, «aber Sie können den Abschied noch nachholen. Die Familie muß von Maxi Abschied nehmen!»

Als er nach Hause kommt, setzt er sich mit seinen beiden Töchtern zusammen, entschuldigt sich bei ihnen.

«Papa, das war auch voll schlecht!» urteilt Ilka.

«Gemein!» fügt Jasmin mit Tränen in den Augen hinzu. «Voll gemein!»

Der Vater macht den Vorschlag einer Beerdigung. Ilka und Jasmin sind sofort einverstanden.

«Aber Pia ist nicht dabei!» fordert Jasmin. Sie malt eine Annonce: «Wir trauern um Maxi, die plötzlich gestorben ist. Sie war die beste Katze der Welt.» Diese Annonce hängt sie im Flur auf. Am folgenden Nachmittag setzt sich die Familie um den Tisch, in der Mitte liegt ein Bild von Maxi. Davor eine Kerze. «Papa muß eine Predigt halten», meint Ilka. Und der Vater fängt an, Geschichten über Maxi zu erzählen, davon, wie sie Mäuse gefangen, angefressen und halb angeknabbert unter den Tisch gelegt habe, davon, wie sie im Frühjahr auf Vogeljagd ging. Und auch Ilka und Jasmin erzählen. Am Ende weinen beide bittere Tränen.

«Wo Maxi wohl ist?» fragt die Mutter.

«Im Katzenhimmel!» antwortet Ilka ganz selbstverständlich.

«Wie? Du hast doch gesagt: Da ist sie nicht!»

«Doch, nun ist sie da!» Jasmin steht auf, öffnet die Wohnungstür: «Pia, wo bist du?» Kurze Pause: «Pia, jetzt darfst du kommen!» Und sie fügt verschmitzt hinzu: «Ich mach dir auch nicht mehr Feuer unterm Hintern!»

«Jasmin!» ruft die Mutter entrüstet. Alle lachen.

Diese Situation zeigt zwei Bedeutungen von Trauerritualen:
- Im Gespräch wurde die Katze nochmals lebendig. Man hob sie dabei keinesfalls in den Himmel, sondern behielt sie in Gedanken.
- Im Ritual bleibt die Katze in der Erinnerung, sie konnte losgelassen werden, um damit Platz für eine neue zu schaffen.

Jede Verarbeitung von Trauer ist ein einzigartiger Prozeß, in dem sich stets ein Ineinander von Schmerz und Glück, Tränen und Wut, Liebe und Ablehnung darstellt. Trauer kann für Kinder zur konstruktiven Erfahrung werden, wenn einige Gesichtspunkte beherzigt werden:
- Je mehr das Kind Sicherheit, Schutz und Bindung spürt, je verläßlicher und vertrauter sich die Gesamtsituation darstellt, um so weniger niederschmetternd sind Ängste, die den Trauerprozeß begleiten.
- Den Verlust eines geliebten Menschen (oder aus der Sicht der Kinder auch eines geliebten Tieres) zu betrauern setzt Halt und das Gefühl der Geborgenheit voraus. Dann können Heranwachsende Trauer aushalten.
- Kinder wollen ernst und angenommen sein. Sie wollen klare Informationen, die ihnen behutsam, nicht überzogen naturalistisch, übermittelt werden. Nicht die objektiv richtigen Informationen sind passend, es sind die wahrhaftigen, jene, die sich am Kind orientieren. Mitleid nimmt Kinder nicht ernst, nur Mitgefühl gibt ihnen Unterstützung und Geleit.
- Kinder brauchen Zeit, um Trauer zu bewältigen. Manche Kinder halten sich lange in bestimmten Phasen des Trauerns auf. Ihnen ist ihr eigenes Tempo zu belassen. Jeder Eingriff von Erwachsenen kann stören und problematisch sein, kann erschrecken und Ängste verstärken.

Kinder verarbeiten Ängste

**Das ist ein Junge,
der läuft von zu Hause fort.
René, 6 Jahre**

Ängste fordern heraus, können schöpferische Kräfte mit sich bringen, stark und lebenstüchtig machen. Sich Ängsten zu stellen, sie mit eigenen, manchmal ungewöhnlichen Methoden zu bewältigen, in das Leben auszuziehen, um das Fürchten zu erleben und den Umgang damit zu lernen, stellt eine der wichtigsten Entwicklungsaufgaben zwischen dem dritten und zehnten Lebensjahr dar. Das Kind erfährt, daß Ängste ein Bestandteil des Lebens sind. Mit der Ausdifferenzierung entwicklungsbedingter Ängste geht auch die Ausbildung von Fähigkeiten zur Angstbearbeitung einher, wenn Eltern die Kinder gewähren lassen, sie gar dazu ermutigen, und Eltern diese Fähigkeiten der Kinder nicht durch Überbehütung einschränken.

Die Fehler der Eltern

Für den Umgang des Kindes mit der Angst ist ein Gesichtspunkt zentral: Um Ängste konstruktiv zu verarbeiten, sind kreative und schöpferische Eigenleistungen des Kindes unverzichtbar. Eltern können durch ihre Reaktionen einen konstruktiven Umgang des Kindes mit seinen Ängsten blockieren.

Sätze wie «Du brauchst keine Angst zu haben!» mißachten kindliche Ängste. Aber auch Formulierungen wie «Es ist alles nicht so schlimm!» nehmen Kinder nicht an. Solche Bagatellisierungen lassen bei Heranwachsenden Gefühle der Hilflosigkeit zurück.

Ein überbehüteter Erziehungsstil, der Angst aufbaust und überdramatisiert, löst Gefühle aus, den Ängsten ohnmächtig ausgeliefert zu sein. So entsteht nicht selten eine Angst vor der Angst, es kommt zu einem wenig situations- und altersangemessenen Vermeidungsverhalten. Kinder, die überbehütet erzogen werden, stehen Ängsten meist erstarrt und entmutigt gegenüber, sind unfähig, ihnen selbstbewußt gegenüberzutreten. Ängste bleiben dann diffus-unbestimmt, es fällt diesen Kindern schwer, ihnen eine Gestalt und ein Symbol zu geben. Sie können ihrer Angst nicht ins Gesicht sehen. Die Angst wird dann zur gräßlichen Fratze. Wegschauen scheint die einzige, wenig konstruktive Lösung zu sein, ein Weg freilich, der im Empfinden der Kinder die ungeheuerliche Häßlichkeit der Fratze nur noch steigert.

Ängste des Kindes angemessen ernst zu nehmen schließt aus, sich über die Ängste zu erheben und sie ins Lächerliche zu ziehen. Formulierungen wie «Monster gibt es nicht!», «Vor so was hat ein großer Junge wie du doch keine Angst mehr!», «Nun mach mal nicht in die Hose!» oder «Hast du schon wieder die Windeln voll?» helfen Heranwachsenden weder dabei, zu ihren Ängsten zu stehen, noch dabei, ihre Unsicherheiten gekonnt zu verarbeiten. Kinder fühlen sich nicht angenommen und bekommen den Eindruck, allein zu sein. Schnell stellen sich Versagensgefühle und Entmutigung ein. Wer Kindern mit Ängsten droht, hält sie klein, macht sie unselbständig, erzieht sie zur Abhängigkeit. Heranwachsende ziehen sich zurück, wirken still und angepaßt, scheinen nervös, haben ein wenig entwickeltes Experimentierverhalten – aus Angst vor Frustration und Versagen. Das Gefühl, daß Angst eine konstruktive Kraft sein kann, ist bei ihnen nur unzureichend ausgebildet.

Aber Eltern reagieren oft verunsichert und hilflos, wenn ihre Kinder Ängste zeigen und sie mit ihren Mitteln angehen und verarbeiten wollen:
■ Eltern zeigen Mitleid («Das arme Kind!», «Das Kind tut mir leid!») und wollen ihr Kind vor seinen Ängsten beschützen.
■ Eltern behandeln ängstlich-unsichere Kinder als unselbständige Wesen und machen sie so noch hilfloser. Sie entwickeln Vorschläge, die häufig weder alters- noch situationsangemessen sind und die Kinder daher nicht erreichen. Die Kinder verweigern sich. Am Ende steht nicht selten auf beiden Seiten Handlungsunfähigkeit. Man macht sich gegenseitig Vorwürfe, die in unwürdige Machtkämpfe übergehen und schließlich in Ohnmacht, Hilflosigkeit und Versagensgefühlen resultieren.
■ Viele Eltern wollen die Ängste stellvertretend für ihre Kinder verarbeiten. Das Problem: Sie gehen mit ihren eigenen Möglichkeiten an die Ängste heran, überbetonen das Gespräch, die Vernunft und übersehen dabei die besonderen Verarbeitungskapazitäten der Kinder: Spiel, Magie und Ritual. Partnerschaftliche Erziehung bei der Angstverarbeitung meint, von den ureigensten Verarbeitungsfähigkeiten der Kinder zu lernen. Ein Kind braucht das Gefühl, als Schöpfer seiner Welt ganz ernst genommen zu werden.
■ Wenn Eltern Ängste stellvertretend für ihre Kinder lösen und verarbeiten wollen, dann machen sie Kinder im gleichen Moment unselbständig und von sich abhängig. Das Kind gibt Verantwortung für sich und seine Ängste an die Eltern ab – mit durchaus problematischen Konsequenzen.

Elterliche Überfürsorge hinterläßt bei Heranwachsenden äußerst zwiespältige Erfahrungen, die sich auf die gesamte Eltern-Kind-Beziehung mit Spannungen, Streß und starken psychischen Belastungen auswirken können. Entwickeln Heranwachsende das Gefühl, die Eltern haben wegen der Kinderängste ein schlechtes Gewissen, gar Schuldgefühle, so setzen Kinder ihre Ängste als Mittel zum Zweck ein. Da werden Ängste funktionalisiert, um Eltern an sich zu binden: Mütter – weniger Väter – werden mit Sätzen wie «Ich hab Angst, wenn du gehst!», «Du darfst nicht weggehen, du mußt hierbleiben!» ans Haus gefesselt. Oder das abendliche Zubettgehen wird mit Formulierungen wie «Ich hab Angst im Zimmer!», «Da sind Gespenster!», «Im Dunkeln hab ich Angst!» hinausgezögert. Mit Kommentaren wie «Ich hab im Kindergarten so viel Angst!», «Ich geh nicht mehr in die Schule, da hab ich Angst!» übt man Druck auf Eltern aus, stellvertretend für das Kind zu handeln. Zugleich zeigt das Kind erhebliche Widerstände und Blockaden gegen elterliche Vorschläge zur Angstverarbeitung. Da können Eltern noch so ernstgemeinte Ideen entwickeln, noch so sehr an die Vernunft appellieren, das Kind wehrt sich gegen Bevormundung. Widerstand und Blockaden geben manchmal indirektere Hinweise auf das Bedürfnis der Kinder nach mehr Mitverantwortung und Selbständigkeit. Sie wollen nicht als bemitleidenswerte Wesen gesehen werden, sondern gemeinsam mit ihren Eltern nach Wegen zum schöpferischen Umgang mit der Angst suchen.

Lea, das Schlitzohr

Lea, 8 Jahre, ist so ein Schlitzohr, die, wenn es um Angst geht, hervorragend für sich sorgen kann. Das abendliche Zubettgehdrama: Nachdem alle Druckmittel nicht geholfen haben, mütterliche Aufmerksamkeit zu erzielen – weder Bauch- noch Kopfschmerzen, weder der Hinweis auf plötzlichen Durst noch die häufig angekündigten Toilettengänge –, zieht sie ihre letzte, freilich erfolgreiche Trumpfkarte. Sie kommt mit zersausten Haaren ins Wohnzimmer und baut sich vor ihrer Mutter auf:

«Ich hab Angst, ich kann nicht einschlafen, da ist ein komischer Schatten über meinem Bett!»

«Na, nun schlaf mal», beschwichtigt die Mutter, ihr Buch schon zur Seite legend.

«Aber das geht nicht. Der Schatten schaut mich so gräßlich an!»

Die Mutter schaut skeptisch.

«Ehrlich!»

Lea bleibt unschlüssig im Wohnzimmer stehen. «Mama! Ich kann wirklich nicht einschlafen!» wiederholt sie mit quengeliger Stimme.

«Dreh dich auf die andere Seite, dann siehst du den Schatten nicht», antwortet die Mutter einigermaßen ruhig.

«Aber er sieht mich doch!» beharrt Lea.

«Na, dann mach die Augen fest zu!»

«Hab ich auch schon probiert», erwidert Lea mit leicht verzweifeltem Unterton. Sie tippelt von einem Fuß auf den anderen: «Ich bin doch so müde, und wenn ich morgen nicht ausgeschlafen bin...»

«Du schläfst schon bald ein, irgendwann...», versucht Leas Mutter zu beruhigen.

«Ja, aber wenn...» Lea guckt ihre Mutter nun weinerlich an.

«Gut, ich schau's mir mal an.»

Lea dreht sich auf der Stelle um, ein unmerkliches Lächeln huscht über ihr Gesicht. Forschen Schrittes geht sie in ihr Zimmer, die Mutter folgt ihr dicht auf den Fersen. Flink und behende springt sie in ihr Bett, zieht sich die Decke bis zum Kinn, den Blick an die Zimmerdecke gerichtet – ganz so, als suche sie dort etwas.

«Na, wo ist denn der Schatten?» fragt die Mutter freundlich.

«Eben war er noch da!» sagt Lea ziemlich energisch. Ihre Mutter lächelt.

«Du glaubst mir wohl nicht?» fragt Lea säuerlich. Die Antwort der Mutter kommt schnell: «Doch!» Sie läßt ihren Blick schweifen: «Aber ich sehe nichts!»

«Gut», gibt Lea nach, «dann kannst du ja gehen!»

Im Rausgehen sagt sie nochmals beschwichtigend zu ihrer Tochter: «Mach mal die Augen fest zu. Dann siehst du den Schatten nicht!»

Kaum hat sie die Tür hinter sich vorsichtig geschlossen, klagt Lea: «Da ist er wieder!» Kurze Pause. «Mama, da ist er wieder!» «Mama!» Lea kreischt so laut, daß man den Eindruck bekommt, sie falle gerade einem zähnefletschenden Schatten zum Opfer. «Mama», wiederholt sie in höchsten Phonstärken. Die Mutter stürzt ins Zimmer.

«Da!» keucht Lea, mit dem ausgestreckten Finger auf die Decke zielend. «Da!» wiederholt sie. Der Blick der Mutter wandert nach oben, ihre Augen verengen sich.

«Aber, Lea, mein Schätzchen, ich sehe nichts!» Sie streichelt ihre Tochter. «Mein kleines Angsthäschen!»

Lea stößt die mütterliche Hand fort: «Ich bin kein Angsthase!» Sie schaut ihre Mutter mit Tränen in den Augen an. «Gut, dann glaubst du mir eben nicht!» Dann fügt sie bockig hinzu: «Wenn du willst, daß das Gespenst mich fressen soll. Gut, gut, gut.» Tränen schießen in ihre Augen. «Gut, dann bist du mich eben los.»

«Leachen», beschwichtigt die Mutter, «ach mein Leachen. Ich hab dich doch lieb.»

Lea weist die Mutter von sich.

«Aber du glaubst mir nicht.» Dann mit brüchiger, tränenerstickter Stimme: «Wenn du mich lieb hast, dann mußt du mir das glauben!»

Die Mutter verläßt Leas Zimmer. «Wenn der Schatten kommt und dich frißt, dann rufst du mich!»

«Ach, ich werd's schon allein versuchen», wispert Lea zaghaft. «Du brauchst nicht zu kommen. Lies mal dein Buch weiter.»

Doch kaum sitzt die Mutter im Wohnzimmer, dringt Leas schneidend-heller Hilfeschrei an ihr Ohr. Sie springt auf, rennt zu ihrer Tochter, die aufrecht im Bett sitzt. Die Mutter kniet sich neben sie. Lea klammert sich an ihr fest.

«Du, Mama, wenn du da bist, sind die Schatten nicht da!»

«Ich glaube, die haben Angst vor mir!» lacht die Mutter Lea an, die ganz ernsthaft antwortet:

«Ja!» Lea fügt dann hinzu: «Bleib doch bei mir! Leg dich zu mir. Dann kommen die Schatten nicht!»

Lea zieht die Mutter zu sich herunter. Mit einem lang hingezogenen Seufzer gleitet die Mutter ins Bett ihrer Tochter, die sie umklammert, um nach einiger Zeit zufrieden einzuschlafen, eine ratlose Mutter neben sich, die im Dunkeln an die Kapitel ihres Buches denkt, die nun ungelesen bleiben.

Lea setzt ihre Angst ein, um mütterliche Nähe zu erzwingen, ein ja durchaus verständlicher Wunsch. Doch die Mutter läßt sich aus ihrem schlechten Gewissen heraus nötigen. «Ich bin zwar berufstätig, doch am Abend habe ich schon Zeit für Lea. Aber wohl nicht genug, sonst hätte sie diese Ängste nicht, oder?» Sie läßt sich deshalb, getragen von unendlich viel Mitleid, auf Leas Ängste ein, für die sie sich verantwortlich fühlt. Das spürt Lea. Ihre Ängste sind Mittel zum Zweck. In diesen Situationen übernimmt die Mutter die Angstverarbeitung ihrer Tochter, sie macht sich Gedanken, bietet Lösungen wie aus dem Katalog an, die Lea wie unbestellte Ware cool zurückweist. So wie die Mutter Lea unselbständig macht, so macht Lea ihre Mutter hilflos. Ihre immer neuen Vorschläge lehnt Lea mit einiger Sturheit so lange ab, bis sie ihr Ziel, die mütterliche Anwesenheit, schließlich sogar ihre körperliche Nähe, erreicht hat, was für ihre Mutter den Verzicht auf eigene Wünsche und Bedürfnisse bedeutet.

Keine Angst vor der Angst

Eine gekonnte Angstverarbeitung gelingt nur, wenn Kinder konstruktiv beteiligt sind, wenn sie in ihren Kompetenzen zur Problemlösung gefordert, gefördert, ermutigt und gestärkt werden.

Oliver, 8 Jahre, hat abends beim Einschlafen Angst vor fliegenden Monstern mit gräßlichen Gesichtern, die ihn besuchen, ihn stören und ihm einen unruhigen Schlaf bringen. Auch Olivers Eltern ließen sich über Wochen auf jenes Spiel ein, das Lea so perfekt einzusetzen wußte. Auch sie redeten Oliver die Monster aus. Vor allem Olivers Vater versuchte seinem Sohn auf rationale Art und Weise klarzumachen, daß es solche Monster nicht gäbe. «Das Ende vom Lied war», so die Mutter in einem Beratungsgespräch genervt, «einer von uns hielt an Olivers Bett Schlafwache. Und das war auf die Dauer öde.» Olivers Vater lächelt seine Frau an, umarmt sie zärtlich: «Und was hätte man alles zusammen machen können in dieser Zeit.» Seine Augen fixieren sehnsüchtig einen Punkt, so als sehe er dort ein schönes Bild.

Ich gab den Eltern den Rat, Oliver zur Mitarbeit bei der Vernichtung seiner Monster aufzufordern. Sie sollten ihren Sohn fragen, wie er glaube, die Monster ungefährlich machen zu können. Skeptisch sei sie gewesen, erzählte mir die Mutter später. Sie habe nicht geglaubt, daß Oliver sich auf so etwas einlassen könne. «Aber», so strahlte der Vater, «Ihre Anregungen haben funktioniert. Es war unglaublich!» Stolz – und das können Oliver und seine Eltern in der Tat sein – stattete er mir seinen «Bericht» von einer aufregenden Reise ab.

Oliver und die Monsterschiffchen

Er habe Oliver an einem Nachmittag um ein Gespräch gebeten. «Oliver, du mußt mir helfen. Ich weiß mit den Monstern auch nicht mehr weiter. Die müssen ziemlich frech sein, wenn die jeden Abend zu dir kommen. Und eigentlich finde ich deine Monster ziemlich feige!»

«Wieso?» fragt Oliver erstaunt.

«Also, wenn die nur dann nicht kommen, wenn ich da bin, dann müssen die ziemlich feige sein! Ich finde, die spielen ein blödes Spiel mit dir!» Oliver runzelt die Stirn.

«Ich weiß wirklich nicht mehr weiter!» Die Stimme des Vaters klingt verzweifelt.

«Ich hab ja die Gespenster noch nie gesehen. Aber du kennst sie. Wenn ich wüßte, wie die aussehen...»

«Was dann?»

«Dann könnte ich zur Polizei gehen und einen Steckbrief ausgeben. Dann könnten wir die suchen!»

Oliver lacht.

«Also, wenn ich doch nur wüßte, wie die aussehen?» wiederholt der Vater.

«Ganz gruselig!» ruft Oliver. Und dann beschreibt er seinem Vater seine Monster in den schillerndsten Farben.

«Komm, laß uns sie malen!» ermutigt er seinen Sohn, und Oliver zeichnet ein Monster, dann noch eins, dann noch eins, dann noch eins ... Schließlich liegen viele Blätter vor ihm auf dem Tisch.

«Blöde Monster!» kommentiert er.

«Sehen sie so aus?» fragt der Vater. Oliver nickt.

«Aber, wie kriegen wir die weg?»

«Papa», meint Oliver, sich mit der flachen Hand vor die Stirn schlagend, «meine Monster fliegen. Sie haben Angst vor Wasser!»

«Vor Wasser?» fragt der Vater erstaunt.

«Ja, vor Wasser!» erklärt Oliver energisch.

«Hast du eine Idee?» Oliver nickt zögerlich, überlegt weiter. Sein Vater wird ungeduldig, setzt zu einem «Oder sollen wir» an.

Doch Oliver unterbricht ihn. «Nun laß mich mal überlegen!» Er grübelt sichtbar, seine Augen schauen nach oben, er lächelt. «Weißt du!» ruft er ganz aufgeregt: «Ich hab da eine Idee! Ich bau aus den Monsterbildern Papierschiffchen, und die kommen in unseren Teich!»

«Wie bitte?»

Oliver, nun ganz selbstbewußt: «Wir lassen die Papierschiffchen schwimmen. Und dann tue ich Steine rein, und dann gehen die Monsterschiffchen unter.»

Der Vater wirkt einigermaßen irritiert.

«Oder ...» Oliver überschlägt sich förmlich, «die Fratzen der Monster verwischen durch das Wasser, und dann kann man sie nicht mehr sehen.»

Beide beschließen, das Gute-Nacht-Ritual mit dem Zeichnen von Monstergesichtern zu beginnen. Oliver malt mit großer Begeisterung die häßlichsten Fratzen. Dann faltet er daraus Papierschiffchen. Damit geht er dann zum Teich im Garten. Der Vater darf ihn begleiten, aber die Monsterschiffchen nicht anfassen.

«Das sind *meine* Monster.» Er kniet am Rand des Teiches, läßt jedes Monsterschiffchen ins Wasser, beschwert sie mit Sand und Steinen, murmelt einen Zauberspruch, den er sich extra ausgedacht hat, ganz leise vor sich hin, so daß sein Vater das kaum verstehen kann. Oliver will den Zauberspruch seinem Vater nicht verraten, weil sich sonst die Wirkung nicht einstellt. Nur beim genauen Hinhören versteht der Vater einen Satzfetzen: «... böse Luftmonster müssen sterben, damit sie keine Kinder erschrecken.»

Oliver geht dann mit seinem Vater ins Haus, und das Gute-Nacht-Ritual wird fortgesetzt. Oliver schläft in dieser Nacht ruhig ein und durch. Die Eltern sind völlig überrascht, als Oliver ihnen am anderen Morgen wie selbstverständlich erklärt, er habe keine Angst gehabt, denn die Luftmonster seien im Wasser verschwunden. Oliver geht vor der Schule in den Garten, findet aufgeweichte Papierschiffchen im Wasser, nimmt eines, das am Rand liegt, faltet es auseinander und blickt in eine völlig verschwommene Fratze.

«So kannst du mich nicht erschrecken», hört ihn die Mutter sagen. «So nicht! Das hast du davon!»

Das Ritual mit den Monsterschiffchen wiederholt sich nun jeden Abend. Nach vier Tagen malt der Vater seinem Sohn eine Urkunde, darin steht: «Für Oliver, den Erfinder des Monsterschiffes.» Die Mutter entwirft eine Anerkennungsmedaille: «Für Oliver, den siegreichen Helden, der die Luftmonster zum Verschwinden brachte.» Oliver hängt die Urkunde und die Medaille über sein Bett: «Damit die, die doch noch mal kommen, sehen, mit wem sie es zu tun haben!»

Etwa vier Wochen nach Erfindung des Monsterschiffes meint Oliver eines Abends: «Ich brauch das nicht mehr. Das hat sich bei denen rumgesprochen. Die kommen nicht mehr. Ich hab sie vertrieben!»

Olivers Geschichte veranschaulicht die wichtigsten Gesichtspunkte, die eine gekonnte Angstbewältigung durch Kinder kennzeichnet:
- Ängste bei Kindern kommen manchmal schnell, sie vergehen aber nicht von heute auf morgen. Das gilt vor allem für die entwicklungsbedingten Ängste. Eltern brauchen Geduld und Nachsicht, denn die Kinder bestimmen das Tempo selbst, mit dem sie ihre Ängste besiegen. Man kann Ängste wegzaubern, nur dauert solch ein Zaubertrick länger als im Varieté. Nur in der häufigen Wiederholung erwirbt das

Kind Gewißheit und Verläßlichkeit in seine Fähigkeiten, Monster, Geister und Vampire erfolgreich in die Flucht zu schlagen.

■ Um Ängste zu verarbeiten, braucht das Kind Selbstvertrauen und ein Vertrauen in die eigenen Kräfte. Kinder müssen an der Überwindung ihrer Ängste mitarbeiten, ja dies ist sogar eine Voraussetzung dafür, daß Ängste gekonnt und schöpferisch verarbeitet werden können. Rat-Schläge, die die Eltern geben, können gutgemeinte Schläge der besonderen Art sein. Ideen, die die Eltern entwickeln, wollen häufig zuviel und werden zu schnell umgesetzt. Sie lassen zudem den Entwicklungsstand des Kindes oft unberücksichtigt. Hinzu kommt ein anderer Gesichtspunkt: Kinder finden sich in ihren *eigenen* Ideen und Schöpfungen, Symbolen und Zaubereien besser zurecht. Gegenüber elterlichen Vorschlägen zeigen sie nicht selten Widerstand und Blockaden. Eltern müssen die Kinder zur Mitarbeit bei der Angstbewältigung gewinnen. Lehnen Kinder dies ab, so ist das häufig ein Zeichen dafür, daß Kinder ihre Ängste als Mittel zum Zweck (z. B. schlechtes Gewissen machen, Aufmerksamkeit erregen, Hilflosigkeit erzeugen) einsetzen.

■ Kinder brauchen bei der Bewältigung von Ängsten nicht lähmendes Mitleid, sondern stärkendes Mitgefühl, das sie ermutigt, eigene Wege zu gehen. Eltern fungieren dabei als Reling oder als Stützen, die Halt und Orientierung geben. Wenn Kinder sich allein gelassen fühlen, haben sie keine Sicherheit, sind ohne Bindung. Dies beeinträchtigt ihre Kapazitäten zur Angstverarbeitung. Kinder brauchen das elterliche Vertrauen, Kinder brauchen stärkende Worte, wenn sich Wege einmal als Sackgassen erweisen. Vermitteln Sie Kindern das Gefühl, sie könnten die angstbesetzte Situation aushalten und durchstehen. Denken Sie daran: Je diffuser, unklarer die Situation, um so bedrückender, einschüchternder wirkt sie auf das Kind. Beachten Sie: Kinder wollen der Angst ein Gesicht geben. Auch Rückschritte in frühere, schon überwundene Entwicklungsstufen, z. B. die Nähe zum Kuscheltier, das emotional entspannte Nuckeln, können normale Bestandteile der Angstverarbeitung sein.

Drei wichtige Regeln für Eltern

Aus diesen allgemeinen Prinzipien lassen sich drei Regeln zur Angstbewältigung im häuslichen Alltag ableiten:

1. *Regel:* Lassen Sie sich die Angst durch Ihr Kind beschreiben. Hören Sie aktiv zu, geben Sie dem Kind das Gefühl von Nähe. Fragen Sie nach, um zu erkennen, was das Kind meint, wo es gedanklich steht, mit welchen Phantasien und Bildern es sich herumschlägt. Bagatellisieren Sie die Ängste nicht. Aber auch Überdramatisierungen sind hinderlich. Wenn Sie mit dem Kind sprechen, reden Sie in der Sprache des Kindes. Geben Sie nur die Informationen, die das Kind hören will. Ein Wortschwall schüttet Kinder zu.
2. *Regel:* Überlegen Sie nach der Schilderung Ihres Kindes, wo die Ursachen der Ängste liegen können. Vermeiden Sie, nicht einseitig in eine Richtung zu denken, z. B. die Schuld bzw. Ursache nur bei sich oder ausschließlich bei anderen zu suchen. Stellen Sie sich folgende Fragen: Sind die Ängste des Kindes Ausdruck eines Entwicklungsschrittes? Könnten die Ängste etwas zu tun haben mit Unsicherheiten in der familiären Situation? Denken Sie daran: Nicht nur dramatische Ereignisse wie Scheidung, Krankheit oder Tod bringen seelische Belastungen für ein Kind mit sich, sondern auch die Geburt eines Geschwisterkindes, die berufsbedingte Abwesenheit des Vaters, ein Umzug oder emotionaler Streß der Eltern kann bei Kindern Spuren hinterlassen. Viele Situationen, über die Erwachsene souverän hinweggehen, die sie rational verarbeiten können, belasten Kinder, verängstigen oder verunsichern sie. Eine weitere Frage zur Ursachenforschung kann lauten: Haben die Ängste mit der außerhäuslichen Situation des Kindes zu tun? Gibt es etwa Probleme in Kindergarten, Schule oder im Hort?
3. *Regel:* Nun kommt es darauf an, ob die Eltern bzw. das Kind eigene Möglichkeiten zur Angstbewältigung haben. Dies funktioniert insbesondere bei entwicklungsbedingten Ängsten, aber auch Ängste, die aus Erziehungszusammenhängen entstehen, können eigenständig aufgelöst werden. In jedem Fall muß das Kind zur Mitarbeit gewonnen werden. Sind die Ängste schwerwiegenderer

Art, hat man es vielleicht mit Phobien oder Panikattacken zu tun, ist es – wie im Schlußkapitel aufgezeigt wird – unumgänglich, einen Arzt, einen Therapeuten oder Erziehungsberater zu Rate zu ziehen. Letzterer kann auch hilfreich sein, wenn sich Eltern unsicher oder überfordert fühlen.

Mit den Kindern wachsen die Aufgaben und auch die Ängste

Zwischen dem dritten und dem zehnten Lebensjahr kommen auf das Kind mehrere zentrale Entwicklungsaufgaben in emotionaler, sozialer und intellektueller Hinsicht zu.

Das Kind löst sich allmählich aus der vertrauten Umgebung. Zwar bleibt die Familie, bleiben Bezugspersonen von hoher Bedeutung, sie symbolisieren nach wie vor Halt, Orientierung, geben Bindung und Verläßlichkeit. Aber zunehmend werden andere Menschen, andere Situationen wichtig: der Kindergarten und die Schule, Freunde und Freundinnen. Die Gruppe der Gleichaltrigen stellt für viele Kinder eine Herausforderung dar: einerseits steht sie für erweiterte Erfahrungshorizonte, andererseits bedeutet sie Unsicherheit.

Die Ablösung aus vertrauten Umgebungen ist wichtig, dokumentiert sie doch die wachsende Autonomie und beginnende Eigenständigkeit, vermittelt sie Kindern das Gefühl «Ich kann das alleine» oder «Ich bin stark». Kinder erproben soziale und praktische Selbständigkeit, entwickeln im Tun Selbstbewußtsein und -vertrauen. Doch die Suche nach Neuem kann mit einer gefühlsmäßigen Belastung verbunden sein. Die Lösung von den Eltern ist ein notwendiger Schritt zur Selbstwerdung, aber die Schritte in die Autonomie verbinden sich manchmal mit Schuldgefühlen. Einige Kinder entwickeln sie, weil Eltern bewußt oder unbewußt mit Formulierungen arbeiten wie «Du bist nur noch weg!», «Wir bedeuten dir wohl gar nichts mehr!» oder «Na ja, die Freunde sind jetzt doch wohl wichtiger!». So werden die Schritte ins selbständige Leben behindert. Das schlechte Gewissen überlagert Glücksgefühle, die Eigenständigkeit und Selbstbewußtsein mit sich bringen könnten. Das Kind genießt seine Autonomie nicht vorbehaltlos, weil es an die zurückgelassenen Eltern denken muß.

Das Kind entwickelt sich, wird größer, kräftiger, aufnahmefähiger. Es wird mit vielfältigen Erfahrungen konfrontiert, die es möglicherweise kognitiv und emotional überfordern. Das Kind wird belastet, strebt an, diese Belastungen zu verarbeiten. Aber auch dabei stößt es manchmal an Grenzen: Einerseits kann es schon eine ganze Menge, andererseits erfährt es, viele Dinge noch nicht zu können. Das Kind muß lernen, Grenzen zu akzeptieren, Frustrationen auszuhalten, und zwar in doppelter Hinsicht:

■ Grenzen zeigen dem Kind an, was es kann und was es noch nicht kann, es im Laufe seiner Entwicklung aber noch können wird. Aus dieser Spannung kann sich Leistungsbereitschaft entwickeln. Doch muß das Kind diese Spannung gefühlsmäßig aushalten.

■ Das Kind versucht zugleich, die persönlichen Grenzen von Eltern, anderen Kindern oder Bezugspersonen auszutesten. Das Kind will wissen, woran es bei bestimmten Personen ist. Grenzenlosigkeit in der Erziehung oder der Rückzug von bestimmten Personen aus der Erziehung läßt Kinder allein. Das Kind wird dann versuchen, über Machtkämpfe oder Provokationen die Aufmerksamkeit von erwachsenen Bezugspersonen zu erhalten.

Mit zunehmendem Alter erfährt das Kind eine Ausdifferenzierung von Sprache und anderen Sinnestätigkeiten; es lernt, seine Impulsivität zu beherrschen. Wenn diese Entwicklung in den Augen der Eltern manchmal mit ungeheurem Tempo abläuft, darf nicht übersehen werden: Kinder lernen auch in der Phase über Anschaulichkeit, Konkretion, über das Spiel und das unmittelbare Tun. Und bei allem Wissen, das Kinder besitzen, ist es wichtig, nicht zu übersehen: Wenn Kinder manchmal so verstehend und wissend erscheinen, daß man den Eindruck vom kleinen Erwachsenen in Kindergestalt gewinnen könnte, sosehr sind sie nach wie vor auf ihre phantastisch-magischen Fähigkeiten bei der Erklärung der Welt oder der Verarbeitung von Angst angewiesen. Auf das Kind strömt jede Menge von Informationen ein. Es erfährt unzählige Einzelheiten, häufig mehr, als es gefühlsmäßig und intellektuell verarbeiten kann. Deshalb bleiben viele Informationen diffus und unverbunden nebeneinander stehen, und die Kinder versuchen, nach den Ursachen und den Bedingungen für die erfahrenen Phänomene zu suchen und zu forschen. Wo Lücken sind, wo ihnen Wissen fehlt, da fragen sie, oder sie fügen magische, symbolische und bildhafte Denkmuster ein und plazieren diese Erklärungen so, um für sich Sinn und Zusammenhang herzustellen.

Beates Zubettgeh-Ritual

Beate ist 5 Jahre. Sie ist ein liebenswürdiges Mädchen, das sehr großen Wert auf Rituale legt und die Geduld seiner Mutter damit sehr strapaziert. Bevor Beate ihre Gute-Nacht-Geschichte anhört, geht folgendes vor sich: Erst bringt sie ihr Kopfkissen, das rechts von ihr liegt, in die richtige Stellung. Der Vorgang dauert etwa eine Minute. Dann kommt das Kissen links von ihr an die Reihe. Zwischen die beiden Kissen plaziert Beate zwei Kuscheltiere, deren Hinsetzen eine weitere Minute in Anspruch nimmt, weil die immer an denselben Platz müssen. Wenn die Mutter drängelt: «Nun mach endlich!», antwortet Beate: «Die Kuscheltiere sind noch nicht fertig!»

Bevor die Mutter mit der Geschichte beginnen kann, muß das Licht die richtige Stärke haben. Das dauert noch mal eine Weile, weil es mal heller, mal dunkler eingestellt werden muß. Dann darf die Mutter sich auf einen Stuhl vor dem Bett setzen, aber auch der muß an seinem Platz stehen, was aber nicht immer sofort der Fall ist. Ist der Rahmen entsprechend gestaltet, darf die Mutter mit dem Märchen anfangen. Aber wehe, sie verkürzt die Fassung oder redet zu schnell oder in einem Beate nicht angemessenen Tempo, dann gibt die Tochter die entsprechenden Kommandos aus: «Red normal», «Red langsamer» oder «Überspring nicht einen Absatz!» Nach dem Ende der Geschichte bekommt Beate einen Kuß, dann geht die Mutter hinaus, wobei die Tür einen Spalt offenzubleiben hat. Dieser Spalt muß in seiner Ausdehnung genau getroffen werden. Beate versucht die Mutter mit Formulierungen wie: «Etwas weiter!», «Viel zu weit!», «Nun etwas weiter!», «Nein, zu weit!», «Etwas weiter ran!», «So ist es gut!» zu dirigieren. Irgendwann sagt sie: «So ist es richtig! Nun kannst du gehen!» Die Mutter verläßt schnaufend das Kinderzimmer und denkt: «Die wird noch ein richtiger Bürokrat!»

Man könnte an diese Situationen sehr rationalistisch herangehen, sich lustig machen und Beates Verhalten als zwanghaft bezeichnen. Aber wer die Magie und die Rituale, die Kinder eine Zeitlang begleiten und die ihnen Sicherheit bieten, zerstört, entzieht ihnen Verläßlichkeit und Sicherheit. Natürlich brauchen Kinder, die sich in mythischen Zusammenhängen verfangen, in magische Strudel abgleiten und darüber nicht hinausgelangen, die Unterstützung ihrer Eltern. Natürlich ist elterliche Unterstützung angebracht, um starke Zauberkräfte aufzulösen oder leer gewordene Rituale zu beenden. Doch ist hierbei keine brachiale Sprachgewalt, kein erzieherischer Bildersturm gefragt, der kindliche Phantasiewelten kaputtmacht und damit eigenständige Möglichkeiten zur Angstbewältigung zerstört.

Kinder bewältigen Ängste durch magische Kräfte

Die magische Phase des Kindes folgt dem Trotzalter, reicht vom vierten bis weit in das neunte Lebensjahr hinein – und auch danach sind Phänomene dieser Entwicklungsstufe noch sichtbar. Dem magischen Denken wird in der Bildungsdiskussion der letzten Jahrzehnte eine nachgeordnete Bedeutung zugewiesen – zu sehr stehen Rationalität und die Orientierung an kognitiven Lernzielen schon im Vorschulalter an vorderster Stelle. Der Leistungsgedanke ist auf das intellektuelle Vermögen und weniger auf die sozialen, motorischen und gefühlsmäßigen Fähigkeiten des Kindes festgelegt. Im Zusammenhang mit den geschilderten Entwicklungsaufgaben und der Verarbeitung und Bewältigung von Angst ist es wichtig, sich zu vergegenwärtigen:

- Das Kind empfindet sich in der magischen Phase als eine Mischung aus Wissenschaftler und Magier, aus Forscher und Künstler. Auf der einen Seite weiß das Kind um reale Abläufe, weiß um die Hintergründe vieler Dinge. Aber daneben gibt es – ganz zwangsläufig – riesige Lücken, die das Kind mit eigenen Phantasien und selbstgestalteten Überlegungen füllt.
- Kinder denken in Bildern. Und diese vom Kind konstruierten Bilder – sei es das Monster, der Schatten, der imaginäre Räuber – können genauso wahrhaftig sein wie die Wirklichkeit, die das Kind umgibt. Das Kind beseelt Dinge, haucht ihnen seinen Willen ein, gibt ihm eigene Bedeutung. So können die Legosteine im dritten Lebensjahr noch zum imaginären Spielgefährten werden, jene Steine, die das Kind dann vom fünften Lebensjahr fast nur noch als Spielmaterial ansieht. Wenn im dritten Lebensjahr noch der Batman-Umhang reicht, um sich wie dieses Vorbild zu fühlen, so muß es im siebten Lebensjahr die Gesamtausrüstung sein, um die Phantasie aufzubauen, man sei der Superheld.
- Doch erweist sich die selbstbestimmte Beseelung von Dingen manchmal als widersprüchlich: Sie gibt den Kindern Kraft, um Selbstbewußtsein und Eigenständigkeit zu demonstrieren. Aber durch die magische Besetzung können aus harmlosen Gegenständen oder Situationen fürchterliche Monster werden. Da entstehen aus dunklen Schatten Geister, da werden aus wehenden Gardinen Einbrecher und knarrende Geräusche mit überlebensgroßen Einbrechern gleichgesetzt.

Wie positiv und konstruktiv die Beseelung von Gegenständen in vielerlei Hinsicht jedoch ist, mag das Erlebnis des sechsjährigen Max verdeutlichen. Max, ein kräftiger selbstbewußter Knirps, macht seiner Mutter seit einiger Zeit Kummer. Er ging bisher – und dies immerhin schon über zwei Jahre – gerne in den Kindergarten. Man schätzte Max' Offenheit, seine impulsive Art. «Doch seit ich ein zweites Kind habe», so Max' Mutter, «will er nur zu Hause bleiben. Oder er wartet im Kindergarten schon sehnsüchtig auf mich.»

Max' Traurigkeit und seine zögerliche Art gehen der Mutter «allmählich auf die Nerven». Als beide wieder einmal streiten, die Mutter die Geduld verliert, fragt sie genervt: «Muß ich denn die ganze Zeit bei dir im Kindergarten bleiben?» Max schüttelt vehement den Kopf.

«Was willst du denn?»

Max rückt zur Mama, den Kopf an ihren Pullover gelehnt: «Den Pullover!»

«Was?»

Max faßt den Pullover an, reibt seine Nase daran. «Den Pullover!» wiederholt er ganz selbstverständlich.

Die Mutter ist verunsichert, denkt nach. Am Abend vor dem Zubettgehen verspricht sie Max, ihm am Morgen ihren Pullover in seinen Rucksack zu legen.

«Aber warum denn mein Pullover?» fragt sie.

«Der riecht so gut! Legst du ihn mir wirklich hinein?»

Die Mutter nickt. Am nächsten Morgen geht Max mit einem prallgefüllten Rucksack in den Kindergarten. Er sieht nicht so zögerlich aus wie sonst, und seine Erzieherinnen beobachten, daß Max immer, wenn er seinen «Durchhänger hat», zur Garderobe geht, aus seinem Rucksack einen Pulloverärmel hinauszieht, daran herumschnüffelt und lächelnd wieder in den Gruppenraum zurückkommt. Max hatte von diesem Morgen an keine Probleme mehr mit dem Kindergartenbesuch, obwohl seine Mutter den Selbstversuch ihres Sohnes äußerst skeptisch beobachtete.

«Und wenn er damit nicht aufhört?» fragt sie mich während eines Seminars.

«Wenn Ihr Sohn eine Freundin hat», meine ich lächelnd, «ist Ihr Pullover megaout.»

«Hoffentlich haben Sie recht!»

Das magisch-phantastische Denken stellt nichts Wirres, Irres oder Weltabgewandtes dar. Es ist eine altersgemäße Form von Intelligenz, mit der Kinder schöpferisch tätig sind, um ihre Umgebung, ihre Nah-

und Umwelten zu begreifen. Nicht selten ist der junge Heranwachsende überzeugt, Dinge passierten nur, weil er es sich gewünscht hat. Das Kind ist fasziniert von seiner Energie und Kraft, doch kann das, wie gesagt, auch Probleme mit sich bringen. Die sechsjährige Katarina etwa verfluchte ihre Mutter und hätte sie am liebsten auf den Mond geschossen, weil sie wieder mal nicht länger als verabredet fernsehen durfte. Der Zufall wollte es, daß die Mutter am nächsten Tag erkrankte. Katarina erschrak darüber, machte sich und ihre Wünsche dafür verantwortlich.

Mit dem magischen Denken versuchen Kinder, die sie umgebende Welt zu strukturieren, zu verstehen, sie überschaubar zu machen. In der Magie und im Mythos besitzen Kinder eine eigene Sprache, eine Sprache voller Phantasie, voller Märchen und Geheimnisse, eine Sprache, die Erstaunen und Verwunderung hervorruft, eine Sprache, die Erwachsene nur allzu wenig verstehen, häufig sogar verkennen oder ablehnen.

Eine Reihe der Entwicklungsaufgaben, die Kinder zwischen dem vierten und neunten Lebensjahr zu bewältigen haben, ist von Ängsten und Unsicherheiten begleitet und kann durch das magisch-mythische Denken besser ausgehalten und produktiver bewältigt werden. Diese Form der Realitätsdurchdringung stellt den Kindern Möglichkeiten zur Verfügung, mit schwierigen Lebenssituationen auf eine angemessene Weise fertig zu werden.

Dadurch sind rationale und realistische Formen der Konfliktbewältigung und andere Techniken im Umgang mit Angst im Alltag nicht ausgeschlossen, sind deren Stellenwert und Bedeutung zu unterschätzen. Insbesondere bei der Bewältigung sozialer Ängste, die durch Erziehung entstehen, haben magisch-phantastische Mittel der Verarbeitung nicht nur Chancen, sondern deutliche Grenzen. Dann müssen andere pädagogische, beratende oder therapeutische Techniken zum Einsatz kommen.

Kindliche Techniken der Angstbewältigung

Wer Kinder genau beobachtet und ihren Erfahrungsreichtum ernst nimmt, der kann verschiedene Techniken der Angstbewältigung unterscheiden:

- Phantasien, eigene Wortschöpfungen, eine konkret-anschauliche Bilderwelt, mit der Wissenslücken geschlossen, Sinnzusammenhänge hergestellt werden.
- Kinder formen bedrohliche Ereignisse, gefährliche Figuren kraft ihrer Phantasie um. Das Kind ist Schöpfer seiner Gestalten.
- Kinder erfinden Phantasiefiguren, unsichtbare Gestalten, die eine Zeitlang Begleiter sind, um dann wieder aus ihrer Welt zu verschwinden.
- In Zaubergeschichten und Märchen werden dem Kind Erklärungen angeboten, die dem Kind emotionale Stärkung geben. Solche Produkte rufen deshalb Erstaunen und Verwunderung hervor, weil das Kind schon Erkenntnisse darüber hat, daß es nicht so sein kann, wie es in diesen Geschichten passiert. Aber die Perspektive des «Es könnte so sein» stellt neben dem realistischen Blick eine andere Sichtweise auf Wirklichkeit vor.
- Im Spiel verarbeiten Kinder bedrohliche, ängstigende Eindrücke. Im Spiel durchlebt das Kind ganze Gefühlspaletten, es hat deshalb – wie es der Psychologe Hans Zulliger formulierte – «heilende Kräfte».
- Ähnliches gilt für das Ritual, das Kinder entwickeln, um diffusen, unklaren Erfahrungen eine Struktur zu geben. Und im Ritual können Kinder – wie von Zauberhand – unsichere, ängstigende Lebenssituationen bannen.
- Manchmal regredieren Kinder, das heißt, sie fallen in frühere Entwicklungsstufen zurück, um sich seelischen oder gefühlsmäßigen Belastungen zu entziehen. So ein Rückzug kann – ich hatte es ausführlich in den vorherigen Kapiteln dargelegt – schöpferisch, aber durchaus zwanghaft sein. Aber manchmal hilft auch das Gegenteil: Kinder machen Phantasiereisen in die Zukunft, katapultieren sich nach vorne, um daraus Kraft für die Gegenwart zu beziehen (vgl. dazu die Geschichten im folgenden Kapitel).

Phantasie stopft Wissenslücken

Kinder werden mit vielfältigen Erfahrungen konfrontiert, für die sie nach Erklärungen suchen. Kinder wissen vieles – aber eben noch nicht alles. Die Lücken, die sich zwischen den Einzelheiten auftun, versuchen sie auf eine eigene Art zu füllen. Kinder ziehen sich auf jene schöpferischen Kräfte zurück, die ihnen die Entwicklung zur Verfügung stellt: die schöpferische Kraft der Phantasie.

Johannes und Markus, beide etwas über vier Jahre alt, sind Freunde und gehen durch dick und dünn. Johannes, Jonny genannt, wirkt eines Tages bedrückt. Markus merkt das. Als beide spielen, fragt Markus:

«Hast du was?» Johannes ist in Gedanken versunken, antwortet nicht. Markus stupst ihn an.

«Eh, Jonny, hast du was?»

Johannes nickt: «Meine Mama ist krank!»

«Wie?»

Johannes zuckt mit den Schultern, antwortet gleichmütig: «Ist krank!»

«Hab ich verstanden!» Er schaut Johannes an: «Wie krank?»

Johannes sieht seinen Freund fest an: «Meine Mama verblutet!»

Darauf Markus spontan: «Hat sie sich geschnitten?»

«Nein!» Johannes schüttelt den Kopf. «Sie blutet unten. Sie blutet zwischen den Beinen!» Und voller Angst fügt er hinzu: «Ich glaub, die stirbt!»

Markus, ganz Fachmann: «War da so ein Stöpsel?» Johannes nickt. «Und da war Blut dran, nicht?» Johannes nickt wieder. «Und der war ganz blutig, nicht?» Wieder nickt Johannes, schaut Markus mit zusammengekniffenen Augen an.

«Woher weißt'n das?»

Darauf Markus: «Meine Mama blutet auch!»

Johannes, fast instinktiv: «Was, die stirbt auch?»

«Die stirbt nicht. Das ist so bei Frauen, verstehst du!»

Johannes versteht nichts: «Wieso bei Frauen?»

Markus, souverän: «Na ja, jeden Monat ist das bei Frauen.»

Johannes, ganz verwundert: «Jeden Monat sterben die?»

Nun ist Markus etwas genervt: «Oh, Quatsch, die bluten unten!»

Johannes, fast beleidigt: «Komisch, das ist ja schlimm!»

Markus schüttelt den Kopf: «Ist nicht schlimm, dann kriegt die wenigstens keinen Bruder!»

Johannes fügt hoffnungsvoll hinzu: «Oder ich 'ne blöde Schwester!»

«Sag ich doch, ist nicht schlimm!»

Aber Johannes hat noch nicht alles verstanden und fragt weiter: «Aber warum bluten die?»

Darauf hebt Markus die Hände: «Also guck mal, also das ist so: Im Bauch von deiner Mutter ist eine Schale, so», er bildet mit seinen Händen eine Schale, «da kommt was rein, und die Schale ist warm und dunkel. Da kommt dann ein Tropfen rein!»

Johannes ist irritiert: «Was für ein Tropfen?»

Markus: «Ein Zaubertropfen oder so was.»

Nun ist Johannes neugierig: «Und dann?»

«Na ja, und dann entsteht in der Schale das Kind. Und wenn da keine Zaubertropfen reinkommen, dann kommt Blut!»

«Wie?»

«Ja, irgendwann ist da Blut drin, ganz viel Blut, und dann geht die Schale auf, und das blutet da unten raus bei deiner Mama. So ist das.»

Johannes lächelt beruhigt: «Mhm. Das ist gut. Also wenn meine Mutter blutet, dann stirbt sie nicht, sondern ich krieg keine Schwester. Das ist verdammt gut.»

Man könnte dieses Gespräch natürlich pädagogisch überformen, z. B. den Kindern ein Aufklärungsbuch zur Verfügung stellen, der Zauberschale einen Namen geben, sie als unrealistisch hinstellen und die Zaubertropfen in Spermien verwandeln. Aber es scheint angemessener, den Kindern ihre eigenen Bilder zu belassen, die ihnen in der momentanen Entwicklungsphase genügen. Diese Bilder bieten den beiden Jungen eine magische Erklärung für eine unbegreifliche Situation, eine Situation, die sie erlebt haben, für die sie versuchen, eine eigene Erklärung zu finden. Als Johannes keine befriedigende Erklärung für sich gefunden hat, hat sich Markus der Sache angenommen und seinen Freund auf eine sehr anschauliche Weise «aufgeklärt». Irgendwann werden diese Bilder den beiden Kindern nicht mehr genügen, sie werden andere Fragen stellen und – hoffentlich – altersangemessene Antworten finden. Dann reichen Bilder vielleicht nicht mehr, dann wollen die Kinder andere Begriffe, dann brauchen sie erklärende Worte.

Phantasie macht angst, Phantasie besiegt Angst

Die magische Phase stellt einen spannenden Entwicklungsschritt dar, der mit vielfältigen – mal glücklichen, mal traurig-belastenden – Gefühlen verbunden ist. Die Phantasie spielt dabei eine große Rolle: Sie bringt Probleme mit sich. Mit ihr sind aber auch eigene Lösungen verbunden.

Eine Entwicklungsaufgabe für das heranwachsende Kind ist die selbständige Bewältigung von Ängsten und Unsicherheiten. Heranwachsende entwickeln dabei Strategien zur Angstbearbeitung, die ebenso kinderleicht wie zauberhaft erscheinen.

Dennis, 6 Jahre, sitzt mit dem gleichaltrigen Hendrik an einem Tisch. Sie blättern in einem Bilderbuch über Nachtvögel. Dennis betrachtet eine wunderschöne Abbildung einer Eule.

«Ist schon komisch», meint er, «die können nachts fliegen!»

«Klar», sagt Hendrik, «können Flugzeuge doch auch.»

«Ist klar, die haben ja Radar.» Dennis denkt stirnrunzelnd nach: «Aber Tiere, die fliegen nachts und haben nicht mal Schiß.»

Hendrik blickt vom Buch auf.

«Wie? Hast du etwa Schiß?» Dennis nickt vorsichtig. Hendrik sieht seinen Freund skeptisch an: «Und wovor?»

«Sagst du das auch nicht weiter?» fragt Dennis leise.

«Ehrenwort!» dröhnt Hendrik altväterlich. «Versprochen! Klar! Ehrenwort, sag ich doch!» Hendrik klingt ungeduldig: «Also erzähl!»

«Im Traum kommen immer Räuber, die jagen mich und wollen

mich mitnehmen!» Und dann erzählt Dennis genau von seinen Räubern, den Verfolgungsjagden, davon, wie ihn seine Träume belasten.

Hendrik hört aufmerksam zu, nickt, als verstünde er ihn.

«Mag schon gar nicht mehr einschlafen. Ist richtig gefährlich!»

«Und was sagen deine Eltern?»

«Solche Räuber gibt's nicht!»

Hendrik lacht etwas schrill auf.

«Warum lachst du denn so blöd?» fragt Dennis ärgerlich.

«Kenn ich!»

Dennis erscheint verwirrt, fühlt sich unverstanden. «Sag schon, was kennst du?» beharrt er.

«Das mit den Räubern. Hab auch schon davon geträumt. Und meine Eltern», Hendrik schaut Dennis fest an, «haben es mir auch nicht geglaubt.»

«Und träumste immer noch davon?»

Hendrik lacht befreit auf: «Nö!»

«Was haste gemacht?»

«Hab sie verjagt», sagt Hendrik selbstbewußt, seinen Satz mit einer wegwischenden Armbewegung unterstützend: «Weg waren sie!»

Dennis schaut ungläubig: «Die waren dann wirklich weg?»

Hendrik nickt ganz selbstverständlich: «Weg! Einfach weg!» Er atmet tief aus, so als wolle er seine Räuber nachträglich fortpusten.

«Und wie hast du das gemacht?» Dennis' Stimme hat einen neugierigen Klang.

«Ganz einfach. Als die in meinem Traum hinter mir her waren, hab ich mich umgedreht, meine Zähne gezeigt...» Dennis grinst.

«Du hast doch 'ne Riesenlücke...»

«Deshalb ja. Dann sehe ich aus wie ein Pirat. Und ich hab geschrien: Haut ab! Haut ab!»

«Und?» Dennis klingt gespannt.

«Die haben sich erschrocken und sind weggelaufen!»

«Kamen die wieder?»

«Dreimal. Dann hatten sie genug!» Hendrik fährt seine Hand vor seinem Hals entlang, so als massakriere er die Räuber mit einem Säbel.

«Mußte auch mal probieren!»

Ein paar Tage später.
«Du, Hendrik», fängt Dennis an, «meine Räuber sind weg.»
«Welche Räuber?»
«Die aus'm Traum.»
«Ach so.» Hendrik klingt gelangweilt.
Dennis stößt ihn an.
«Willste wissen, wie ich das gemacht hab?»
«Hatte mich als Räuberhauptmann verkleidet und ...»
«In echt ...» Hendriks Stimme hat einen zweifelnden Klang.
«Im Traum, Mann. Und als die kamen, hab ich mich umgedreht und gesagt: ‹Hier spricht euer Hauptmann. Abtreten! Ich will euch nicht mehr sehen!›»
«Und?»
«Die sind abgehauen. Ganz schnell!»
«Wohin denn?» will Hendrik wissen.
«Vielleicht wieder zu dir!»
«Blödkopp!» ruft Hendrik spontan. Beide brechen in Lachen aus.

Dieses Gespräch macht deutlich, wie Vernichtungsängste verarbeitet werden können, die sich in Räubern und Monstern symbolisieren. Solche Ängste stehen häufiger im Mittelpunkt von Kindergesprächen, als Erwachsene denken. Viele Spiele (z. B. Fangen, Verstecken) thematisieren und verarbeiten Vernichtungs- und Verlassensängste. Gleichaltrige lassen sich häufig selbstbestimmter und solidarischer auf Ängste ein, als es Eltern oder anderes pädagogisches Fachpersonal tun.

Hendrik redet Dennis die Angst nicht aus. Er nimmt Dennis' Angst nicht nur ernst, sondern geht anschaulich in dessen Angstphantasien hinein. Er verurteilt sie nicht als Unsinn oder wirre Träume, sondern deutet sie als eine Wirklichkeit, die seinen Freund bedrückt. Er kann sich so gut einfühlen, weil er selber solche Phantasien hatte. Dennis fühlt sich von Hendrik angenommen.

Instinktiv und intuitiv hat er eine Lösung parat. Wenn die Phantasien diese bedrohlichen und angstmachenden Figuren schaffen, dann sind mit ihr auch Lösungen möglich. Und die präsentiert Hendrik seinem Freund nach dem Motto: Lauf nicht vor den Monstern weg, schau ihnen ins Gesicht, und du siehst, was für Feiglinge es sind. Hendrik gibt Dennis einen geradezu fachkundigen Rat, der in Beratung und Therapie Verwendung findet: Nicht vor der Angst wegrennen, weil das Angst vor der Angst erzeugt und die Angst dann ins Ungeheuerliche und Unerträgliche steigen kann.

Kinder glauben an die Kraft der Phantasie, daran, daß man mit ihr zaubern kann. Wenn die Phantasie also Monster und Räuber zu schaffen vermag, dann kann sie sie auch bekämpfen und besiegen. Das Kind ist Schöpfer seiner inneren und äußeren Wirklichkeit. Die Magie und die Mythen liegen im Kind selbst. Sie werden nicht von außen in das Kind hineingelegt, obwohl Medien und Erziehung Magie und Mythos überformen, verstärken, fahrlässig mit ihnen spielen und manipulieren können.

Mein Rat an die Eltern: Nutzen Sie die Kraft kindlicher Kreativität, das Schöpfungspotential von Phantasie. Geleiten und begleiten Sie Ihr Kind auf dem Weg, sich mit den Bildern und Symbolen aus seinem Innersten auseinanderzusetzen. Es ist eine Abenteuerreise, eine Geisterbahnfahrt, eine Achterbahn des Lebens. Aber bedenken Sie: Das Kind bestimmt den Gang der Dinge, das Kind fühlt, welche Schritte erforderlich sind, welches Tempo eingehalten werden muß. Und weiter: Dringen Sie niemals mit Fragen in ein Kind ein. Stellen Sie behutsame Fragen, und halten Sie sich mit Informationen, die ein Kind nicht hören will, zurück!

Zaubergeschichten und Märchen

In der magischen Phase werden bestimmte Genres für Kinder wichtig: das Märchen (vorgelesen, als Buch, als Theaterstück oder Film), Zauber- oder Zeichentrickgeschichten. Es gibt eine Entsprechung zwischen den formalen Strukturen dieser Produkte und der psychischen Verfassung von Kindern zwischen dem vierten und achten Lebensjahr. Ja es scheint so, als unterstützten diese Produkte die Kinder dabei, ihre Entwicklungsaufgabe in dieser Phase zu durchleben.

Der Märchenforscher Max Lüthi hat fünf Gesichtspunkte entwickelt, die diese Verbindung bestätigen:

- Das Märchen ist eindimensional. Dies meint, daß alles mit allem in Kontakt treten kann. Es ist normal, wenn leblose Gegenstände oder Tiere reden, wenn Phantasiegestalten auftreten. Autos, Tiere oder Bäume verfügen über menschliche Eigenschaften. Sie unterstützen, helfen und retten den Helden auch aus höchster Not. Und niemand wundert sich darüber.
- Märchen sind flächenhaft. Dies umschreibt die Aufhebung von Raum und Zeit, von Naturgesetzen, von Schwerkraft und Logik. Märchen folgen ihren eigenen Gesetzen, alles ist möglich, nichts unmöglich. Nicht um die äußere Realität geht es im Märchen, vielmehr bieten sich einem Kind Symbole, die ihm bei der Bearbeitung der inneren Wirklichkeit helfen. Zwar passiert im Märchen ständig Unerwartetes, Unvorhergesehenes, aber die Kinder wissen um den Sieg des kleinen Helden. Alles ist in Bewegung, immer ist etwas los.
- Das Märchen lebt von den Formeln: «Es war einmal» oder «Und wenn sie nicht gestorben sind». Diese Formeln sind Beschwörung, sind Momente der Vertrautheit, sind altbekannte Rituale, mit denen man Angst und Schrecken bannen und aushalten, in den Griff bekommen kann.
- Der Märchenheld besteht seine Abenteuer allein, isoliert von der Außenwelt. Unsichtbare Hände oder die helfende Außenwelt greifen nur dann ein, wenn er in größter Gefahr ist.
- Das Märchen lebt von der polaren Gegenüberstellung von groß und klein, stark und schwach, gut und böse, wobei der kleine Listige, der zerbrechliche Schwache, der Gute über das Böse, das Unrecht, siegt. So wie das «Böse» symbolhaft – manchmal bis an die Grenze von Klischee und Stereotyp – dargestellt ist, so lautet die abstrakte Botschaft von Märchen: «Du mußt dich schinden und bewähren!» Es geht um Reifung, Identitätssuche und Entwicklung. Der Märchenheld steht am Ende geläuterter, entwickelter, schlichtweg reifer dar.

Zweifelsohne kann man – wie es in manchen Zeichentrickserien oder -filmen geschieht – solche Strukturen auch mißbrauchen, um Kinder gefühlsmäßig zu überfordern. So steht mancher Held einer

Zeichentrickserie zu Beginn einer neuen Folge genauso ungeschickt und unbeholfen, überrascht und unbedarft da wie in der Sendung zuvor. Fehler, Übermut, Dreistigkeit und Dummheit wiederholen sich immer aufs neue, die Suche nach Identität wird zur immer dauernden Fortsetzung.

Geschichten erzählen

Nun wundern sich viele Eltern, daß sie mit selbstgestalteten Geschichten ihre Kinder nicht erreichen, Kinder statt dessen Fernsehserien oder lautstarke Hörkassetten favorisieren. Kinder spüren genau, ob sie sich mit ihren Wünschen und Bedürfnissen, Sorgen und Ängsten angenommen fühlen. Manche Eltern erzählen – aus Sorge, sie könnten ihre Kinder erschrecken, sie in Angst versetzen – keine spannenden Geschichten, keine Märchen. Oder sie lassen grausame Inhalte weg, deuten Symbole um – und verunsichern damit erst recht ihre Kinder. Wenn man Kinder mit Geschichten erreichen will, sollten Sie die folgenden Überlegungen berücksichtigen:

■ Kinder mögen einfache und klare Geschichten, die märchenhafte Elemente aufweisen, Elemente, die sie mit ihrer Phantasie besetzen können. Kinder brauchen Geschichten mit einem Happy-End, das Mut macht. Kinder verabscheuen elterliche Erklärungen und Deutungen von Geschichten. Dies empfinden sie als störenden Eingriff in selbstbestimmte schöpferische Tätigkeit. Je mehr Erklärungen die Erwachsenen zu magischen Geschichten haben, um so mehr werden die inneren Bilder der Kinder berührt. Wenn Kinder Fragen haben, werden sie diese stellen. Eltern sollten (auch) in dieser Hinsicht Vertrauen in ihre Kinder haben. Allerdings suchen Kinder häufiger das Gespräch mit Gleichaltrigen, weil sie hier mehr Verständnis erfahren.

■ Um sich auf die Geschichten einzulassen, brauchen Kinder Gewißheit, Vertrautheit und Verläßlichkeit. Diese stellt sich nur durch wiederholtes Hören und Durchleben der Geschichten ein. Je näher eine Story oder ein Märchen geht, je intensiver es die subjektiv bedeutsamen Themen des Kindes trifft, um so intensiver wird der Wunsch nach Wiederholung geäußert. Viele Kinder geben sich auch deshalb mit einem einmaligen Hören zufrieden, weil sie die gehörte Geschichte im Geiste durchspielen und -arbeiten, um zu einer Lösung zu kommen. Das Prinzip der Wiederholung gehört für die Kinder zum Hören einer Geschichte, und zwar so lange, bis das innere Bild für das Kind bearbeitet ist, keine Bedeutung mehr hat und eine andere Geschichte fasziniert.

■ Das Erzählen und Vorlesen bedürfen einer Atmosphäre, die Geborgenheit vermittelt. Nicht selten vollzieht das Kind rituelle Handlungen, um sich auf die Geschichte einlassen zu können.

Gegen Bettnässen und Schlaflosigkeit oder die heilende Kraft von Geschichten

Wie Geschichten bei der Bewältigung von Ängsten helfen, läßt sich am besten an Beispielen veranschaulichen:

Florian ist sieben Jahre, ein kecker Junge, aufgeschlossen, vielseitig interessiert, etwas zierlich im Körperbau, näßt hin und wieder ein – sowohl beim Mittagsschlaf als auch in der Nacht. Florian ist organisch gesund, über sein Einnässen unglücklich, wechselt, wenn ihm das passiert ist, selbständig die Hose und das Bettzeug. Seine Eltern probieren verschiedene Reaktionen aus. Mal ignorieren sie sein Einnässen, mal reden sie mit ihm. Wenn sie fragen, ob er etwas Besonderes erlebe, wenn seine Hose naß wäre, antwortet er nur: «Wenn ich das mache, dann träume ich, ich bin Kapitän auf einem Schiff. Ich komme in einen Sturm. Da sind dann ganz hohe Wellen. Dann werde ich naß und friere, und dann habe ich eine nasse Hose.»

«Wenn du das träumst», lautet der etwas hilflose Rat der Eltern, «wenn du das träumst, dann wach bitte auf!»

Nun bekam Florian Angst einzuschlafen. Schlafstörungen stellten sich ein: «Ich will nicht träumen, davor hab ich Angst, denn wenn ich träum, mach ich meine Hose naß.» Die Eltern baten mich, mit Florian, den ich aus dem Hort kannte, zu sprechen. Während einer Mittagspause ziehe ich mich mit ihm zurück. Er sitzt entspannt in einen dicken Sessel gekauert. Florian erzählt mir seinen Traum ausführlich und beschreibt mir genau, wie das Schiff aussieht. Es ist ein großer Öltanker. Er erzählt mir vom Kapitän – ein zupackend quirliger, hilfsbereiter, sehr jugendlicher Mann, der seinen Matrosen ständig unter die Arme greift, dabei wenig an sich, nur an die anderen denkt.

Bei seiner Schilderung nicke ich, stelle – da ich lange Zeit selber auf Schiffen gefahren bin – fachmännische Fragen, so daß Florian erstaunt ist: «Kennst du das?»

«Kenn ich, Florian. Ich kenn viele Kapitäne. Einer hieß Kapitän Floh. Floh, weil er immer wie ein Floh umhersprang. Dieser Floh war Kapitän auf einem großen Tanker. Und Floh hatte die Aufgabe, gutes Trinkwasser von Hamburg nach Afrika zu bringen.»

Florian hört gespannt zu: «Weil die sonst verdursten, nicht?» Ich nicke.

«Floh hat den Auftrag, keinen Tropfen Wasser zu verlieren. Jeder Tropfen Wasser hilft den Menschen. Das hat Flohs Chef, der Reedereibesitzer Fester, ihm eingebleut. ‹Keinen Tropfen verlieren, Floh›, hat Fester ihm eindringlich aufgetragen. ‹Aye, Aye, Fester! Keinen Tropfen verlieren!› wiederholt Floh.»

Florian hört gebannt zu, seine Beine auf den Sessel gezogen und aneinandergepreßt.

«Als das Schiff in die Nordsee kam, zog sich Floh ganz warm an ...»

«Ist ja klar», meint Florian, «weil's doch kalt wird.»

«Das Schiff fährt über die Nordsee, durch den Ärmelkanal. Über Funk erfährt Floh von einem schweren Sturm in der Biskaya. Und tatsächlich kommt er in einen schweren Sturm. Wellen, so hoch wie Hochhäuser und Kirchtürme bauen sich auf. Der Tanker fängt an zu stampfen und zu schlingern. Die Situation wird gefährlich, weil sich das Wasser im Bauch des Schiffes in Bewegung setzt. Das Wasser drückt und drückt, drückt in den Ventilen, um herauszuplatzen. Riesige Wellen schlagen auf das Schiff ein. Floh springt auf der Kommandobrücke aufgeregt hin und her. Er alarmiert die Matrosen, die auch nicht mehr schlafen können. ‹Zu den Ventilen!› schreit Floh. ‹Zu den Ventilen!› Und noch lauter, mit seiner Stimme den Orkan übertönend: ‹Dreht sie fest! Dreht sie fest!› Mit erschöpfter Stimme fügt Floh hinzu: ‹Haltet die Ventile dicht!› Angeseilt, mit Schwimmwesten versorgt, schleppen sich die Matrosen zu den Ventilen und überprüfen jedes einzelne. Am Hauptventil machen sich drei Matrosen mit aller Kraft zu schaffen, drehen fester und fester zu. Und Floh dreht auf der Kommandobrücke in Gedanken mit: ‹Fester! Fester!› brüllt er aus Leibeskräften. Er denkt an seinen Chef und schreit sich die Seele aus dem Leib: ‹Fester! Jungs, fester! Noch fester!›»

Als ich das erzähle, hält Florian Lippen und Schenkel zusammengepreßt.

«Die schaffen das!» sagt er keuchend. «Die schaffen das, ich weiß das, die schaffen das!»

«Das Schiff stampft und schlingert. So einen Sturm, solche Wellen hat Floh noch nie erlebt. Er beobachtet die Ventile. Er weiß, die Ventile halten. Die halten! Da ist er sich sicher. Floh ruft über das Funktelefon seinen Chef an: ‹Fester, ich hab's geschafft. Fester, ich hab keinen Tropfen verloren.› Irgendwann kommt das Schiff, kommt Floh mit seinem Tanker in ruhige Gewässer, die Sonne wird wärmer. Floh zieht nach Tagen seine dicke Kleidung aus und dünne Sommersachen an. Er fährt mit seinem Schiff in den afrikanischen Hafen. Die Menschen jubeln über Floh, der jeden Tropfen nach Afrika gebracht hat.»

«Das war spannend!» In den nächsten Tagen will Florian die Geschichte immer und immer wieder hören. Ich erzähle sie ihm. Er geht wie beim erstenmal begeistert mit. Auch beim wiederholten Erzählen verliert sich für ihn nichts von der Faszination.

Dann sehe ich Florian einige Zeit nicht. Mittags zieht er sich, so berichten seine Erzieher, mit den Worten «Jetzt träum ich von Floh» zurück. Und auch abends lassen die Einschlafstörungen nach: «Ich träum von Floh», verkündet er seinen Eltern.

«Von Floh?» fragen sie.

«Ja, von Floh», erwidert er ruhig.

Monate später bin ich wieder in dem Hort und treffe Florian und seine Mutter. Sie kommen auf mich zu. Was das mit dieser Geschichte auf sich habe, will sie wissen. Florian habe seit der Geschichte nicht mehr eingenäßt.

«Wie hast du das geschafft, Florian?»

«Ich hab von Floh geträumt, vom Tanker. Aber in meinem Traum waren die Matrosen immer seekrank. Die haben gekotzt. Und da bin ich an die Ventile gegangen und hab sie zugedreht. ‹Fester›, hab ich gerufen, ‹fester ... noch fester ... ganz fest.›» Er lächelt: «Einmal hatte ich meinen Teddy wohl beim Träumen in der Hand. Da hab ich ihm den Hals abgedreht, weil ich dachte, das sei ein Ventil.»

Florian hatte sich in seinem Kapitänstraum der Angst gestellt. Er war selbst der Lösung sehr nahe, die durch die Geschichte vom Kapitän Floh auf den Begriff gebracht wurde. Letztlich war es seine Geschichte, seine Lösung, die er im Traum zu Ende gebracht hat, sozusagen durch ein traumhaftes Happy-End. Die Geschichte hat Prinzipien der magischen Phase ernst genommen. Das Kind ist Schöpfer, verwandelt Dinge mit seiner Energie. Die erfundene, frei erzählte Geschichte ist ein besonders geeignetes Medium, weil man dabei auf das zuhörende Kind eingehen, seine Fragen und Kommentare konkreter aufnehmen, seine Phantasien ernst nehmen kann. Dadurch bleibt die Geschichte nahe beim Kind und seinen Möglichkeiten.

Nicht immer ist das Bettnässen so wegzuzaubern wie in dieser Geschichte, dies vor allem dann nicht, wenn es organische Ursachen hat, anlagebedingt ist oder mit problematischen Familienerfahrungen zu tun hat. Vor allem das Einnässen während des Tages muß ernst genommen werden, es kann auf erhebliche gefühlsmäßige und seelische Probleme des Kindes hindeuten. Dann ist fachkundiger Rat unbedingt notwendig.

Klara, das Känguruh und der Zauberstein

Alex, viereinhalb Jahre, ging eines Tages nur noch ungern in den Kindergarten. Er schien ängstlich, verunsichert, vermochte es aber auch nicht genauer zu sagen, wovor er Angst habe. Selbst beim genauen Beobachten und Nachfragen konnten alle Beteiligten keine Ursachen finden. Auf Vorschläge und Angebote ging Alex nicht ein. Man ließ ihn gewähren. Aber nach vier Wochen nahm ihn Lucie, eine erfahrene Erzieherin, beiseite und erzählte ihm die Geschichte von «Klara und dem Zauberstein»:

Klara war ein kleines Känguruh. Klara war ängstlich. Man hänselte sie. Sie stand abseits. Keiner spielte mit ihr. Klara ging zu ihrem Moam, dem grauhaarigen Känguruh-Opa, und der erzählte: Mir ist es auch so gegangen, Klara. Ich war so wie du. Aber als ich eines Tages so alleine stand, so ganz traurig, da hörte ich eine Stimme vom Geist Blaufuchs, er wisse, wie ich stark und fröhlich werden könne. Es gäbe einen Zauberstein, Achatus genannt. Der mache stark und fröhlich. Ich bin dann losgegangen, kam durch einen dunklen Wald, aber die Glühwürmchen hielten mir die Lampe. Ich sah den dunklen Indianer Hulahula, der mich begleitete, bis ich vor einer Höhle stand. Davor lag ein Löwe, der Löwe Leopold. Der Löwe weinte und war traurig. Er war ein alter Löwe, ein Löwen-Opa, so wie ich heute Moam, der Känguruh-Opa, bin. Alle seine Verwandten waren gestorben. Ich hab den Löwen in den Arm genommen. Armer Löwe, hab ich gesagt. Kein armer Löwe, hat er gebrüllt, ich bin ein trauriger Löwe, aber ich bin vor allem ein starker Löwe. Starker, trauriger Löwe, hab ich wiederholt, und da hat er sich an mich geschmiegt. Der Löwe Leopold freute sich und weinte vor Glück, Tränen waren in seinen Augen zu sehen. Und was machst du hier? fragte der Löwe Leopold. Ich suche den Stein Achatus, den Stein gegen das Traurigsein. Darauf sitze ich, sagte der Löwe Leopold. Aber das ist kein Stein gegen das Traurigsein. Wenn du den hast, fühlst du dich stark. Und wenn du stark bist, wirst du auch mal traurig sein, sonst wüßtest du doch nie, was glücklich ist. Ich schenk ihn dir, ich brauch ihn nicht mehr, ich bin ein starker, ein trauriger und glücklicher Leopold. Und langsam erhob sich der Löwe, und darunter kam ein blauer, funkelnder Stein hervor. Der kleine Moam nahm ihn sich, steckte ihn in seinen Känguruh-Beutel und ging nach Hause. Und dann warst du stark? fragte Klara. Moam nickte. Aber auch traurig, als meine Mutter und mein Vater starben. Ich hab viele Tränen geweint. Aber ich hatte meinen Achatus in der Hand. Wo ist er jetzt? wollte Klara wissen. Moam holte ihn aus seiner Bauchtasche und gab ihn Klara. Faß ihn an, sagte Moam, wenn du glücklich bist, drücke ihn, wenn du traurig bist, bedanke dich zweimal im Jahr bei Vollmond bei ihm. Klara nahm den Achatus und hüpfte mit großen Sprüngen aufgeregt davon.

Alex hatte aufgeregt, mit großen Augen, zugehört. Zweimal wollte er die Geschichte an diesem Tag noch hören. Danach immer wieder. Er kannte die Geschichte fast auswendig, ja besser als Lucie, die, weil sie viele Geschichten erfand, die Namen verwechselte. Alex verbesserte sie dann mit großer Geduld. Am dritten Tag nach der Geschichte kam Alex mit ausgebeulten Hosentaschen in den Kindergarten, ging auf Lucie zu, flüsterte ihr etwas ins Ohr und sprang aufgeregt davon, die Taschen mit den Händen zuhaltend, damit nichts herausfiel.

Rituale bannen Ängste

Das Spiel stellt eine weitere angemessene Form der Verarbeitung von Ängsten dar, weil es zentrale Entwicklungsaspekte des Kindes berücksichtigt. Das Kind läßt sich freiwillig auf ein Spiel ein, das selbstbestimmten Regeln unterliegt. Im Spiel kontrolliert der Heranwachsende, in welchem Tempo er sein Problem und seine Lösung angehen will.

Im Spiel geht es um eine begriffliche Lösung des Konflikts. Das Spiel lebt vom Grundsatz, wonach das Kind den Begriff über das Greifen erlernt. Eigenständig und ausgerüstet mit eigenen Mitteln stellt sich das Kind der Angst, versucht sie zu begreifen, um einen Begriff von ihr zu bekommen. Dies geschieht, ich betone es nochmals, in einer Geschwindigkeit, die das Kind vorgibt. Zu beachten ist: Das Spiel kennt unterschiedliche Tempi – die rasante Vorwärtsbewegung, das Schneckentempo, das Verweilen oder die Rückschau, um zu prüfen, wie weit man gegangen ist, das Sich-Niederlassen und -Einrichten an einem Ort und auch den Rückschritt.

Spiele mit der Angst weisen nicht allein Regeln auf, manche Spiele verwandeln sich in Rituale, die sich in ihrem Ablauf kaum wandeln. Die Entwicklung und der Alltagslauf von Kindern sind von Ritualen begleitet: die Körperhygiene, das Stillen im ersten Lebensjahr, die Einschlafgewohnheiten mit Gute-Nacht-Geschichten und Kuscheltier, der Tagesablauf mit zeitlichen und räumlichen Strukturen, Aggressionsrituale beim Raufen und Rangeln, das Erlernen von Konfliktlösungen, das Erleben von eigen- und selbstbestimmter Zeit: Bummeln, Trödeln, Sich-Vergessen und In-der-Zeit-Verlieren einerseits, die Vorgabe von Zeitstruktur in Kindergarten, Schule oder Hort andererseits.

Bei der Schilderung der entwicklungsbedingten Ängste habe ich schon auf die Bedeutung von Ritualen verwiesen. Sie dienen dazu, starke Gefühle, verunsichernde Erfahrungen und existentielle Krisen auszuhalten. Rituale sind jedoch nur dann kreativ und schöpferisch, wenn eine Umgestaltung möglich ist, wenn sie Veränderungen unterworfen sind. Aber das Kind muß diesen Veränderungsprozeß bestimmen können, Eingriffe von außen können dagegen störend sein. Erwachsene sind Begleiter der Rituale, genaues Beobachten ist für ihre Einschätzung hilfreich. Mitarbeit bei der Gestaltung ist nur dann angebracht, wenn die Kinder es wünschen. Viele Kinder schließen Eltern oder erwachsene Bezugspersonen von diesem Erfahrungsbereich aus. Sie drücken damit aus – die Rituale gehören ihnen. Da Erwachsene häufig unangemessen eingreifen, müssen Rituale nicht selten von den Kindern vor den elterlichen Interventionen verteidigt werden. Die Bedeutung und Funktion von Ritualen lassen sich gut an Cornelias Situation illustrieren.

Cornelia und ihr Draki

Cornelia ist fünf Jahre alt. Sie liebt Vampirgeschichten. Sie ist geradezu versessen darauf. Jeden Nachmittag liest Cornelias Mutter ihr eine Geschichte aus dem *Kleinen Vampir* oder anderen Büchern vor. Cornelias Mutter, Magdalena, mag die Geschichten nicht. «Aber wenn ich's ihr verbiete, holt sie sich das woanders», meint sie eher resignierend. Cornelia verkleidet sich als Vampir, wenn sie am Nachmittag zur Vorlesestunde erscheint. Sie besitzt einen selbstgenähten Umhang, das Gesicht ist leicht weiß geschminkt. Das hat die Mutter stillschweigend hingenommen, weil sie sich daran erinnerte, sich in ihrer Kindheit als Prinzessin verkleidet zu haben. Damals hatte sie den Kleiderschrank ihrer Mutter geplündert und deren Schminkutensilien benutzt. Das nachmittägliche Vorlesen ist ein durchgestaltetes Ritual: Cornelia legt den Umhang um, geht ins Badezimmer, schminkt sich ihr Gesicht vorsichtig und mit großer Sorgfalt, dann nimmt sie in einer Sofaecke Platz, zwei Kissen links und rechts, eines im Rücken, ein kleines Kissen vor dem Bauch, die Beine hochgezogen, dann gibt sie das Startzeichen, und erst dann beginnt die Mutter zu lesen.

Diese Prozedur wiederholt sich über ein halbes Jahr hinweg. Die Mutter macht sich Gedanken, zunehmend Sorgen, findet bei ihrem Mann allerdings kein Gehör, der auf sein Cowboy-Spiel nebst entsprechender Verkleidung in seiner eigenen Kindheit verweist und im Verhalten Cornelias keine Probleme sieht. «Du siehst Gespenster», würgt er jede Diskussion ab. «Die sehe ich tatsächlich jeden Nachmittag», erwidert Magdalena gereizt.

Eines Abends – vielleicht sieben Monate nach dem Beginn von Cornelias Vorliebe für Vampire – ist sie abends plötzlich verschwunden. Als es acht Uhr ist und alle Telefonate keine Klarheit über Cornelias Verbleib erbracht haben, schalten die Eltern die Polizei ein. Es ist eine kalte, fröstelige Oktobernacht. Nebel und Nieselregen verleihen dem Abend einen unwirklichen, ungemütlichen Charakter. Doch auch die Polizei findet Cornelia nicht. Bange, unsichere Stunden vergehen, als um elf Uhr nachts die Haustür aufgeht. Cornelia erscheint, als Vampir verkleidet, die weiße Schminke ist im Gesicht verlaufen. Nun sieht sie tatsächlich wie ihr geliebtes Vorbild aus. Ihr ist kalt, sie zittert.

Mit den Worten «Wo warst du, verdammt noch mal?» drückt Magdalena ihre Tochter an sich. Als sich Cornelia mit den Worten «Laß mich» losreißt, kriegt sie einen mütterlichen Klaps auf den Po: «So!

Nun reicht's aber!» Zu ihrem Mann, der hilflos im Hausflur steht, sagt sie: «Du mit deinen dümmlichen Cowboy-Vergleichen. Typisch Mann!» Cornelia rennt zu ihrem Vater, kuschelt sich an ihn, der unsicher Nähe gibt, dabei seine Frau beobachtet, die ihn mit giftigen Blicken anfunkelt.

«Nun, sag was!» schreit Magdalena ihn lauter an als sie wollte: «Sag, was du mir vorhin gesagt hast!» Er zuckt mit den Schultern.

«Feigling!» Dann setzt sie zum Todesstoß an: «Wie deine Mutter, die hat, wenn es darauf ankam, auch gekniffen!»

Nachdem die Giftspritze getroffen hat, ist Magdalena äußerlich etwas ruhiger, ihre Stimme bebt aber nach wie vor: «So, Cornelia! Nun zu dir!» Cornelia schaut weg.

«Sieh mich an!» Cornelia blickt zu ihrem Vater hoch.

«Cornelia! Sieh mich an!» Die Tochter bleibt stur.

«Gut! Wenn der Feigling dir's nicht sagt, dann sag ich's dir!» Kurze Pause.

«Du brauchst mich auch nicht anzusehen. Du hast ja Ohren!» Dann, ruhiger werdend: «Nun ist es mit den Vampiren endgültig vorbei! Das sag ich dir! Das ist nicht normal! Du mit den blöden Vampiren. Wo warst du überhaupt?»

«Das sag ich dir nie.» Cornelia ist bockig. «Nie! Nie!»

Am nächsten Tag meldet sich Cornelias Mutter bei mir zu einem Beratungsgespräch an, weil ich ihre Tochter aus dem Kindergarten kannte. Dort hatte ich sie als ein aufgewecktes Kind, voller Phantasie, mit ausgeprägten sozialen Fähigkeiten, hilfsbereit, ein Mädchen voller Neugier und Kreativität, kennengelernt. Wir verabreden uns. «Bringen Sie Ihre Tochter mit», bitte ich sie. Ein paar Tage später kommen sie. Die Mutter stellt mir ihre Tochter mit den Worten vor: «Hier ist der Vampir!» Dann bekomme ich den Auftrag: «Nun machen Sie mal was!»

«Wenn Mama da ist», ruft Cornelia trotzig aus, «sag ich nichts, gar nichts!»

Ich schicke Cornelia in ein anderes Zimmer, um mir die Situation aus mütterlicher Sicht genau schildern zu lassen. «Treiben Sie ihr die Vampir-Laus aus», meint Magdalena am Ende ganz bestimmt. Als ich irritiert dreinschaue, wiederholt sie noch schließlich bestimmter: «Sie machen das schließlich beruflich! Und kriegen noch Geld dafür!»

«Ich bin kein Kammerjäger!»

«Wie ... Kammerjäger?» fragt sie genervt.

«Wegen der Läuse!» lache ich sie an. «Wenn's um Läuse geht, liegen Sie falsch.» Ich finde meinen Witz gut.

«Mir ist überhaupt nicht zum Lachen zumute!» Sie versteht keinen Spaß.

Cornelia kommt, setzt sich, will mir die Situation nicht darstellen. Allmählich taut sie aber doch auf.

«Wo warst du denn?»

«Sag ich dir nicht!»

«Das wäre gut, wenn du mir das sagen würdest. Vielleicht können wir gemeinsam was machen!»

«Sagst du es denn auch nicht weiter?» fragt sie vorsichtig.

«Na, das kann ich dir nicht versprechen. Vielleicht ist es wichtig, daß es deine Mutter erfährt.»

«Na gut», lenkt sie ein, «dann sag ich's dir. Ich war auf dem Friedhof.»

«Wo warst du?» frage ich überrascht.

«Ja, ich war auf dem Friedhof.»

«Was wolltest du denn da?» Ich bin neugierig.

«Mhm, ich wollte Draki besuchen.»

«Wer ist Draki?»

«Na, Draki, das ist der Bruder von Dracula. Das ist mein Freund.»

«Und du warst auf dem Friedhof?»

«Ja, eigentlich wollte ich bis zwölf warten, weil, um zwölf kommen ja immer die Drakis raus. Aber dann war es mir unheimlich. Da waren so komische Geräusche. Und alles war dunkel. Und dann bin ich nach Hause gegangen.»

«Was wolltest du denn da, was wolltest du von Draki?» will ich wissen.

«Das kann ich dir nicht sagen», antwortet sie wie aus der Pistole geschossen.

«Ach, ich bin so neugierig, du könntest es mir schon sagen.»
«Ach», sagt sie, «ist ja auch egal. Der Draki sollte Björn abholen.»
«Wer ist Björn?»
«Kennst du ihn nicht?»
«Ach, das ist dein Bruder, stimmt's?» Sie nickt.
«Das ist mein Bruder, und der nervt.»
«Was wolltest du denn mit Draki machen?»
«Na ja», meint sie lachend, «der Draki sollte Björn mitnehmen. Er sollte ihn mal mit in die Gruft nehmen, ihn in einen Vampir verwandeln und dann in sein Bett zurücklegen. Mama mag doch keine Vampire. Und dann mag sie Björn nicht mehr.»

Nachdem Cornelia mir noch weitere Einzelheiten erklärt hatte, bat ich sie, ihrer Mutter alles das zu erzählen, was sie mir berichtet hatte. Cornelia war einverstanden. Der Mutter schossen bei der Schilderung ihrer Tochter Tränen in die Augen: «Cornelia! Mein Liebling!»

«Bin nicht dein Liebling! Björn ist dein Liebling!» ruft sie trotzig.
«Ich hab euch doch beide gleich lieb ...»
«Björn hast du lieber ...»
«Nein!»
«Du hast mehr Zeit für ihn.»
«Aber der ist doch krank gewesen!»
«Ich war nicht krank, aber ich war traurig!»

Dann erzählt die Mutter vom jüngeren Bruder, dem Björn, jetzt drei Jahre alt, der zwei Jahre krank gewesen wäre und sie sich sehr um ihn habe kümmern müssen. Cornelia sei tatsächlich «so nebenhergelaufen». Sie habe sich zu Recht zurückgesetzt gefühlt.

Cornelia hört währenddessen aufmerksam zu, nickt, als ob sie sich verstanden fühlt. Sie sucht die Hand ihrer Mutter, streichelt sie.

«Was möchtest du von deiner Mutter?» frage ich.
«Mal mit Mama allein sein!»
«Bist du doch!» sagt die Mutter spontan.
«Ja, aber nur wenn Björn schläft und du nichts Besseres zu tun hast!» erwidert Cornelia nun selbstbewußt. Die Mutter atmet tief aus.

Gemeinsam entwickeln wir Verabredungen, deren wichtigste Punkte waren: Cornelia hat mit der Mutter täglich eine gemeinsame Zeit – etwa 15 Minuten –, die für ein halbes Jahr zunächst zur festgelegten Tageszeit stattfinden. Die beiden bestimmen abwechselnd, was gemacht wird. Cornelia besteht nach wie vor auf Vampirgeschichten. Einmal in der Woche – jeden Mittwochnachmittag – geht Cornelia mit ihrer Mutter zu einer außerhäuslichen Aktivität, die Björn absolut ausschließt. Zudem beteiligt sich Cornelia an der Pflege Björns: Sie kocht zweimal pro Woche Milchreis für ihn und hilft dabei, wenn er gebadet wird.

Die Faszination, die die Vampirgeschichten auf Cornelia ausüben, nehmen ab. Schon zwei Monate, nachdem die Absprache in Kraft getreten ist, inszeniert sie sich nicht mehr als Vampir, nach einem halben Jahr will sie die Geschichten nur noch unregelmäßig hören. Anderthalb Jahre später: An einem Sommertag, Cornelia ist etwa 7 Jahre alt, kommt die Mutter eines Tages nach Hause; Cornelia steht als Vampir verkleidet im Garten. Sie steht neben einem ausgehobenen Grab, daneben ein großer Sarg aus Karton. Die Mutter rennt in den Garten. Sie schreit schon von weitem: «Geht das ganze Theater nun wieder von vorne los?» Cornelia, ganz cool: «Nein!»

«Und was ist denn da bitte schön in dem Sarg drin? Und was hat das mit dem Grab zu tun?» Die Mutter kann sich kaum beherrschen.

Cornelia lächelt: «Da ist Draki drin. Den beerdige ich gerade, den brauche ich nicht mehr!»

Das Vampirritual hat Cornelia gebraucht, um mit dem Gefühl des Alleinseins und mit ihren Verlassensängsten fertig zu werden. Das Ritual, mit dem sie sich verkleidete, gab ihr innere Sicherheit, verschaffte ihr die Illusion, mit ihrem Freund Draki in Kontakt zu treten, damit er das Problem löst. Diese Illusion brachte ihr eine gewisse Kontrolle über eine für sie schwerwiegende Lebenssituation. Um das zu können, bedurfte es einer gehörigen Portion Magie, die ihr Verläßlichkeit und Vertrautheit bot.

Als die Umstände in ihrer Familie für Cornelia immer bedrückender und bedrängender wurden, veränderte sie ihr Ritual in eine Richtung, die sie schlichtweg überforderte. Den nächtlichen Friedhofsbesuch hielt sie gefühlsmäßig nicht stand, Magie und die Illusion, die Situation trotz allem noch zu beherrschen, halfen nun nicht mehr. Ihr Leiden an der Wirklichkeit drängte nach außen, entwickelte sich zu einem Hilfeschrei, mit dem sie auf sich aufmerksam machen wollte.

Cornelia hat für sich gesorgt: zunächst im selbstgestalteten Ritual, das ihr Sicherheit bot, und als dieses nicht mehr reichte und sie das Gefühl bekam, die Situation nicht mehr zu kontrollieren, provozierte sie Aufmerksamkeit, bat über ihr Handeln um Mithilfe durch Erwachsene.

Elemente des Rituals

Kinder erfinden Rituale, in und mit denen sie sich unsichere Lebenssituationen begreiflich machen und auf eine anschauliche Weise bewältigen. Selbstgeschaffene Rituale zeichnen sich durch drei Bestandteile aus:

■ Das Ritual hebt sich vom Alltag ab. Das Ritual lebt durch seine Stilisierung, z. B. den Vampir und die bewußt gestaltete Inszenierung, das Schminken, die Verkleidung. Vor allem die Wiederholung, mit der es vollzogen wird, gibt dem Kind Sicherheit, bietet ihm Verläßlichkeit. Daraus entwickelt sich eine Kraft, aus der ein Kind Selbstvertrauen schöpft. Das Kind hat das Gefühl, Situationen zu kontrollieren.

■ Das Ritual lebt durch das Handeln, Begreifen geht über das Greifen – dieser Grundsatz, der den Entwicklungsprozeß von Kindern kennzeichnet, ist im Ritual auf eine ebenso konstruktive wie phantasievolle Weise aufgehoben. Das Ritual ist eingebunden in eine sinnliche Inszenierung, das Kind nimmt sich und das Ritual ganzheitlich wahr.

■ Das Ritual hat einen Anfang und ein Ende: Cornelia praktiziert dies auf ihre Weise. Sie verwandelt sich für eine bestimmte Zeit in einen Vampir, der ihr Kraft gibt, eine für sie unbestimmte Lebenssituation zu kontrollieren und zu bestehen.

- Will ein Ritual nicht zur formalen Inszenierung erstarren, ist es selbst der Veränderung, ja einem Ende unterworfen. Als Cornelia selbstsicher genug ist, braucht sie ihre Inszenierung nicht mehr, sie hat andere Fähigkeiten und Möglichkeiten gefunden, ihren Weg zu gehen. Jeder Schritt, den sie nun macht, ist Teil dieses Weges. Cornelia wird sich in anderen problematischen Lebenssituationen auf die positive Kraft besinnen, die ihr ihr Ritual gegeben hat. Und sie wird neue Rituale entwickeln, um ungewohnte Situationen selbstbewußt anzugehen.

Unsichtbare Gefährten nehmen Ängste

Es gibt im Leben eines Kindes nicht nur Momente des Glücks; Trauer, Schmerz und Tränen gehören dazu. Das gilt auch für jene Angst, die Kinder diffus-verschwommen, unbestimmt-unklar, unverständlich-nebulös erleben. Kinder befreien sich daraus: Sie sehen gruselige Ungeheuer, damit sie ihrer Angst ein Gesicht verleihen, in das sie blicken können. Viele Eltern sind überrascht, wenn ich ihnen auf die Feststellung «Mein Kind hat Angst vor Krokodilen» antworte: «Gut, dann weiß ich, worüber ich mit Ihnen und dem Kind reden kann!»

Kinder halten Kuschel- und Schmusetiere in der Hand, um Phasen der Trennung auszuhalten. Andere erfinden unsichtbare Gefährten, unsichtbar nur für Erwachsene, für Kinder sind sie zum Greifen nah, Phantasiefiguren, die mit ihnen durch dick und dünn gehen, für eine Zeitlang untrennbar mit ihnen verbunden sind. Eltern haben Probleme damit, weil sie meinen, das Kind würde aus der Realität fliehen, gar Wirklichkeit und Phantasie vermischen. Aber ganz im Gegenteil: Solche Figuren sind für die gefühlsmäßige Entwicklung des Kindes außerordentlich wichtig. Die Gefährten fungieren als Kleister, um Löcher im manchmal noch lückenhaft intellektuellen Lernprozeß zu stopfen – und sie sind ungefährlich für das Kind. Es läßt sich freiwillig auf sie ein, es bestimmt über sie, es lenkt sie, das Kind besetzt die Figuren mit eigenen Wünschen.

Sabine Knauer, Mutter der siebenjährigen Vera, hatte sich nach langjährigen Auseinandersetzungen von ihrem Mann getrennt. Zwei Tage, nachdem dieser ausgezogen war, hatte Vera den Abendbrottisch für die Mutter gedeckt, auch an den Platz des Vaters Messer und Gabel gelegt. Die Mutter war irritiert, auch schockiert, als sie das sah: «Papa kommt nicht wieder!»

«Weiß ich! Da sitzt Mannich!»

«Wer bitte?»

«Mannich! Der Bär», erwidert Vera selbstbewußt. Und dann fügt sie hinzu: «Der wohnt jetzt hier!»

«Ich seh den aber nicht!»

«Brauchst du auch nicht. Es reicht, wenn ich ihn sehe!»

Die Mutter greift nicht weiter ein. Ihre Tochter schien ihr durcheinander, hatte wohl einfach zuviel mitgemacht. «Wobei es mir», wie die Mutter im nachhinein erzählte, «schwerfiel, ruhig zu bleiben.»

«Mannich, willst du nichts essen?» fragt Vera. «Na, nun iß mal was. Na ja, dann nicht. Du bist wohl auch traurig!»

Mannich, der Bär, begleitete die beiden überallhin. «Gott sei Dank», so die Mutter, «war er schon groß genug, denn er fuhr auch im Auto mit, und wenigstens brauchte ich keinen Kindersitz mehr zu kaufen. Aber wehe, ich vergaß, ihn anzuschnallen, dann griff Vera sofort ein: Du willst wohl, daß er stirbt!»

Im Restaurant mußte die Mutter drei Plätze reservieren, ihm legte man ein Gedeck hin. Aber Mannich aß zur Erleichterung der Mutter kaum etwas: «Der ernährte sich wohl still und heimlich von Blättern.»

Wirkliche Probleme habe es nur einmal gegeben, als Vera mit Mannich bei Oma zu Besuch war. Mannich hatte, wie Vera feststellte, Durchfall, und Vera bestand darauf, den Hausarzt zu holen.

«Meine Mutter weigerte sich», erzählte Veras Mutter mir später. «Jetzt reicht es aber», habe sie zu ihrer Enkeltochter gesagt.

Vera ruft selbständig den Arzt an, verabredet einen Sprechstundentermin. Im Wartezimmer sitzen ihre Großmutter, Vera und der unsichtbare Mannich. Vera redet ununterbrochen auf ihn ein, er brauche sich keine Sorgen zu machen, gleich käme der Arzt, und das mit dem Durchfall habe ein Ende. Die übrigen Menschen im Wartezimmer schauen zunehmend entgeistert und konsterniert, die Oma verzweifelt zur Zimmerdecke, darauf hoffend, ihre Enkelin würde endlich leiser reden. Doch im Gegenteil: Je peinlicher es der Oma ist, um so lauter redet Vera.

«Hat sie etwas?» fragt eine Frau, die neben Veras Oma sitzt.
«Nein! Mannich hat Durchfall!» platzt Vera dazwischen.
«Wer?»
«Na, Mannich!» Vera sieht die unbekannte Frau an.
«Der sitzt doch hier. Mannich! Der Bär!»
«Ach so!» sagt die Frau mitleidig. «Ach so!»
«Wissen Sie», erklärt die Oma, «die Kleine hat ihren Vater verloren. Die ist völlig durcheinander!»
«Du bist ja froh, du hast ihn ja nie gemocht!» ruft Vera.
«Vera!» Omas Stimme klingt empört.
«Die Arme!» entfährt es der unbekannten Frau. «Die Arme!»
«Ja, das war zuviel für sie!»

Während Vera sich um Mannich kümmert, ergeht sich das Wartezimmer in Mitleid. Endlich kommt der Hausarzt der Oma. Er fragt Vera: «Na, was hast du denn?»

«Ich nicht. Aber Mannich!» Kurze Irritation beim Arzt. Dann wiederholt Vera: «Mannich, der Bär, hat Durchfall!»

Der Arzt will Mannich die Hand geben: «Tag, Mannich!»
«Der gibt aber nicht jedem die Hand!» erklärt Vera.
«Dann kommt mit ins Zimmer!»

Die Oma will aufstehen, mitgehen, als Vera eingreift: «Oma, bleib hier! Du störst nur!» Und zu Mannich gewandt: «Mannich, komm, der Arzt ist in Ordnung. Den kenn ich!»

Vera geht mit dem Arzt ins Behandlungszimmer, kommt nach einigen Minuten zurück.

«So, Oma, und jetzt müssen wir noch zur Apotheke.» Die Großmutter rollt mit den Augen, die nächste peinliche Situation im Blick.

Über sechs Monate kümmert sich Vera liebevoll um Mannich. Eines Morgens sitzt sie schon im Auto. Die Mutter will sich anschnallen, läßt den Gurt los, steigt wieder aus, macht die Hintertür auf, um den Gurt für Mannich zu befestigen.

«Was machst du denn da?» fragt Vera.

«Mannich festmachen!»

Vera schaut die Mutter groß an: «Oh, Mama, Mannich ist heut nacht ausgezogen.»

Mit Mannich hat Vera eine für sie belastende Lebenssituation bewältigt, die Figur war so lange da, bis es ihr gelang, eine verläßliche emotionale Basis für sich zu entwickeln. Wenn sich Erwachsene stärker auf eine genaue Beobachtung von Kindern einlassen könnten, wenn sie lernten, sich auf deren Sichtweise einzulassen, dann könnten sie erfahren, wie schon jüngere Kinder für gefühlsmäßig bedrückende Situationen überraschende Lösungen entwickeln. Diese Lösungen haben freilich nur für eine begrenzte Zeit Gültigkeit. Das Kind erwirbt mit zunehmendem Alter andere Fähigkeiten, sich mit sich und anderen Personen auseinanderzusetzen.

«Mit Knorri bin ich stark!»

Eine andere Geschichte zeigt eine weitere Facette der Bedeutung von Phantasiefiguren. Jakob, fünf Jahre, bringt seine Eltern, Marita und Horst Geier, durch eine Unart regelmäßig auf die Palme. Er ist nie pünktlich zu Hause – egal, ob er von Freunden, von Verwandten oder Bekannten kommt. Seine Eltern reagieren auf Jakobs Verspätungen meist mit Schimpfen oder mit der Drohung von Stubenarrest, die man dann aber kaum umsetzt.

Jakob hat seine Eltern gut in der Hand, wickelt sie lässig um seinen kleinen Finger. Als sein Vater eines Tages besonders sauer war – Jakob hatte sich um 30 Minuten verspätet, es war halb sieben abends und draußen dunkel, die Eltern machten sich Sorgen um ihren Sohn –, da erklärte Jakob auf die Frage, warum er so spät käme:

«Knorri hat den Weg versperrt. Der ließ mich nicht durch! Der wollte mit mir spielen.»

Der Vater stutzt: «Wer ist Knorri?»

«Ein starker Kobold!» erklärt Jakob selbstbewußt.
«Was?» ruft der Vater.
«Ein ganz starker Kobold!» wiederholt Jakob völlig ruhig.
«Zu spät kommen», entrüstet sich der Vater, «und dann noch bescheuerte Ausreden haben. Da hört es auf!» Er tippt sich mit dem Zeigefinger an die Stirn: «Du siehst zuviel fern. Deshalb spinnst du!»
«Es gibt Knorri aber!» beharrt Jakob.
«Nun laß mal», versucht seine Mutter zu beschwichtigen. Sie will ihren Sohn streicheln.
«Ach, du glaubst mir ja auch nicht!» meint Jakob, sich dem Griff der Mutter entziehend.
Das Abendessen verläuft in gereizter Atmosphäre, vor allem als Jakob anfängt, seinen Kobold Knorri zu beschreiben.
«Hör auf!» meint der Vater.
«Bitte sei jetzt still. Es reicht!» Auch Marita Geier klingt nun ärgerlich.

In den Wochen nach diesem Abend schaukelt sich die Situation hoch: Jakob begründet sein Zuspätkommen immer wieder mit Knorri. Die Eltern reagieren mit einer Mischung aus Verzweiflung, Hilflosigkeit und ohnmächtiger Wut. Sie stellen ihr Problem auf meinem Elternseminar vor. Jakob ist anwesend. Nachdem der Vater die Situation detailliert geschildert hat, macht er seinem Ärger ungehalten Luft: «Knorri! Knorri! So eine beknackte Ausrede hab ich noch nie gehört. Kobolde gibt's im Märchen und nicht in der Wirklichkeit!»
«Gibt's doch!» ruft Jakob dazwischen, energisch mit dem Fuß aufstampfend.
«Jakob, gib Ruhe!» meint seine ärgerlich klingende Mutter.
In Abwesenheit der Eltern lasse ich mir die Geschichte von Knorri aus Jakobs Sicht erzählen: «Also der steht da. Der ist groß. Ich komm da nicht vorbei. Erst muß ich noch mit ihm spielen, erst 10 Minuten und dann noch...»
«Und du bist dann unruhig», unterbreche ich ihn. «Und möchtest nach Hause, weil die Eltern sonst schimpfen?»

Jakob nickt: «Aber der läßt mich nicht!» Jakob beschreibt mir Knorri als freundlich, groß und stark. «Aber der ist so alleine», sagt er, «er hat keinen zum Spielen. Deshalb will er mit mir spielen.»

Mir war klar: Jakob glaubt felsenfest an Knorri, ihn macht er für sein Zuspätkommen verantwortlich, auf ihn schiebt er sein schlechtes Gewissen.

«Jakob, ich denke, du solltest mal mit Knorri reden. Dich nervt das Zuspätkommen doch auch, oder?» Er nickt spontan. «Hast du 'ne Idee, wie das gehen kann?»

Jakob überlegt. Er wirkt in sich gekehrt: «Ja, aber er möchte doch mit mir spielen. Er ist doch so alleine!»

«Da hast du recht!» Ich sehe ihn an. «Wie kriegst du das auf die Reihe?»

Er schaut aus dem Fenster, seine Augen fixieren einen imaginären Punkt. Dann lächelt er plötzlich: «Ich hab's!» Er wirkt ganz aufgeregt: «Ich geh 15 Minuten eher von Jan», ich runzele die Stirn, «von meinem Freund, weg. Dann komme ich bei Knorri vorbei, spiele mit ihm, und dann gehe ich nach Hause.»

«15 Minuten eher willst du gehen. Woher weißt du denn die Zeit?»

Wieder eine nachdenkliche Pause. Dann grinst Jakob: «Ich muß um sechs zu Hause sein, und wenn die Kirchturmuhr halb sechs schlägt, hau ich ab!»

«Gute Idee, aber wie soll Knorri das wissen?»

«Ich rede mit ihm!»

Die Eltern kommen hinzu. «Na, was ist?» meint der Vater. Ich blicke Jakob an.

«Ich red mit Knorri», meint Jakob ganz selbstbewußt.

«Wie bitte?» ruft der Vater aus, mich und Jakob abwechselnd anfunkelnd.

«Das darf doch wohl nicht wahr sein!» Die Stimme der Mutter klingt scharf.

«Und für so was bezahlen wir auch noch Geld», ergänzt ein sichtlich genervter Vater. Jakob schmunzelt.

«Papa, oder willst du mit Knorri reden?»

«Jakob!» zischt die Mutter. «Jakob, jetzt reicht es!» Jakob lächelt mich an: «Aber das ist gut so, die verstehen ihn ja doch nicht!»

Die Eltern schauen sich schweigend an. Während ich mit Jakob nochmals alles durchgehe, hören die Eltern konsterniert zu. Kopfschüttelnd verlassen sie das Seminar.

«Na ja, war mal 'ne Erfahrung», resümiert der Vater zum Schluß, seine Frau ergänzt: «Ich hatte eigentlich viel Gutes über Sie gehört.» Ob sie an der Fortsetzung des Seminars teilnähmen, wüßten sie nicht.

Zehn Wochen später. Seminarfortsetzung. Jakob rennt freudig auf mich zu, die Eltern kommen strahlend hinterher.

«Ich hab Sie für'n Spinner gehalten», erklärt mir der Vater zur Begrüßung.

«Tja», meint Jakobs Mutter entschuldigend. «Wer so lange so was macht, wird wohl eigenartig, hab ich gedacht.» Sie macht eine Pause. «Aber es ist der Wahnsinn. Jakob kommt pünktlich, sogar etwas vor der Zeit. Sie sind ein Zauberer!»

Ich gehe in die Hocke, lächele Jakob an und nehme seine Hand: «Hier ist der wahre Zauberer. Jakob, der Zauberer!» Und dann erzählt Jakob mir, er habe mit Knorri geredet und ihm erklärt: «Knorri, ich spiele gerne mit dir, aber ich muß pünktlich nach Hause. Wenn du mich nicht läßt, komme ich hier nicht mehr vorbei!»

«Und was hat Knorri gesagt?» frage ich.

«Er hat genickt und gesagt, ich erinnere dich daran, damit du pünktlich zu Hause bist!»

Bei diesen Worten schauen sich die Eltern an, sie lächeln, aber ein skeptisches Kopfschütteln ist nicht zu übersehen.

Jakob hat eine einfache, magische und kindgerechte Lösung gefunden, vielleicht auch deshalb, weil ich mich auf seine Phantasien einlassen konnte. Die Kritik seiner Eltern an seiner Unpünktlichkeit konnte er nicht annehmen. Er empfand sie weniger als Kritik an der Sache denn als Kritik an seiner Person. Die Konsequenz: Er inszenierte einen Machtkampf. Je vehementer die elterlichen Vorwürfe ausfielen, um so intensiver führte er seine kleinen Rachefeldzüge, die die Eltern allmählich zur Verzweiflung trieben.

Dabei waren Jakobs Phantasien in ihrer Bedeutung klar. Knorri verkörperte seine polare Sichtweise, die so typisch für die Altersstufe des magischen Denkens ist: die Aufspaltung in «gute» – Jakob – und «böse» – Knorri – Personen. Eine differenzierte Betrachtung von Personen (aus einer Entweder-oder-Haltung entwickelt sich eine Sowohl-als-auch-Haltung) gewinnen Kinder etwa vom fünften Lebensjahr an. Aber auch danach bleibt die polare Sichtweise noch erhalten und wandelt sich erst allmählich. Knorri diente Jakob als Vehikel, ein magisches Vehikel, dessen Bedeutung für die Eltern auf den ersten Blick nicht zu erkennen war.

Um die produktive Bedeutung von Phantasiefiguren und unsichtbaren Gefährten zu erkennen, ist es erforderlich, die kommunikative Umwelt des Heranwachsenden zu beleuchten, die motorische, psychische, emotionale und kognitive Entwicklung, die er durchläuft, zu beachten. Unsichtbare Spielgefährten werden dann zu einem Problem, wenn sie die Isolation von Heranwachsenden kompensieren, wenn sie einen Ersatz für die Wirklichkeit darstellen. Kommt es zu einer Verschmelzung zwischen Phantasiefigur und dem eigenen Ich und geht die Persönlichkeit ganz im unsichtbaren Gefährten auf, dann ist das problematisch, weil die Phantasiefigur zu einer psychischen Prothese wird, um das gebrochene Selbst aufrechtzuerhalten.

Von der unheimlichen Lust an der Angst

Auf dem Jahrmarkt: Der fünfjährige Jonas steht mit seinem Vater vor einer riesigen Geisterbahn, guckt mit großen Augen die blinkend-funkelnden Monster an.

«Willst du da rein?»

Jonas wirkt unschlüssig.

«Aber deshalb sind wir hier! Du wolltest doch da rein!» meint der Vater zu seinem Sohn.

Jonas überlegt, sieht andere Kinder mit leuchtenden Augen und aufgeregt schnatternd aus der Geisterbahn kommen. Jonas hört Gekreische und Gejuchze aus dem Innern des Karussells.

«Komm!» ruft Jonas mit einemmal, zieht seinen Vater zur Geisterbahn. Sie besteigen einen Wagen. Jonas drückt sich fest an seinen Vater.

Als er die ersten Gespenster sieht, hält er sich die Hände vors Gesicht, läßt sie aber einen Spalt offen, damit er die kleinen und großen Schreckensgestalten sehen kann. Oder er schreit laut auf. Fast hat es den Anschein, als wolle er die gruseligen Monster erschrecken.

«Na?» fragt der Vater, als die Fahrt zu Ende ist und er die schweißnassen Hände seines Sohnes spürt.

«Spitzenklasse», ruft Jonas begeistert. Dann fügt er schmunzelnd hinzu: «Und die Gespenster waren feige. Immer wenn ich: Weg! gerufen habe, waren sie weg!»

«Und?»

Der Vater lacht.

«Jetzt wollen wir wieder rein», sagt Jonas selbstbewußt. «Mal sehen, ob die Gespenster noch feige sind.»

Die Lust an der Angst hat mit Wagnis, mit Nervenkitzel, mit Erregung zu tun. Auf Jahrmärkten mit ihren Sensationen und Karussells begegnet man der Angstlust ebenso wie in Kinderspielen, beim Verstecken, bei der Blinden Kuh oder dem Fangen. Angstlust bedeutet Sich-Verlieren, etwas wagen, Räume jenseits gewohnter Sicherheiten zu sichten, sich darin zu bewegen und diese Räume zu erobern. Angstlust hat zu tun mit äußerer Gefahr, der man sich freiwillig aussetzt, und der Hoffnung auf Sicherheit am Schluß, auf ein glückliches Ende.

Kinder haben Lust, sich in angstbesetzte Situationen zu begeben, sie zu erleben, sich zu erfahren – wenn dies im gesicherten Rahmen, in einem Kontext selbstgeschaffener und selbstbestimmter Regeln und Rituale geschieht, damit die mit der Angstlust einhergehenden Verunsicherungen erträglich und beherrschbar bleiben. Angstlust bedeutet eine erhöhte physiologische Erregung, läßt eine intensive Selbstempfindung zu und geht mit der Hoffnung auf Sicherheit einher: der Vater ist da, aus der Geisterbahn kommt man gestärkt heraus, weil man die Monster besiegt hat, und auch Helden und Heldinnen, mit denen man sich identifiziert, schafft es, sich mit den «bösen» Gegnern auseinanderzusetzen.

Die Lust an der Angst macht Spaß, weil sie die Gewißheit bietet, in den Alltag zurückzukehren. Sie bleibt überschaubar, weil sie an eine bestimmte Situation gebunden ist, die es zu durchleben und zu durchstehen gilt. In der Lust an der Angst steckt die Sehnsucht nach Neuem, die Verbindung von gefühlsmäßiger Nähe und Gefahr. Ein geheimnisvolles Prickeln, es könnte schiefgehen, ist verbunden mit der unverbrüchlichen Gewißheit, daß es schon nicht schlecht ausgehen wird. Im Nervenkitzel, den Spiele und mediale Sensationen bieten, begegnet den Kindern eine Vielzahl von Möglichkeiten, sich der Angstlust zu stellen. Manchmal scheint es, als gestalte sich die lustvolle Begegnung mit der Angst zu einer Art Selbst-Therapeutikum. Dies setzt freilich – wie noch zu zeigen sein wird – bestimmte psychische Rahmenbedingungen voraus. Denn es darf nicht übersehen werden, daß aus dem Zusammenführen von Angst und Lust durchaus Unlust und Schrecken werden können.

Die Elemente der Angstlust

Von Angstlust kann man sprechen, wenn drei Grundvoraussetzungen gegeben sind:
- Das Kind setzt sich *freiwillig* einer gefährlichen, emotional verunsichernden Gefahr aus, sei es im Spiel oder bei der Nutzung eines Films, einer Situation freilich, die einem vertrauten und gewohnten Schema unterliegt.
- Es existiert eine *äußere, objektive Gefahr*: das Ungeheuer in der Geisterbahn, das prickelnde Gefühl in der Achterbahn, der schwarze Mann beim Versteckspiel oder der geliebte Medien- und Märchenheld, der sich in Gefahr begibt. Das Kind bindet seine Gefühle und verzichtet
- auf *gewohnte Sicherheit*. Das Wissen um und das Vertrauen auf einen positiven Ausgang des Spiels, das gute Ende der Sendung, beruhigen.

Alle drei Elemente müssen vorhanden sein. Fehlt eines, folgt nicht selten Schrecken, emotionale Betroffenheit oder tiefe Verunsicherung. Dies geschieht – um es am Filmerleben zu veranschaulichen – dann, wenn Kinder sich unfreiwillig einem Film oder einer Geschichte aussetzen oder wenn es nicht zu einem Happy-End kommt.

In der Lust an der Angst zeigt sich eine unbewußte Verbindung von emotionaler Nähe und wirklicher Gefahr, die für ein Kind nur deshalb auszuhalten ist, weil es um den Ablauf des damit einhergehenden Erregungsdramas weiß: Das Kind ist mit Haut und Haaren beteiligt, fühlt und geht mit, es spürt sich.

Die Lust an der Angst zeigt sich in körperlichen Symptomen: der Blutdruck steigt, Kinder erröten, bekommen feuchte Hände, werden unsicher, halten sich Augen und Ohren zu, verkrampfen oder erstarren, stöhnen, lachen auf, schreien, setzen sich aufrecht hin, kommentieren erleichtert, suchen Nähe und Geborgenheit und fallen in frühkindliche Wahrnehmungsformen zurück, sie lutschen Daumen, stecken den Finger in den Mund oder kauen Fingernägel.

Angstlust, Zurücksinken und Anklammern

Angstlust und Regression, das heißt ein Zurücksinken in Wahrnehmungsformen des Kleinkindes, gehen häufig Hand in Hand. Der Psychoanalytiker Michael Balint unterscheidet zwei Formen der Regression: ein schöpferisch-kreatives Zurücksinken und ein zwanghaftes Nicht-loslassen-Können.

Die schöpferische Regression setzt eine vertrauensvolle Nahwelt, ein Vertrauen in Situationen und Personen, voraus. Verläßliche Menschen müssen anwesend sein, wenn sie gebraucht werden. Die schöpferische Regression dient der Entdeckung neuer Möglichkeiten und Erfahrungshorizonte.

Der schöpferischen Regression stellt Balint eine Form gegenüber, die sich als verzweifeltes Anklammern, eine nahezu suchtartige Bindung, beschreiben läßt. Während die schöpferische Regression über sich hinausweist, auf Umsetzung in die Wirklichkeit drängt, stellt die problematische Regression keinen Neubeginn dar. Es kommt vielmehr zu einer endlosen Spirale von Wunsch und Bedürfnis, die ständig Befriedigung fordert. Dies läßt sich an der Geschichte von Steffen und seinem Umgang mit der Fernsehsendung «Biene Maja» konkretisieren.

Steffen und die Biene Maja

Steffen ist sechs Jahre. In seinen Zeichnungen zur «Biene Maja» stellt er immer wieder dar, daß die Figur des Willi wie gehetzt hinter der Biene Maja herjagt. Zentrales Thema seiner Bilder sind die Rettung und der Schutz von Maja durch Willi. Sein Kommentar zu einem der Bilder lautet: «Also das ist der Willi, der fliegt immer hinter der Maja her. Die war eingesperrt bei den Hornissen. Wenn Willi nicht gewesen wäre, dann wären die Hornissen gekommen. Na ja, das geht sowieso immer gut aus. Wenn das nicht ist, dann guck ich das nicht. Aber der Willi hat es schwer, weil die Maja immer wegfliegen will, immer will sie weg – und der Willi hält sie fest, damit sie nicht zu den Hornissen zurückgeht. Denn dann ist sie für immer weg.»

Auf meine Frage: «Aber das geht doch gut aus?» antwortet Steffen: «Ja, das geht gut aus, aber das ist trotzdem nicht zum Aushalten.»

Ich spiele mit Steffen das Bild nach, indem ich die Maja auf der Flucht bzw. beim Wegfliegen darstelle. Steffen ist Willi. Ich will weg, doch Steffen hält mich mit großer Kraft fest. Auch auf weiteren Bildern ist die Dynamik zwischen Maja und Willi von großer Bedeutung. Bei der Erklärung der anderen Bilder sagt Steffen Sätze wie: «Der Willi hat's schwer. Manchmal schafft er das nicht. Die Maja will immer weg, und Willi hält sie fest.»

Meine Frage an Steffen: «Kennst du jemand, der weg möchte? Der weggehen will?» Steffen kommt ganz nah zu mir heran und flüstert: «Mama!»

«Wohin?»

«Weg, ganz weg!»

«Und dann hältst du sie fest?»
«Ja, und Papa auch.»
«Und bleibt sie da?»
«Nicht immer. Manchmal geht sie einfach, und dann sind wir traurig!»
«Dann geht's dir wie dem Willi?»
«Nee, Willi ist irgendwie stärker, der schafft das ja, daß die Maja zurückkommt.»

Steffen lebt in einer gespannten Familienatmosphäre. Steffens Mutter hat ihren Sohn im Alter von achtzehn Jahren bekommen, sich dann aus dem Beruf zurückgezogen. Sie will nun wieder arbeiten. Dieses Vorhaben wird von ihrem Mann nicht oder nur halbherzig unterstützt. Sie bricht deshalb aus, geht häufig mit ihren alten Freundinnen in Kneipen. Ihr Mann steht den Wünschen seiner Frau insgesamt verständnislos gegenüber. Er will ihre Suche nach Selbständigkeit einschränken, droht seinerseits ständig damit wegzugehen. Er versucht seine Frau mit Drohungen im Hause zu halten, scheitert aber häufig. Wenn Steffens Mutter zu Hause ist, nimmt sie sich für ihren Sohn viel Zeit. Dies merkt man am nächsten Tag an der Ausgeglichenheit, mit der Steffen sich im Kindergarten darstellt. Hat es aber Krach gegeben, zieht er sich in die Puppenecke zurück und spielt dort mit der selbstgebastelten Maja und dem Willi. Drinnen im Puppenhaus herrscht eine «heile Welt», draußen dominieren die Feinde. Die Maja will in diese feindliche Welt, doch Willi hält sie fest. Außerdem baut Steffen die Fenster und Türen des Puppenhauses mit Bauklötzen zu. Die Maja kann nicht entweichen. Es gibt regelmäßig Streit, den Steffen mit Rollenverteilungen laut inszeniert. Er droht der Maja mit dem Krokodil und Löwen, die sie fressen würden, wenn sie das Haus verläßt.

In der Biene Maja sieht Steffen ein Stück seiner eigenen inneren Wirklichkeit gestaltet. Im Spiel nimmt er seine Erfahrungen selbst in die Hand, versucht sie auf den Begriff zu bringen: Er ist Willi, der die Mutter, verkörpert durch Biene Maja, festhält. Bei Steffen drängen Träume und Phantasien in die Realität, wie die Spielinhalte zeigen. Steffens Probleme sind in seiner kritischen Lebenssituation begründet, die er allein nicht bewältigen kann. Spiel, Phantasie und Magie sind zuwenig, um die familiären Konflikte zu lösen. In seinen Zeichnungen, seinem Spiel, seinen Gesprächen zeigt er, wie er die Wirklichkeit verändern möchte.

Als sich Steffen immer mehr in seine «Maja-Welt» zurückzieht, die Figuren nahezu reale Gestalt für ihn annehmen, reagieren seine Erzieherinnen im Kindergarten besorgt. Es gelingt ihnen, die Mutter davon zu überzeugen, gemeinsam mit ihrem Mann und ihrem Sohn eine Familienberatungsstelle aufzusuchen. Dies entspannt die Situation. Die Konflikte können offener und gekonnter ausgetragen werden. Steffens Vater lernt, den Wunsch seiner Frau nach Berufstätigkeit zu unterstützen und sie in ihren Bedürfnissen nach mehr Selbständigkeit anzunehmen. Als sie kurz darauf einen Arbeitsplatz erhält, stabilisiert sich die Beziehung. Auch Steffen wird ruhiger, seine Bindung an Willi wird lockerer. Die Biene Maja findet er nach wie vor «unvorsichtig, weil sie sich immer in Gefahr begibt». Und Willi stellt sich für Steffen weiter als der «Klügere» dar. Wenn seine Mutter abends hin und wieder aus dem Hause geht, kann er nicht einschlafen, bevor sie wieder im Hause ist. Er hat dann ein Spielzeuggewehr in der Hand, das ihm seine Mutter geschenkt hat: «Damit kann ich sie beschützen, wenn ihr draußen was passiert.» Steffens fast zwanghafte Zuwendung zur Biene Maja löst sich allmählich auf, gleichwohl ist sein Vertrauen in die neue Situation noch nicht völlig hergestellt.

Bei Steffen hatte das Ritual seinen schöpferischen Charakter verloren. Im Gegensatz zu den vorher beschriebenen Ritualen erschien Steffens Umgang mit der Biene Maja zu erstarren. Zwang gewann die Oberhand, das Ritual wurde zum inneren Drang. Verzweiflung, Hilflosigkeit, Ausweglosigkeit kamen zum Ausdruck. Steffens Ritual bot ihm keine Hilfestellung mehr, es wurde zum vehementen Schrei eines Kindes, das Hilfe braucht. Ein Eingriff von außen in sein Ritual ist unumgänglich.

Wenn aus der Lust an der Angst Entsetzen wird

«Es ist ein Balanceakt», schmunzelt Joachim, «den man mit der Angstlust unternimmt.» Joachim, Sozialpädagoge, ist Mitte Vierzig und ehrenhaft im pädagogischen Dienst ergraut. Seine Haare und sein leicht zotteliger Vollbart zeugen davon, weite Hemden, über die Jeans getragen, lassen den Bauchansatz verschwinden. Wie er das meine, will ich wissen. «Ich war so Mitte Zwanzig, Sozialarbeiter in einem sozialen Brennpunkt mit hartgesottenen Kindern, alle so zwischen zwölf und dreizehn Jahren alt. Die sahen die härtesten Horror-Filme, die kamen damals auf. Ich fuhr mit diesen Kindern ins Landheim, eine einsame Gegend. Hatte mir etwas Besonderes ausgedacht. Ich ging da ganz theoretisch dran, so wie ich's in der Ausbildung vermittelt bekommen hatte. Tja, heute kann ich drüber lachen, damals sah ich mich schon im Gefängnis. Ich erzähl's mal.»

Als Joachim den sieben Jungen mitteilte, er würde mit ihnen ins Landheim fahren, aber keine Medien mitnehmen, weder Fernsehen noch Radio oder Kassettenrecorder, «maulten die sieben herum».

Insbesondere Martin, Tobias und Tom taten sich als Wortführer hervor: «Dann fahren wir nicht mit. Das ist Mist.» Trotz aller Proteste, trotz aller Schmeicheleien – Joachim ließ sich nicht erweichen. Die Gruppe fuhr dennoch vollzählig ins Landheim: Aus Tobias' Rucksack hing bis zur Unkenntlichkeit entstellt das abgeknabberte Ohr eines Kuschelhasen.

«Na», fragte Joachim, «mußte das Kaninchen mit?» Tobias war etwas irritiert, nahm schwungvoll den Rucksack vom Rücken, griff sich das in vielen Nächten verstümmelte Ohr und grinste: «Die gehören zu Pedro.» Joachim schaute verwundert. «So heißt mein Kaninchen!»

Er blickte Joachim fest an: «Also, du glaubst das nicht. Ich will den wirklich immer zu Hause lassen, weil der schon nervt.» Und dann ganz ernsthaft, keinen Widerspruch duldend: «Aber der meckert dann so lange, bis ich ihn doch mitnehme.»

Schon während der Fahrt mit dem Bus in das einsame, zwischen Wiesen, kleinen Kanälen und Gräben gelegene Landheim beschweren sich die Kinder über Langeweile. Kein Walkman, kein Videospiel, nichts.

«Ich halt die Woche niemals aus», nölt Martin, und alle unterstützen ihn. Nach der Ankunft, als die sieben ihre Zimmer bezogen hatten, bittet Joachim zu einer Vorbesprechung.

«Heute abend machen wir eine Nachtwanderung.»

«Oh! Langweilig!»

«Mist!»

«Was soll das?» sind noch die harmlosesten Kommentare.

Joachim ignoriert das: «Hier in der Gegend gibt es Geisterbäume, die können sprechen!» Nach einem kurzen Moment ungläubigen Staunens brechen die Heranwachsenden in prustendes Lachen aus, schlagen sich auf die Schenkel.

«Geisterbäume. Du spinnst, Mensch!» meint Torben, schlägt sich mit der flachen Hand vor die Stirn. «Du verarschst uns!»

Mike, der Schmächtigste der Gruppe, wirkt nachdenklich: «Kann aber sein. Hab schon davon gehört.»

Martin stößt Mike weg: «Hast wohl jetzt schon Schiß in der Hose?» Er lächelt überlegen: «Für dich nehm ich 'ne Windel mit.»

Jan-Hendrik, Mikes engster Freund, wischt die Geisterbäume auch nicht so ohne weiteres weg, fragt nach, und Joachim erzählt anschaulich vom Aussehen der Bäume. Er redet geheimnisvoll von ihren Ästen, um die sich weiße Tücher befänden, und ihren Klagetönen, die er in einem tiefen Baß nachmacht.

«Ich hab jetzt schon 'ne Gänsehaut», flüstert Mike leise.

«Alter Hosenscheißer», ruft Torben spontan und erklärt kategorisch: «Die gibt es nicht. Der will das nur spannend machen, damit wir mitkommen!»

Als es dunkel wird, und das ist früh an diesem diesig-nebligen Oktoberabend, wirkt die herbstlich-friedliche Landschaft, als die sie noch am Nachmittag erschien, geheimnisvoll.

Was die Kinder nicht wissen: Joachim hat zwei Freunde, Günther und Karl-Heinz, ebenfalls Sozialpädagogen, engagiert, die sich am

Wanderweg – als Geisterbäume in weite Gewänder verhüllt – postieren. Beim Auftauchen der Gruppe haben sie ihre Tücher zu bewegen, klagende Geräusche anzustimmen.

«Wichtig», so insistiert Joachim, «ihr geht keinen Schritt auf die Kinder zu. Ihr bleibt stehen, macht eure Bewegungen und singt. Kein Schritt auf die Kinder zu, ist das klar?» Die Freunde nicken, verschwinden mit den Tüchern in der Dunkelheit. «In einer halben Stunde bin ich da!»

Aus der halben Stunde wurden zwei, weil sich Joachim in der Dunkelheit mit den Kindern verlief. Nach einiger Zeit fragte Tobias, wo denn die Geisterbäume seien. Und er gibt sich selbst die Antwort: «Gibt's eben doch nicht!» Und Martin bestätigt: «Klar, daß es die nicht gibt!»

Je länger sich die Wanderung hinzog, um so ungeduldiger, ja ärgerlicher wurden die Kinder. Die offensichtliche Spannung, vielleicht auch kribbelnde Vorfreude, schlug in Frust um. Endlich meinte Joachim seine Freunde zu hören, aber nicht als klagende Geisterbäume – nein: als grölend-besoffene und torkelnde Geisterbäume. Was Joachim nicht vorhergesehen hatte: Die beiden Freunde hatten es sich in der Wartezeit, die sich länger und länger hinzog, mit etlichen Schlucken Rum gemütlich gemacht. Der Rum benebelte ihre Sinne, die Absprachen waren vergessen.

«Je näher ich mit der Gruppe kam, um so mehr stockte mein Herz», so Joachim – da torkelten die Geisterbäume schwer lallend auf uns zu. Noch nach vielen Jahren stockt Joachims Stimme: «Alles ging dann blitzschnell. Martin und Torben sahen ‹die Bäume› auf sich zukommen, schrien ‹Hilfe! Hilfe!› und verschwanden in der Dunkelheit. Tobias brauchte ein paar Sekunden länger, um zu verstehen, was los war. Dann war der auch weg!»

Jan-Hendrik und Mike schmissen sich zu Boden, hielten sich an Joachims Beinen fest. Er konnte keinen Schritt mehr machen. Björn und Michael rannten zu einem nahen Busch, versteckten sich. Joachim schrie abwechselnd verzweifelt-hilflos «Aufhören! Ihr Blödköpfe!» zu seinen Freunden. Doch ohne Aussicht auf Erfolg: «Hier bleiben! Hier bleiben!»

Es hilft nichts, Joachim ist bewegungsunfähig, weil Jan-Hendrik und Mike ihn verzweifelt umklammern.

«Seid ihr total bescheuert geworden!» schreit er seine Freunde an. «Werft sofort die Klamotten weg!»

Als Günther und Karl-Heinz realisieren, was los ist, brechen ihr Gejohle und Gegröle ab. «Das wollten wir doch nicht», meint Günther mit schwerer Zunge, «das wollten wir wirklich nicht!» Joachim ist ärgerlich, wütend, sauer: «Ach, hört auf! Los! Weg mit dem Zeug, jetzt wird gesucht.»

Björn und Michael krabbeln vorsichtig hinter einem Busch hervor, die beiden unbekannten Erwachsenen aus sicherem Abstand skeptisch betrachtend, weiterhin die Nähe von Joachim suchend. Als Joachim den Vorschlag macht, sie sollten mit Günther, dem nüchternsten der beiden Freunde, ins Landheim gehen, weigern sie sich. Günther kommt ihnen noch immer wie ein Geist – wenn auch ein verstört-versoffener – vor.

Nun machen sich vier übermüdet-furchtsame Jungen und drei sich anfluchende Erwachsene auf die Suche. Es ist diesig, neblig, kühl. Nach Mitternacht findet man Martin und Torben in einem Heuschober, in dem sie auf der Flucht vor den Geisterbäumen versteckt hielten. Sie verlassen ihn erst, als Joachim versichert, die Geister wären verschwunden. Sie reagieren abwartend, als sie Joachims Freunde sehen. Weit nach Mitternacht brechen sie die Suche ab. Auf dem Weg zurück ins Heim hören sie, als sie an einer Gartenlaube vorbeikommen, eine Stimme. Es ist Tobias' Stimme, wie er mit jemandem leise spricht: «Du brauchst keine Angst zu haben!»

«Tobias!» ruft Joachim. Keine Antwort.

«Tobias! Ich bin's! Joachim!»

«Joachim?» fragt Tobias vorsichtig.

«Ja!»

«Bist du allein?» Tobias klingt ängstlich.

«Ja!»

«Wo sind die Geister?»

«Weg!»

«Ganz bestimmt?»

«Ja!» Joachim geht ins Gartenhaus, findet Tobias in die Ecke gekauert, seinen Kuschelhasen im Arm.

«Wie kommt der denn her?» Tobias zögert.

«Ich hab den mitgenommen. Weil, eigentlich hab ich ja nicht an die Geisterbäume geglaubt. Aber es hätte ja welche geben können. Und wenn der sie nicht gesehen hätte, hätte der es mir nie geglaubt, wenn ich ihm davon erzählt hätte.» Seine anfangs noch vorsichtig-brüchige Stimme wird sicherer. Dann sieht er Joachim an: «Und gut, daß ich ihn dabeihatte.»

Am anderen Morgen: Geisterbäume sind das Thema, und man beschließt, am Abend eine Nachtwanderung als Geisterbäume verkleidet zu machen. Joachims Freunde sollen Fußgänger sein, die durch die Nacht gehen und auf die Geisterbäume treffen.

Torben: «Die sollen mal sehen, wie man sich erschrickt, wenn man Geisterbäume sieht!»

«Das war», so Joachim, der beim Erzählen zwischen Lachen und Erschrecken schwankt, «wichtig für mich. Ich hab in der Zwischenzeit viele Gruselprojekte gemacht, aber seit dieser Situation bin ich mir der Verantwortung bewußt geworden, wie leicht das schiefgehen kann. Es muß ein Spiel bleiben, ein Spiel, in dem die Kinder das Tempo bestimmen, mit dem sie sich einer Gefahr aussetzen. Und es muß ein Happy-End geben. Der Nervenkitzel funktioniert nur, wenn Kinder es freiwillig machen. Werden sie von außen fremdbestimmt, ist Chaos die Folge.»

Erziehung, die Ängste schaffen kann

**Der schwarze Mann holt mich, wenn ich frech bin.
Thomas, 4 Jahre**

Ängste ergeben sich nun nicht allein aus dem gefühlsmäßigen und intellektuellen Entwicklungsprozeß des Kindes. Sie bedeuten also keineswegs automatisch einen Reifeschritt. Nicht selten sind Ängste auch das Resultat elterlicher Erziehungsbemühungen und von Erziehungsbeziehungen. Dabei ist es nicht immer ein das Kind ablehnender Erziehungsstil, der Ängste erzeugt, manchmal reicht dazu die mütter- oder väterliche «Ich will doch nur dein Bestes»-Haltung aus, die kindliche Eigenständigkeit mißachtet und dazu neigt, Heranwachsende fremdzubestimmen.

Da sich erziehungsbedingte Ängste häufig aus sozialen Beziehungen zwischen Eltern und Kindern, pädagogischem Personal und Heranwachsenden ergeben, werden sie auch als soziale Ängste bezeichnet. Der Psychologe Arnd Stein führt diese Ängste auf das – wie er es nennt – «Bankkonto der Erziehung» zurück, darauf, daß Kinder im Soll mehr Ablehnung und im Haben weniger Zuwendung spüren, darauf, daß Kinder mehr gegnerische Partei denn Partner sind.

Soziale Ängste können sich aber auch aus einem Rückzug von Erwachsenen aus den Erziehungsbeziehungen ergeben – ein Rückzug, der bei Kindern Gefühle des Alleinseins hinterläßt. Hier wird deutlich: Soziale Ängste entstehen in zusammengesetzten Situationen, oder anders ausgedrückt: Soziale Ängste arbeiten – ob nun gezielt oder eher unterschwellig – mit Symbolen und Inhalten entwicklungsbedingter Ängste, überformen diese und lassen ein für Kinder diffuses, deshalb kaum zu ertragendes Gefühlsgemenge zurück:
- Verlassensängste von Kindern, die alltäglich und aus ihrer Entwicklung heraus zu begreifen sind, werden mit dem hingezischten Satz von Mutter oder Vater: «Es ist zum Davonlaufen mit euch!» zu einer Drohung.
- Trennungsängste von Kindern können durch Formulierungen wie «Wenn du nicht brav bist, dann kommst du ins Kinderheim!» ebenso ins Unerträgliche gesteigert werden wie Gewissensängste durch Anmerkungen wie: «Du machst mich noch krank!» oder «Du bringst mich noch ins Grab!».
- Die Urangst der Kinder vor lauten und plötzlichen Geräuschen kann durch ein unbeherrschtes Nieder- und Anbrüllen eine den Heranwachsenden verunsichernde Dimension annehmen.
- Die Suche der Kinder nach Halt und Orientierung wird in einem gefühlsleeren Familienklima vergeblich sein. Gefühle der Ablehnung, des Verlorenseins sind die Folgen.

Erziehungsbedingte Ängste sind häufig hausgemacht, und möglicherweise liegt hier ein Schlüssel dafür, daß so selten und eher angespannt über kindliche Ängste gesprochen wird, Ängste generell als problematisch und bedrohlich erscheinen, nur selten mitsamt ihren lebenserhaltenden und lustvollen Aspekten in den Sinn kommen. Zweifelsohne sind soziale Ängste nicht allein auf die unmittelbare persönliche Nahwelt des Kindes zurückzuführen, sie resultieren auch aus einer unsicheren Umwelt und Zukunft, die die Erwachsenen den Kindern mit Krieg, Katastrophen und Zerstörung zumuten. Es ist unbestritten: Kinder werden lebenszeitlich früher in gesellschaftliche Zusammenhänge eingebunden, mit ökologischen Fehlentwicklungen konfrontiert, die emotional verunsichern.

Gleichwohl wäre es oberflächlich, die Entstehungsbedingungen für soziale Ängste ausschließlich «bei anderen» – *der* Schule, *der* Gesellschaft, *den* Medien – zu suchen. Wenn Kinder soziale Ängste zeigen, kann ein Blick in das eigene «Bankkonto der Erziehung» aufschlußreich sein. Soziale Ängste bei Kindern können sich ergeben aus:

- einer fehlenden gefühlsmäßigen Annahme des Kindes, eines emotional leeren Milieus, in dem es sich unwohl fühlt;
- einer Laisser-faire-Haltung in der Erziehung, die ein Kind als Gleichgültigkeit wahrnimmt;
- einem inkonsequenten Erziehungsstil, bei dem Zuckerbrot und Peitsche nebeneinanderstehen und der beim Kind das Gefühl des Ausgeliefertseins hinterläßt;
- einer Erziehungshaltung, in der Strafandrohungen und körperliche wie sprachliche Züchtigungen vorherrschen oder die mit Liebesentzug arbeitet;
- einer Erwartungshaltung an das Kind, die es intellektuell überfordert und emotionale Bedürfnisse uneingelöst läßt;
- einem überbehüteten Erziehungsstil, der dem Kind keine Eigenständigkeit zubilligt, damit in Abhängigkeit zu den Eltern hält und es in seiner Entwicklung einengt.

«Manchmal krieg ich echt schon Angst!»
Kinder erzählen

«Also», so erzählt mir Ramona, elf Jahre, «wenn ich mal was Schlimmes gemacht hab . . .»

«Was Schlimmes?» unterbreche ich sie. «Was ist das?»

«Vergessen, den Tisch zu decken oder so . . . dann sagt mein Vater: ‹Du hast noch zwei Freikarten!›»

«Versteh ich nicht!»

«Wenn ich's dann noch zweimal vergesse, dann sagt er: ‹Es ist wieder soweit›.» Ihre Stimme wird leise, zittert ein wenig, sie schaut mich ganz ernst an: «Dann holt er die Hundepeitsche!»

«Was holt er?»

«Die Hundepeitsche!» Ihre Stimme klingt fast gleichgültig, nahezu unbeteiligt. «Und dann kriege ich sie dreimal. ‹Für jedesmal vergessen einen Schlag›, sagt mein Vater.»

«Der ist aber gemein», fällt Björn ins Wort. «Nur manchmal, meist ist er ja gut», entgegnet Ramona. «Das tut doch weh», insistiert Björn. «Merk ich schon nicht mehr.» Ramonas Stimme ist kaum noch zu hören, ihre Augen schauen traurig.

«Ich bin auch traurig, ganz traurig, wenn ich eine schlechte Note geschrieben hab», meint Oliver mit gedämpfter Stimme. Oliver ist zehn Jahre alt. Ich sehe ihn an, er hat Tränen in den Augen. Die anderen Kinder sind darüber irritiert.

«Meine Mama schimpft dann nicht mit mir. Die sagt gar nichts. Die antwortet auf nichts. Ich bin dann Luft für sie. Und Papa redet auch nicht mit mir. Ich hab dann nur noch Mimi . . .»

«Mimi?» fragen die Kinder durcheinander. «Mimi, wer ist Mimi?»

«Meine Puppe, eine kleine Puppe. Der erzähl ich alles.»

«Aber die versteht dich doch nicht?» Björn runzelt die Stirn. «Das ist doch eine Puppe, Oliver!»

«Mimi ist mein Freund», entgegnet Oliver selbstbewußt.

Florian lächelt, als er das hört, ein Lächeln, das mehr einer Verzweiflung gleicht, ein Lächeln, hinter dem sich unendlich viel Trauer und Schmerz verstecken.

«Ich hab auch 'nen Freund», meint er, seine Hände ausbreitend und auf die Lücke zwischen seinen beiden Zeigefingern deutend. «So lang ist der. Sechzig Zentimeter.»

Die anderen Kinder grinsen unsicher, einige sind verlegen.

«Er ist dünn und pfeift.» Florians Stimme wird ganz leise.

«Kapier ich nicht!» Ramona schüttelt ihren Lockenkopf.

«Wenn ich 'ne schlechte Note hab oder Mist gebaut, sagt mein Vater: ‹Hol deinen Freund!›» Eine spannungsgeladene Stille entsteht.

«Dann geh ich in den Garten», Florian stockt, «... dann geh ich eben in den Garten, hab ein Messer dabei, breche einen Weidenstock und schnitz den zurecht, bis er», Florian zeigt die Länge von sechzig Zentimetern, «bis er so lang ist.» Einige Kinder sind starr, andere haben schreckensweite Augen. Sie ahnen, was kommt.

«Dann geh ich ins Wohnzimmer, geh zu Papa. Dann nimmt er sich den Freund. Ich zieh mir die Hose runter, lege mich über sein Knie, und dann sagt er: ‹Na, Florian, mein Freund.› Und dann sag ich: ‹Ich will mich bessern!› Und dann schlägt er zu: ‹Gut, mein Freund!›» Die Gesichter der Kinder sind versteinert, Ramona rückt zu Florian, streichelt ihn.

«Armer Florian!» Die anderen nicken.

«Das macht er dreimal!»

«Dein Papa ist ein Arschloch!» ruft Simone spontan.

Florian runzelt die Stirn: «Nein», verteidigt er seinen Vater. «Nein! Er sagt, wenn ich lernen würde und so, dann schlägt er mich auch nicht. Aber wenn ich faul bin, muß der Freund ran.»

«Der spinnt doch», ruft Simone entrüstet.

Florian schüttelt wieder den Kopf. «Ihm macht das auch keinen Spaß, sagt er, wenn er so böse ist. Ehrlich!»

Simone schaut Florian mitleidig, aber auch ein bißchen wütend an: «Warum gehst du denn überhaupt in die Schule, wenn du faul bist?» fragt sie, ihren Kopf heftig schüttelnd.

Florian kneift die Augen zusammen: «Wieso? Muß man doch!»

Simone lacht: «Ich krieg dann immer Bauchschmerzen, wenn ich faul war!»

«Richtige?» will Ramona wissen.
«Du fragst wie meine Mutter», meint Simone.
«Ich sag ihr nur, wer hat die Bauchschmerzen: du oder ich? Na ja, und dann brauch ich nicht zu gehen!»
Alle lachen, nur Florian schüttelt den Kopf.

«Die nehmen mich nicht ernst!»
Grenzenlose Erziehung macht unsicher

«Weißt du», erzählt mir der zwölfjährige Anton, «warum ich niemals gesagt bekomme, wann ich zu Hause sein soll?»

«Warum willst du das wissen?» frage ich.

«Weil ich gerne wissen möchte, ob meine Eltern mich gerne haben!»

«Hast du das Gefühl denn nicht?»

«Nein!» ruft er. «Ich kann doch machen und tun, was ich will. Ich bin denen irgendwie egal.»

Anton ist bei mir in der Beratung, weil er oft durch zerstörerische Aggressionen und durch sprachliche Gewalt aufgefallen ist. Und hin und wieder wirkt er völlig apathisch, dann wieder still und zurückgezogen, und ein anderes Mal traut er sich zuviel zu und erlebt Frustrationen, die er nur schwer aushält.

Immer mehr Kinder werden mit einem Laisser-faire-Stil erzogen. Dadurch fühlen sie sich allein gelassen. Er macht sie unfähig, soziale Beziehungen einzugehen und Kontakte aufzunehmen. So wie die Überbehütung nur räumliche Enge und körperliche Nähe zuläßt, damit erdrückt, Eigenständigkeit und Autonomie unterbindet, so bietet der Laisser-faire-Stil den Gegenpol: Hinter der – aus elterlicher Sicht – vermeintlich unbegrenzten großen Freiheit verbirgt sich unpersönliche Distanz, eine – für das Kind – unüberschaubare Weite, die Verlassenheitsangst und Einsamkeit aufkommen läßt und bald unerträglich wird. Widerstand und Auseinandersetzung können sich in der Folge ebenso einstellen wie zerstörerische Aggressivität, Übermotorik oder Distanzlosigkeit. Solche Verhaltensweisen sind Ausdruck einer verzweifelten Suche nach Halt und Orientierung, nach Standort und Standpunkt, nach Sinn und Nähe.

Erziehung ist Beziehung, hat mit Bindung und Auseinandersetzung zu tun. Ohne Nähe und Halt – das wissen Sie schon aus dem Kapitel über die Körperkontakt-Verlustangst – fühlen sich Heranwachsende verlassen und allein gelassen, losgelöst von Beziehungen und Bezugspersonen, die Urvertrauen und Selbstwertgefühl erst entstehen lassen. Übersieht oder verkennt Erziehung die existentiellen Wünsche von Kindern nach gefühlsmäßiger und sozialer Orientierung, dann kommt es bei Heranwachsenden zu Unsicherheiten und Ängsten

■ *in der emotionalen Orientierung.* Die Kinder fühlen sich in der Gruppe unwohl, wirken beziehungslos, entwickeln nur schwer Kontakt zu anderen Menschen. Sie haben nicht das Gefühl, für andere wichtig zu sein. Daraus erwachsen Probleme, sich anderen gegenüber angemessen zu verhalten: Die Kinder erscheinen distanzlos, schmeißen sich anderen an den Hals. Oder sie sind schüchtern, angepaßt, passiv und zurückgezogen;

■ *in der sozialen Orientierung.* Meist fehlen diesen Kindern persönliche Vorbilder, die Grenzen, Regeln und moralische Verhaltensrichtlinien vorleben. Deshalb sind Leitbilder notwendig, weil sie sich an ihnen orientieren, anlehnen und reiben können. Die fehlende Orientierung zeigt sich weiter in der Verbindlichkeit, mit der Kinder getroffene Absprachen einhalten: Solche Kinder versprechen viel, halten sich aber selten daran, ihnen fehlt Erfahrungssicherheit. Sie halten starr an bestimmten Vorhaben fest, zeigen sich wenig flexibel und scheuen vor neuen Erfahrungen zurück;

■ *im Wunsch nach Individualität.* Der Laisser-faire-Stil gestattet den Kindern nicht, sich selbst zu achten und zu respektieren. Fehlende Selbstachtung führt zur Mißachtung anderer, dazu, sie nicht in ihrer Würde anzuerkennen. Der Laisser-faire-Stil überfordert Kinder, verlangt ihnen Leistungen ab, die sie – schon entwicklungsbedingt – nicht einlösen und umsetzen können. Es bleibt das Gefühl des Nicht- bzw. Nie-Könnens. Wer keine Möglichkeiten bekommt, seine produktiven und sozialen Fähigkeiten zu zeigen, macht das genaue Gegenteil und verschafft sich – wenn auch nur negative – Zuwendung durch zerstörerische und un-soziale Tätigkeiten;

■ *im Wunsch nach Stärke.* Als Folge aus dem Laisser-faire-Stil fühlen sich Kinder inkompetent und entscheidungsschwach. Die Kinder haben Schwierigkeiten, Verantwortung zu übernehmen, mit materiellen Frustrationen fertig zu werden und ihre – zweifellos vorhandenen – Kompetenzen situations- und sozial angemessen einzusetzen. Fehlende Bestätigung im Handeln wird ersetzt durch den Wunsch nach Herrschen und Machtausübung, gepaart mit egozentrischer Eigensinnigkeit.

So ist es kein Wunder, wenn sich das Grenzensetzen im Laisser-faire-Stil als unwürdig-nervender Machtkampf gestaltet, der das Verhältnis von Eltern und Kindern zu einer Terrorbeziehung werden läßt.

Diese Erziehung läßt Kinder nicht los, baut kein Vertrauen auf und scheut sich vor Auseinandersetzungen. Die «lange Leine» wechselt unvermutet mit impulsiven Strafaktionen, eine unsichere Toleranz paart sich mit undurchsichtiger Kontrolle, Verschmelzungswünsche mit willkürlichem Liebesentzug. Dann vollzieht sich das Grenzensetzen nicht auf der Basis gegenseitigen Respekts, sondern gründet auf dem Recht des Stärkeren. Die Grenze wird schnell zur Strafe, zum Symbol dafür, wer verloren hat. Dies ist der Beginn eines neuen Teufelskreises: Da Frustrationen nicht ausgehalten werden, gleitet Strenge schnell in erneute vordergründige Versöhnung um. Und alles fängt von vorne an.

«Oder muß ich erst böse werden?»
Strafandrohung, Inkonsequenz und Kinderängste

Michaela Geiger hatte mit ihrem fünfjährigen Robert einen ganzen Nachmittag lang gespielt, sich intensiv um ihren Sohn gekümmert. Die Zeit verlief sehr harmonisch. Man vereinbarte, noch fünf Minuten zu spielen, Robert war einverstanden, doch als seine Mutter das Spiel beenden wollte, bettelte Robert weiter, zögerte mit Weinerlichkeit und Traurigkeit das Ende immer aufs neue hinaus. Die Mutter wurde ungeduldiger, die bisher ausgeglichene Stimmung drohte umzuschlagen. Als Robert sie wieder einmal mit den Worten nötigte: «Du hast mich nicht lieb», flippte sie, wie sie sich später erinnert, völlig aus!

«Was hast du gesagt?» schrie sie mit sich überschlagender Stimme. Robert streckte die Zunge heraus, murmelte etwas, was Michaela Geiger nicht genau verstand. Dann schaute Robert seine Mutter an: «Du spielst nie mit mir! Du magst mich nicht!»

Sie springt auf, reißt ihren Sohn vom Stuhl hoch: «Gut, dann such dir 'ne andere Mutter!» Sie ist außer sich. «Und ich will dich hier nicht mehr sehen. Hau ab! Hau ab! Zieh doch aus!» Sie zieht ihn ins Kinderzimmer.

«Los, pack deine Sachen!» Michaela Geiger sieht Roberts kleinen Rucksack in der Zimmerecke liegen. Robert steht die ganze Zeit wie versteinert da, unfähig, ein Wort zu sagen. Er ist starr vor Schreck, schockiert über seine Mutter, die die Kommode aufzieht, Pullover, Hosen, Strümpfe, T-Shirts, alles mehr oder minder wahllos herauszieht, um sie in Roberts Rucksack zu stopfen.

«Mama!» Robert klingt zaghaft.

«Halt die Klappe!» Der Satz kracht wie ein Hieb auf Robert nieder. Er schweigt.

«So, nun komm!» Sie zieht ihn am Arm.

«Ich bring dich jetzt zur Bushaltestelle, und dann fährst du in ein Kinderheim!»

«Nein! Nein! Nein!» Robert erstarrt, setzt sich auf den Boden, legt sich hin. Mit beiden Beinen klammert er sich am Bettgeländer fest. Seine Mutter zieht und zerrt, schreit: «Komm endlich. Ich schmeiß dich raus!»

«Ich will doch lieb sein! Nicht ins Heim! Ich will immer lieb sein! Nicht ins Heim! Bitte, Mami, nicht ins Heim!» Roberts Stimme hat einen flehenden Klang. Aber die Mutter läßt ihm keine Chance. Je doller er sich anklammert, um so heftiger zieht sie – bis er laut vor Schmerzen aufschreit. Sein linker Arm hängt ungelenk herunter, er ist – wie sich später herausstellt – ausgekugelt.

«Da bin ich wieder zur Besinnung gekommen. Als ich Robert da hab liegen sehen, bin ich zusammengebrochen und hab nur noch geheult!»

Das ist eine – gewiß drastische – Situation, die aber das Prinzip der Strafe verdeutlicht. Viele Erwachsene warten mit dem Grenzensetzen sehr lange, obgleich sie spüren, daß Klarheit und Festigkeit für eine Klärung der Situation mehr als überfällig wären. «Gute» Worte setzen keine Grenzen, vielmehr ist ein Handeln notwendig, das sich am Kind und seinen Möglichkeiten orientiert. Wird nicht gehandelt, so erzwingt das Kind dies, indem es seine Störungen fortsetzt. Wird nicht rechtzeitig eingegriffen, kann sich aus der langen Leine, dem Langmut, der stillschweigenden Duldung, eine impulsive Strafaktion entwickeln, die manchmal physische und psychische Verletzungen nach sich zieht.

Strafen ändern nichts am störenden Verhalten des Kindes. Strafen mögen zwar *kurzfristig* eine Situation beenden – «Wenn du jetzt nicht aufhörst, dann werd ich böse!» – oder ein Resultat zeitigen: «Wenn du jetzt nicht Hausaufgaben machst, gibt's kein Fernsehen!» Das ist aber nur ein vorübergehendes Erfolgserlebnis, denn durch Strafen werden Kindern keine Möglichkeiten aufgezeigt, das störende Verhalten zukünftig anders, vor allem selbständiger, zu lösen. Elterliche Strafaktionen, die ein Kind als Erniedrigung empfindet, lösen entweder den Wunsch aus, sich durch weitere Störungen an den Eltern zu rächen, oder provozieren überangepaßtes Verhalten, um sich vor impulsiven elterlichen Reaktionen zu schützen. Inkonsequentes Verhalten bringt Ängste und Unsicherheiten mit sich. Straferfahrungen bedrücken, machen klein, führen allenfalls zu Machtkämpfen und zu Rache- und Vergeltungsphantasien des Kindes, die schließlich alle zermürben.

Machtkämpfe zwischen Eltern und Kindern sind auch Folge eines inkonsequenten Erziehungsstils. Da Kinder Eltern in ihrem aktuellen Erziehungsverhalten nicht einzuschätzen wissen, handeln sie so, daß ihnen eine negative Aufmerksamkeit gewiß ist.

Hier zeigt sich: Soziale Ängste müssen sich nicht in angepaßtem, kränkelndem und entmutigendem Verhalten ausdrücken, Ängste können genausogut in zerstörerische und entwürdigende Aggressionen umschlagen – und dies ist wörtlich und konkret zu nehmen. Wie kompliziert und anstrengend es manchmal ist, den Kindern das Gefühl der Konsequenz zu geben, zeigt eine Situation, die zugleich den Unterschied von Strafe und Konsequenz verdeutlicht.

Von Maria, die sich für die inkonsequenteste Mutter der Welt hielt

Maria Roberts hat drei Kinder, Patrick, elf Jahre, Thomas, neun Jahre, und den fünfjährigen Benjamin. Sie hat einen guten Draht zu ihren Buben, «aber», so fügt sie lächelnd hinzu, «die können mich schon um den kleinen Finger wickeln, wenn sie nur wollen». Nach einer Pause, die Augen zum Himmel gerichtet: «Und das machen sie oft!» Sie sieht mich an: «Vor Ihnen sitzt die inkonsequenteste Mutter der Welt!»

«Glückwunsch!» rufe ich spontan. «Da haben Sie doch viel: drei Kinder, die für sich sorgen, und eine Mama, die für ihre Kinder sorgt.» Sie lacht. «Mir ist aber nicht zum Lachen zumute. Ich muß etwas ändern. Sonst gehe ich drauf!»

«Was wollen Sie ändern?»

«Alles. Die Kinder. Mich. Meinen Mann. Alles eben!»

«Fangen wir mit Ihnen an!»

«Mit mir?»

«Ja. Nun, Sie sitzen hier!»

«Aber es sind doch die Kinder, die nerven!» ruft sie spontan.

«Wann nerven sie nicht?» Sie ist irritiert: «Also, mmh, also! Na ja, die sind in Ordnung. Die meiste Zeit...» Und dann schwärmt sie von ihren Söhnen. Ihre Augen leuchten dabei.

«Sie mögen sie?»

«Klar!»

«Und das wollen Sie ändern?»

«Das natürlich nicht! Aber dieses Mich-um-den-Finger-Wickeln!»

«Wann wickeln sie?»

Sie überlegt: «Schon häufig!»

«Wann?»

«Gestern! Typisch! Gestern!» Sie schüttelt den Kopf.

«Gestern! Und deshalb bin ich ja auch hier!» meint sie bestimmt. Und dann erzählt sie.

Sie habe immer den größten Krach, wenn sie mit ihren drei Söhnen von der Oma nach Hause fahre. Die Großmutter sei krank, sie müßten still sein, und auf der Rückfahrt würden sie im Auto voll aufdrehen. Thomas sei der Rädelsführer.

«Der sitzt», so seine genervte Mutter, «auf der Rückbank und mischt die beiden anderen auf. Die machen begeistert mit. Und so entsteht hinten das absolute Chaos.»

Sie atmet tief aus.

«Ich hab alles versucht, im Guten, im Bösen...»

«Im Bösen?» frage ich.

«Na ja, irgendwann platzt mir der Kragen. Dann schreie ich: ‹Wenn ihr weiter tobt, schmeiß ich euch raus!›»

«Und?»

«Na was wohl?» ruft sie genervt.

«Alle machen weiter wie gehabt, die eine fährt, die anderen nehmen das Auto auseinander!» Ich lache sie an.

«Lachen Sie nicht! Bei Ihnen hab ich gelesen: Schauen Sie Kinder an, wenn Sie mit ihnen reden. Machen Sie das mal, wenn Sie ein Auto steuern, Blick nach vorn, und die Kinder sind hinten!» Sie nickt heftig mit ihrem Kopf, und sie sieht mich streng an. «Haben Sie das mal gemacht?»

«Nein!»

«Na also!» Sie schnauft aus: «Mußte mal gesagt werden. Alles hat seine Grenzen, auch Sie!»

«Ich überleg mir mal was dazu!» meine ich beruhigend.

«Brauchen Sie nicht! Ich erzähl's Ihnen, wie es weiterging.»

«Von gestern!» Sie nickt.

Schlimm sei es gewesen mit dem Krach, schlimmer als sonst. «Ich werf euch raus!» habe sie zweimal gedroht. Die drei hätten weitergetobt, und «irgendwann hab ich geschrien: Oder muß ich euch erst rauswerfen?». Sie stockt.

«Fast schien es so, als wollten sie das provozieren. Die waren ärger denn je!» Sie sieht mich an:

«Dann hab ich gebremst. Ungefähr zwei Kilometer von zu Hause weg. Aber da war ein Fußweg», sagt sie versichernd.

«Und?»

«Da hat's mich fast zerrissen. Er wolle sowieso zu Fuß gehen, hat Thomas gesagt, das sei cool. Und alle drei sind dann ausgestiegen.» Maria hält ihre Hände, als ob ein Steuerrad darinliegt.

«Ich bin dann losgefahren, hab nach zweihundert Metern gebremst, weil ich dachte: Oh, meine Kinder. Es ist dunkel. Es ist kalt. Ich bin eine Rabenmutter.» Den Rückwärtsgang habe sie eingelegt, zu den Kindern zurück, Thomas öffnete die hintere Tür, drehte sich zu seinen Geschwistern und meinte ganz cool: «Na, was hab ich euch gesagt, die kommt zurück!»

«Klug durch Lebenserfahrung», stelle ich trocken fest.

«Sage ich doch, vor Ihnen sitzt die inkonsequenteste Mutter!»

«Und das wollen Sie aufgeben?» Sie nickt: «Sofort und überall!»

«Lassen Sie uns mit dieser Situation anfangen!»

«Gut. Sehr gut!» meint sie forsch, sich aufrecht hinsetzend.

«Wo könnten Sie Ihre Kinder denn rauslassen, wenn sie sich nicht an die Abmachung halten?»

«Na, dort, wo ich gestern gehalten habe. Da fängt ein breiter Fußweg an. Völlig ungefährlich, es ist zudem alles beleuchtet.»

«Stellen Sie sich vor, Sie weisen die Kinder hinaus, und sie gehen nicht!» Sie überlegt, ihr Blick geht nach innen.

«Doch, die gehen. Spätestens bei der dritten klaren Aufforderung geht Benjamin, der hat die schwächsten Nerven!» Sie lacht: «Also raus krieg ich sie schon!»

«Stellen Sie sich vor, Sie fahren nach Hause. Es ist schon dunkel, ein nebliger Novemberabend!» Sie sieht mich an. «Wie lange brauchen Ihre Kinder zu Fuß nach Hause?»

«Na ja, dreißig Minuten!» erwidert sie, ihren Kopf hin- und herwiegend.

«Stellen Sie sich vor, Sie sitzen zu Hause, dreißig Minuten sind vergangen, kein Kind kommt. Es ist immer noch dunkel, neblig, Monster und Geister sind unterwegs...» Ihre Augen blicken mich unsicher an.

«45 Minuten sind vergangen, kein Kind im Anmarsch.»

Sie hält es nicht mehr aus: «Dann fahr ich los!»

«Wozu dann die ganze Mühe bisher? Das ist inkonsequent. The same procedure wie immer!»

«Ich muß bleiben?»

«Sie können!»

«Das ist eine harte Übung!»

«Eine konsequente Übung.» Ich lache sie an: «Nach einer Stunde sind sie immer noch nicht da!»

«Dann fahr ich los», ruft sie spontan. Ich schüttle den Kopf.

«Aber ich bin doch nervös. Kann an nichts anderes mehr denken!» entgegnet sie.

«Was hilft gegen Ihre Nervosität?»

«Bügeln!» Allein das beruhige sie. «Ja, bügeln hilft!»

Ich blicke sie fest an: «Gut! Dann bügeln Sie und vertrauen Ihren Kindern, daß nichts passiert!»

Sie, ganz spontan: «Das kann ich. Die sind einfach toll!»

«Nach 75 Minuten geht noch keine Haustür auf!»

«Das ist Folter», ruft sie. «Aber ich darf wohl noch weiter bügeln, nicht?»

Dann hält sie es einfach nicht mehr aus: «Aber nach 90 Minuten kann ich losfahren und nach meinen Kindern schauen!» Ich schaue sie unbewegt an.

«Ist mir auch egal. Ich fahre einfach!» Ihre Stimme hat einen trotzigen Klang.

Nach ein paar Wochen treffen wir uns nochmals.

«Ein voller Erfolg.» Sie strahlt. «Ein Erfolg auf der ganzen Linie.» Maria Roberts hatte ihren Kindern nach der Beratung ihre Entscheidung mitgeteilt: Ruhe im Auto, zu Hause gibt es eine Rauf- und Rangeleinheit mit der Mutter. Wenn sie aber im Auto laut wären, gäbe es «zwei Ermahnungen, dann halte ich an! Und ihr geht den Rest zu Fuß!»

«Und die Reaktion Ihrer Kinder?»

«Benjamin hat ernst dreingeschaut, Patrick wußte nicht so genau, wie ernst er das nehmen sollte, Thomas hat gelächelt: ‹Klar steigen wir aus, und du kommst zurück.›»

«Und was haben Sie gesagt?»

«Ich komme nicht zurück!» hab ich gesagt.

Thomas habe seine Brüder angeschaut und gegrinst: «Habt ihr gehört, Mama kommt nicht zurück.» Sie habe sich nicht in den Machtkampf hineinziehen lassen und nur ruhig gefragt: «Seid ihr mit der Absprache einverstanden? Ist euch das klar?» Benjamin habe sofort genickt, Patrick zögerte, dann sagte er: «Ja!» Thomas lächelte: «Mama, ich gehe meilenweit nur für dich!»

«‹Du kleines Arschloch›, habe ich still zu mir gesagt, und dann mußte ich grinsen, wie ich ihn fluchend gehen sah.»

«Ist was?» fragt Thomas.

«Wieso?»

«Du grinst so komisch.»

«Ich habe mich verändert!»

Thomas grinst: «Du siehst uns schon wandern, nicht wahr?»

Da habe sie lachen müssen und wäre fast wieder weich geworden: «Ich liebe doch meine Schlitzohren! Ich war doch auch so!»

Zwei Wochen danach war Ruhe im Auto. Es hatte den Anschein, als spürten die drei Jungen, wie ernst es die Mama meine mit ihrer Konsequenz. Aber in der dritten Woche ging es wieder hoch her, die Wogen schlugen höher als je zuvor, aufgemöbelt durch Thomas.

«Ich habe ihnen zweimal die gelbe Karte gezeigt, sie an die Absprache erinnert, nichts passierte. Im Gegenteil: Es ging lauter und turbulenter zu als je zuvor. Und ich hab mit mir gekämpft, hältst du's aus oder nicht. Es war ja draußen schon dämmrig und neblig, ich glaub, auch die Gespenster waren da. Aber dann wußte ich, ich mußte handeln!»

«Was ist passiert?»

«Ich sah Thomas im Rückspiegel, wie er alles mit Blick auf mich inszenierte. Also raffiniert. Der hatte die ganze Show im Griff. Also war der raffiniert, eine turbulente Action, und schon schaute er, was macht Mama!» Sie lacht: «Da war mir klar, jetzt mußt du handeln, Maria!» Sie freut sich noch im nachhinein diebisch über ihren Triumph. «Es gab 'ne dritte gelbe Karte. Aber die Kinder fanden kein Ende. Ich hab dann gebremst, so anderthalb Kilometer vom Haus.» Dann habe sie ganz ruhig «Raus!» gesagt. Aber nichts passierte. «Raus!» habe sie wiederholt, ihre Worte mit einem ausgestreckten Finger unterstützend. «Laß uns gehen», habe Benjamin gezischt und sich als erster hinausbewegt. Patrick folgte, Thomas hinterher: «Draußen ist die Luft sowieso viel schöner!»

Maria Roberts gibt Gas, kommt zu Hause an, geht hinein, stellt sich vor den Spiegel im Flur: «Gut gemacht, Maria!», und zur Feier des Tages gönnt sie sich drei Pralinen.

«Drei?» frage ich.

«Drei!» erwidert sie. «Für meine drei. Ich hab sie zum Fressen gern.»

Nach dreißig Minuten sind die drei Kinder aber nicht da, nach sechzig Minuten auch noch nicht.

«Ich bin ab in den Keller zum Bügeln. Aber sie kamen und kamen nicht.» Sie atmete tief aus: «Das war schon schwer!» Sie lacht mich an: «Just in dem Moment, wo ich loswollte...»

«Wie spät war's?»

«Na ja, neunzig Minuten, wie abgesprochen.»

«Neunzig Minuten...», lache ich.

«Na ja, 85 Minuten... nehmen Sie das aber genau. Na ja, just in dem Moment, als ich jedenfalls loswollte, kommen die drei in die Haustür.» Dann beschreibt sie haargenau, wie ihre Söhne da vor ihr standen, fröstelnd, sich gegenseitig wüst anpöbelnd. Benjamin ging zittrig-ungelenk auf seine Mama zu, Tränen in den Augen: «Mama, weißt du, warum wir so spät kommen?»

Die Mutter wußte es nicht.

«Weil der da», Benjamin zeigt auf seinen Bruder Thomas, streckt ihm die Zunge raus, «weil dieses Arschloch gesagt hat: ‹Laß uns warten, die kommt noch!›»

Die Unterschiede zwischen Strafe und Konsequenz lassen sich klar benennen. Die Strafe
- wird dann eingesetzt, wenn «man nicht mehr weiter weiß» oder sich hilflos fühlt. Manche Strafandrohungen sind überzogen, viele werden deshalb nicht oder nur selten umgesetzt. Dies verstärkt kindliche Ängste oder Machtkämpfe;
- erscheint dem Kind auch als Willkür und Machtdemonstration, vor allem deshalb, weil sie plötzlich hereinbricht;
- steht meist nicht in ursächlichem Zusammenhang mit der Regelverletzung («Wenn du keine gute Note schreibst, darfst du nicht fernsehen!»);
- bringt nicht selten eine Rationalisierung der elterlichen Strafaktion mit sich, um sich zu entlasten: «Wenn du deine Hausaufgaben gemacht hättest, bräuchte ich nicht böse zu sein. Aber du zwingst mich ja dazu!»;
- zieht beim Kind manchmal Vergeltungsphantasien nach sich. Es versucht sich für das Unrecht zu rächen, oder es tritt in einen nervenden Machtkampf ein.

Konsequenzen stehen dagegen in grundsätzlichem Zusammenhang mit dem Tun des Kindes.
Sie stellen natürliche Folgen dar, die beim Kind Einsicht wecken sollen:
- Konsequenzen müssen dem Kind *vor* der Grenzüberschreitung klar sein. Das Kind hat die Freiheit: Es kann Grenzen respektieren, Absprachen einhalten, dann treten die Konsequenzen nicht in Kraft. Überschreitet ein Kind Grenzen, mißachtet es Absprachen, dann weiß es um die Konsequenzen.
- Auch Konsequenz argumentiert mit einer «*Wenn-dann*»-Formulierung. Ähnlichkeiten zur Strafandrohung sind *sprachlich* unverkennbar. Gleichwohl hat die «Wenn-dann»-Verknüpfung bei der Konsequenz einen anderen Zusammenhang. Konsequenz baut darauf auf, daß *Kinder an der Beseitigung von Störungen mitarbeiten wollen.*
- Konsequenz baut auf gegenseitigem Respekt auf. Es geht um Lö-

sungen durch Einsicht. Konsequenz setzt ein positives Bild vom Kind voraus.
- Konsequenzen werden in ruhigem Ton formuliert. Dies ist möglich, weil sie im vorhinein abgesprochen werden.
- Die Konsequenzen werden mit Nachdruck aufgezeigt. Dabei müssen Erwachsene sich vergewissern, daß dem Kind die Konsequenzen klar sind. Ein wichtiges Prinzip ist: Die Konsequenzen müssen von den Eltern eingehalten werden. Deshalb sollten sie sich vorher vergewissern, ob die dem Kind angebotenen Konsequenzen sowohl praktisch als auch gefühlsmäßig durchzuhalten sind. Sollte das nicht möglich sein, ist nach Konsequenzen zu suchen, die lebbar sind, ohne daß man sich oder die Kinder überfordert.

«Ich kann das nicht!» Über Entmutigungen

In Kindergärten und Schulen, ja im gesamten kindlichen Alltagshandeln treffe ich zunehmend Heranwachsende, die entmutigt sind, die sich nichts zutrauen, sich keinen neuen Herausforderungen stellen, vor Aufgaben zurückschrecken, keine produktive Leistungsbereitschaft erkennen lassen, die ängstlich-unsicher Verantwortung ablehnen. Zweifellos hat dies mit einem grenzenlosen Erziehungsstil zu tun, der Kindern nicht anzeigt, was sie schon können und was sie noch nicht können. Diese Kinder suchen nicht, sie fühlen sich verloren, sie fühlen sich ausgesetzt, weil sich keiner mit ihnen auseinandersetzt. Grenzenloses Vertrauen der Eltern bildet bei Kindern kein Selbstvertrauen aus, grenzenloses Vertrauen empfinden Kinder als Gleichgültigkeit ihnen gegenüber, als Rückzug aus der Beziehung.

Aber auch Beziehung als Gegenpol zur Laisser-faire-Haltung hat ähnliche Folgen. Ich meine hier die Überbehütung, die Einengung und die Bevormundung. Diese Erziehung läßt Kindern keine Luft zum Atmen, bedrückt sie, läßt sie nicht los. Hier wird Erziehung nicht als Unterstützung und Begleitung, als ausbalancierte Mischung aus Nähe und Distanz, verstanden, sondern als ein elterliches Aufgehen in der Erziehung: Erziehen als ununterbrochenes Helfen im Dienst am Kind.

Ständig behütete Kinder lernen nicht, sich und ihre Fähigkeiten angemessen einzuschätzen. Dies führt zur Unsicherheit, macht angst vor Grenzen, vor Grenzüberschreitung, davor, Neues anzupacken, Leistungsfähigkeit auszuprobieren. Ständig überbehütete Kinder resignieren schnell, können Frustrationen nicht aushalten, reagieren weinerlich-quengelig, sind schnell auf Bezugspersonen angewiesen, die, statt liebevollen Trost zu spenden, das Kind in sprachliche Windeln stecken oder Frustrationen wegreden – «Na, komm mal her. Es ist doch alles gar nicht so schlimm, mein Kleines!» – «Ach, was hat sie denn da wieder gemacht, mein Süßes!» – «Na, komm her, ich zeig's meinem kleinen Schatz, wie es geht!»

Der überbehütende Erziehungsstil hält Kinder klein, macht sie gefühlsmäßig, aber auch intellektuell abhängig von erwachsenen Bezugspersonen. Die überbehütende Erziehung verwechselt die Wünsche der Kinder nach Beziehung, Bindung und Nähe mit Klammern, symbiotischer Einheit und Sich-gegenseitig-abhängig-Machen. Ständig umsorgte Kinder haben ständig besorgte Eltern. Die Sorge hält sie zusammen: Eltern machen sich Sorgen – «Von morgens bis abends denk ich nur: Hoffentlich geht's meinen Kindern gut! – Nur wenn's meinen Kindern gutgeht, geht's auch mir gut!» –, und deshalb machen sich diese Kinder auch Sorgen: «Ich möchte, daß es meinen Eltern gutgeht. Sie sollen sich keine Gedanken machen müssen!» Die Folge ist ein überangepaßtes Verhalten der Kinder.

So werden nicht Urvertrauen, stabile Bindungen oder eine positiv erlebte Auseinandersetzung mit Grenzen und Normen ausgebildet, sondern Zögerlichkeit und Abhängigkeit. Die Suche nach neuen Herausforderungen wird als negativ erlebt, weil die Entdeckung von Unbekanntem für diese Kinder einen gefährlichen Strudel bedeutet, der sie herabzieht. Auffällig ist, daß ständig überbehütete Kinder sich häufiger in Gefahrensituationen verlieren, weil sie – dann vielleicht auf sich allein verwiesen – keine Techniken haben, um sich selbst zu schützen. Kinder haben eine positive Bereitschaft zur Leistung. Sie wollen mithelfen, mittun, ihre Zugehörigkeit zur Familie durch tatkräftiges Mit-Handeln unter Beweis stellen. Aber ständiges Reglementieren, Bevormunden und Besserwisserei entmutigen Kinder, lassen eigenständige Leistungsbereitschaft verkümmern, bilden Leistungs- und Versagensangst aus.

Zweifellos ist es wichtig, Mißerfolge mit dem Kind zu besprechen. Aber Formulierungen wie «Was habe ich dir gesagt!» bauen nicht auf, stellen es vielmehr als Versager bzw. als unfertiges kleines Wesen hin. So baut sich Unsicherheit auf. Der Erwachsene dagegen steht als Besserwisser da. Statt verdeckte Ratschläge oder heimliche Befehle – «Wenn ich du wäre» – zu geben, könnte sich eine Mutter beispielsweise in die Enttäuschung des Kindes einfühlen.

Ein Satz wie «Es ist ja gar nicht so schlimm» zeigt hingegen, daß Eltern die Gefühle ihrer Kinder genausowenig ernst nehmen wie deren Bemühungen, die mißliche Lage zu bereinigen. Ein Kind braucht bei der Suche nach einer selbständigen Problemlösung die mütterliche – oder väterliche – Mithilfe und Unterstützung. So könnte es erfahren, daß der erlebte Mißerfolg kein subjektives Versagen, sondern nur einen augenblicklichen Mangel an Fertigkeiten darstellt, der durch Übung beseitigt werden kann. Während ein Kind oft Eigenständigkeit und Können erneut beweisen will, erlebt es sonst eine weitere Entmutigung.

Diese Überlegungen will ich nun an konkreten Alltagssituationen veranschaulichen, um zu zeigen, wie Entmutigung in der Erziehung zu Angst und Unsicherheit führt.

Die vierjährige Anna hat Eltern, die ununterbrochen im Erziehungseinsatz sind. Anna war als Dreijährige ein quirrlig-aufgewecktes Kind, forsch, sehr fordernd, zupackend. Kein Wunder, daß ihr manches im ersten Zugriff mißlang – ob beim Basteln, beim Bauen, beim Aufräumen, beim Klettern, beim Spielen. Wer Anna jetzt erlebt, hat ein weinerliches Kind vor sich, das sich nichts zutraut. Ständig umgeben von helfenden Händen, die Annas Mißgeschicke mit bemitleidender Stimme kommentieren: «Ach Anna, Schätzchen, das tut mir leid!» – «Ach, Annachen!» – «Dafür bist du noch zu klein!» Anna erfährt Eltern, die Nähe und Bindung geben möchten, ihre Tochter damit aber unterdrücken, oder besser: bedrücken. Anna braucht eigenständige Erfahrungen. Nur durch eigenes Tun, das auch Frustrationen und Mißerfolge mit sich bringen kann, kann sie wachsen.

Bei Tom, sechs Jahre, reiht sich Mißgeschick an Mißgeschick. Alles, was er anfaßt, zerbricht. «Siehst du, Tom, ich hab's kommen sehen», hört er von seinen Eltern dann mit einer Mischung aus Anklage und Mitleid.

Viele Eltern haben entmutigte Kinder, die nicht bereit sind, Verantwortung zu übernehmen oder konstruktiv an Lösungen mitzuarbeiten, weil sie von ihren Eltern nicht ernst genommen werden. Solche Eltern sehen ihre Kinder als Pechvogel, als Tolpatsch, als «kleinen verträumten Trottel», wie Tom von seinen Eltern auch genannt wird. Kinder werden nur unter dem Blickwinkel des Noch-nicht-Könnens wahrgenommen und nicht unter einer konstruktiven Perspektive, die das momentane Können des Kindes berücksichtigt.

«Das mußt du doch können!»
Überforderte Kinder sind ängstlich

«Meine Eltern», so die elfjährige Nicole, «wollen nur das Beste. Aber», so fügt sie lachend hinzu, «das bekommen sie nicht.»

«Was meinst du damit?»

«Ich durfte im Kindergarten nicht spielen, nie durfte ich spielen. Hast du heut nichts gebastelt? fragte meine Mutter, wenn ich aus dem Kindergarten kam. Wenn ich das schon hörte. Und am ersten Schultag meinte mein Vater: So, nun fängt der Ernst an, nun gibt's keine Spielerei mehr. Meine Mutter hat mir meine Freunde ausgesucht. Freunde, die faul waren, die Fernsehen sahen oder so was, wurden mir vermiest. Und wenn mein Ballettlehrer mal nicht so toll war, wenn wir nichts Richtiges lernten, hab ich 'nen neuen bekommen. Jetzt hab ich schon den vierten.»

Sie grinst: «Und wenn ich in Mathe nur 'ne 3 hatte, gab's 'ne Ermahnung, und nach der vierten 3 hörte ich was von Nachhilfe. Aber», sie lacht, «irgendwann hab ich alle zur Verzweiflung gebracht.» Sie sieht mich an: «Häufig hatte ich ja gute Noten. Und wenn ich eine geschrieben hatte, sagte mein Vater: Siehst du, es geht doch, nur üben! Üben! Üben!» Ihre Stimme wird immer schneller: «Und auch am Wochenende gab's nur Programm. Papa hatte sich etwas ausgedacht – Ausstellungen, Konzerte, Waldlehrpfade», sie rollt mit den Augen, «Waldlehrpfade... ich könnte kotzen. Waldlehrpfade. Und dann diese sanfte Stimme meiner Mutter, diese fürchterliche sanfte Stimme: Nicole, schau, die Buche!»

Ein Blick in Nicoles Kindheit fördert andere Gesichtspunkte ihrer Erziehung zutage. Sie erlebte überfürsorgende Eltern, die – sowohl ihr Vater wie die Mutter – für Nicole da waren. «Ich durfte nie Kind sein», erinnert sich Nicole, «mich nicht schmutzig machen. Ich weiß noch: Ich wollte so gerne die Geschirrspülmaschine ausräumen. Ich stellte mich wohl ungeschickt an. Da sagte meine Mama: Schön, Nicole. Aber mach das so, so geht das besser. Und einmal wollte ich mit meiner Freundin, die war elf, den Platten an meinem Fahrrad flicken. Wir hatten das Rad abgeschraubt, hatten den Schlauch schon aufgezogen, wir überlegten, wie das nun weitergeht, da kommt Papa, macht alles schnell fertig, ohne uns zu fragen. Mensch, ist der ätzend, hat meine Freundin gezischt. Ist der immer so? Ich hab genickt. Du tust mir leid, hat sie gesagt.»

Irgendwann hat Nicole geschrien: «Ihr könnt mich mal.» Die Mutter hatte als erste die Sprache wiedergefunden und beleidigt gesagt: «Nicole! Du entschuldigst dich! Wir geben uns so viel Mühe! Und was machst du?» Nicole redet sich bei mir in Rage, Tränen schießen ihr in die Augen: «Ich bin doch für die ein Nichts. Ich muß doch nur gut sein, damit die mit mir im Tennisclub angeben können!» Ihre Stimme wird schriller: «Ach, Nicole hat nur Einsen. Oder wenn Oma kommt: Ach, Nicole, zeig doch mal deine Arbeiten!» Dann schreit sie in den Raum: «Scheiße! Scheiße! Scheiße!»

Kevin erging es anders, aber auch er zeigte sich als ängstlich-unsicheres Kind, als ich den zwölfjährigen Jungen im Hort kennenlernte. Schmal und blaß sah er aus, wirkte angepaßt, seine Stimme war brüchig, kaum zu verstehen. Kevin war ein durchschnittlich begabter

Schüler, seine Lehrerin hatte ihn für die Realschule empfohlen. «Das kommt nicht in Frage», hatte der Vater gerufen: «Der geht aufs Gymnasium. Der schafft das. Und nur wenn er das Gymnasium besucht, kann er was werden. Ich seh's bei mir. Nur weil ich einen Hauptschulabschluß habe, ziehen alle anderen im Beruf an mir vorbei. Die großen Arschlöcher. Kommt nicht in Frage mit der Realschule. Der kommt aufs Gymnasium. Dann muß er eben mehr lernen. Dann muß er lernen und nochmals lernen! Und später wird er mir dankbar sein!»

Kevin erzählt mir in der Beratung: «In der vierten Klasse der Grundschule mußte ich zwei Stunden Hausaufgaben machen. Obgleich wir gar nicht soviel aufhatten. Die mußte ich abends vorzeigen. Und wenn das nicht richtig war, gab's Krach.»

«Haben sie dir geholfen?»

«Nein, ich saß in meinem Zimmer und mußte lernen.» Seine Augen werden schmal: «Und wehe, ich ging nur mal auf Toilette. Dann fragte Mama von unten: Kevin, was machst du da? Du mußt doch lernen!»

Er überlegt: «Meine Eltern haben nur gemeckert.» Kevin sieht mich an: «Und wenn ich 'ne schlechte Note hatte, haben die nicht mit mir geredet. Dann mußte ich in mein Zimmer und mich schämen!»

Dabei hatte Kevin vielseitige Interessen. «Am liebsten waren meine beiden Kaninchen», erzählt er mit stockender Stimme.

«Warum waren?» frage ich Kevin.

«Ja, die hat Papa neulich geschlachtet, damit ich nicht abgelenkt bin!»

Dieses Erlebnis hat Kevin in einen Schockzustand versetzt, er hatte in einem Anfall von Zorn und Wut seine Schulbücher zerrissen, wollte nicht mehr in die Schule. Die Eltern reagierten zunächst mit impulsiven Drohungen («Dann wirst du Straßenfeger oder obdachlos!»), dann immer hilfloser («Gut, dann holen wir die Polizei. Dann holen die dich ab und bringen dich in die Schule!» oder «Wenn du nicht in die Schule gehst, muß Papa ins Gefängnis!»). Kevin quälte sich daraufhin zur Schule, zeigte aber starke Lernblockaden und Widerstand.

Zwei sehr unterschiedliche Lebensläufe, die aber charakteristische Aspekte über den Zusammenhang von familiärem Erziehungsstil und Ängstlichkeit, insbesondere Schul- und Mißerfolgsangst, aufzeigen. Erziehungsbedingte Ängstlichkeit stellt sich bei Kindern als eine überdauernde Eigenschaft dar. Sie führt dazu, daß diese Kinder spezifische Situationen (z. B. Schule, Prüfungen) als verunsichernd erleben, sie fühlen sich diesen Situationen (oder Personen) hilflos ausgeliefert – auch weil es ihnen an Kompetenz fehlt, solche Situationen zu beherrschen oder die aufkommende Angst selbstbewußt zu bewältigen. Man kann einige Faktoren für die Entstehung von erziehungsbedingten Ängsten und andauernder sozialer Ängstlichkeit benennen:

■ Sie entstehen, wenn Eltern an ihre Kinder hohe Erwartungen stellen, ihnen dabei aber in ihrer Entwicklung nur wenig angemessene Unterstützung zukommen lassen. Inkonsequenz, eine ungenaue Einschätzung des elterlichen Erziehungsverhaltens, strafende Strenge, Tadel und häufige negative Rückmeldungen, Sanktionen bei schlechten Leistungen entmutigen das Kind und bringen erhebliche gefühlsmäßige Verunsicherungen mit sich. Diese werden durch fehlende Wärme in den zwischenmenschlichen Beziehungen noch verstärkt. Die Kinder empfinden das als elterliche Gleichgültigkeit und Lieblosigkeit.

■ Kinder brauchen Fürsorge, aber keine Überfürsorge. Fürsorge baut darauf auf, sich individuell an der Persönlichkeit des Kindes zu orientieren, sein Tun situations- und altersangemessen zu deuten, eigenständiges und selbstverantwortliches Handeln zu fördern, Experimentierverhalten zu unterstützen, dem Kind Wärme zu geben. Überfürsorge bewirkt das Gegenteil: Sie orientiert sich nicht am Kind im Hier und Jetzt, sondern an einer imaginären Zukunft («Denk daran, in der Schule kannst du das nicht!»), sie vergleicht Kinder mit anderen («Aber Johannes kann das doch schon. Und der ist noch ein halbes Jahr jünger als du!»).

Überfürsorge kennt keinen Respekt vor kindlicher Eigenständigkeit («Das kannst du noch nicht!»), sie mutet Kindern keine Verantwortung zu, schränkt das Kind ein, indem sie ihm das Spiel- und

Neugierverhalten («Das ist gefährlich!» – «Das ist noch nichts für dich!») behindert oder einschränkt.

- So werden Problemlösungskapazitäten des Kindes nicht aufgebaut, vielmehr abgewertet, oder die erziehende Person übernimmt die Problemlösung anstelle des Kindes. Statt Wärme herrscht eine Hitze, die keine Luft mehr zum Atmen läßt, die verbrennt, eine Nähe, die Kinder erdrückt, erschlägt und unselbständig macht. Überfürsorge bringt nicht selten hochängstliche Kinder mit sich, die über wenig Selbstbewußtsein verfügen, sich wenig zutrauen, eine unzufrieden-unsichere Gefühlsgrundstimmung haben. Überfürsorge läßt bei Kindern nicht das Gefühl einer wirklich sicheren Bindung aufkommen. So hören überbehütete Kinder häufig auf zu spielen, sind unglücklich, wenn die Mutter oder andere Bezugspersonen den Raum oder die Situation verlassen. Oder sie sind in derartigen Trennungsphasen sehr erregt, kaum zu beruhigen, sie treten in keinen Kontakt mit anderen Personen. Überfürsorge bildet keine sozialen Kompetenzen aus, sie macht Kinder ängstlich-passiv.

Hinter der Überforderung von Kindern stehen vielfältige und komplizierte Motive: Viele Eltern streben einen Perfektionismus in der Erziehung an, konzentrieren sich dabei mehr auf die Erziehungsaufgabe als auf das Kind. Dies fördert eine kalte Kommunikation, die Bindung und Vertrauen nicht zuläßt, vielmehr Mißtrauen und Abgrenzung fördert. Der Perfektionismus läßt die Illusion entstehen, jedes Erziehungsproblem sei sofort lösbar, wenn man nur genügend wisse. Die Eltern setzen sich selbst unter Erfolgszwang – und damit ihre Kinder. Jeder, jede und jedes haben reibungslos zu funktionieren. Störungen sind auszuschließen oder per Patentschlüssel zu reparieren.

Manche Eltern definieren sich über die Leistungen ihrer Kinder und mißbrauchen somit das Vertrauen, das ihnen die Kinder entgegenbringen. Kinder spüren dies. Sie machen dieses Spiel zunächst mit: Sie handeln, weil es die Eltern wünschen. Später spüren sie die Fremdbestimmung, gewinnen damit Macht. Denn wenn sie elterliche Wünsche nicht mehr erfüllen, können sie sich mit Verweigerung rächen, Vater und Mutter ohnmächtig und hilflos machen.

Kinder wollen Leistungen erbringen, aber wenn die Leistungen zur Pflicht werden, keine Ermutigung kommt, wenn Zuwendung mit Leistungsbereitschaft verknüpft ist, dann verkrampft das Kind, dann bricht es zusammen. Es entstehen Angst vor Ablehnung, Angst vor Strafe, Angst, den Eltern weh zu tun. Oder man macht sich das Motto, perfekt zu sein, sich keine Mißerfolge zu leisten, zum Lebensprinzip bis ins hohe Alter hinein. So wird dann das vergebliche Streben nach Vollkommenheit zum Versuch, Anerkennung zu bekommen.

«Keiner mag mich!»
Von der Verzweiflung, ein
Außenseiter zu sein

Manche Kinder fühlen sich allein gelassen, unbeachtet, ungeliebt. Sie leiden unter der Gleichgültigkeit, die ihnen ihre Umwelt entgegenbringt, wirken verängstigt, unsicher ob der Lieblosigkeit, die sie erfahren. Sie schreien um Hilfe – und tun dies mal durch störende und zerstörerische, dann durch auffällige und auffallende Aktionen. Sie versuchen, mit verzweifelten Handlungen Aufmerksamkeit für sich zu beanspruchen, das Gefühl des Angenommenseins wenigstens für Augenblicke zu erfahren.

Eine Lehrerin stellt in einer Beratung ein Kind vor, Johannes, sieben Jahre. Johannes ist – wie sein Vater sagt – «der letzte Trottel. Wenn der was macht, ist sofort Chaos.»

Johannes weiß von sich: «Ich werd sowieso nichts mehr. Ich werd Straßenfeger.» Auf konstruktive Lösungen, auf Angebote zur Kooperation und Mitarbeit, läßt er sich, so die Lehrerin, nicht mehr ein. Die elterliche Zuschreibung an Johannes, er sei ein Nichtsnutz, ein Versager, konstruiert eine ganz eigene Realität. Johannes wird von den Eltern ausschließlich unter diesem Blickwinkel gesehen, und das Kind erlebt sich selbst mittlerweile entsprechend. Aus der Mißachtung der eigenen Persönlichkeit entsteht Entmutigung, und entmutigte Kinder kommen nur schwer aus dem Teufelskreis von Verhaltenszuschreibungen und der Bestätigung dieser Zuschreibungen heraus. Resignation, Rückzug, Abbruch von Kommunikation können sich in der Folge ebenso ergeben wie zerstörerische, nach außen gerichtete Aggressionen. Solche Kinder haben – sie benutzen im Gespräch mit mir selbst diese Worte – «nichts mehr zu verlieren». Sie schlagen um sich, schädigen sich und andere. «Wenn», so erklärt es mir der zwölfjährige Michael, «ich schon der letzte Arsch bin, dann mach ich's mit anderen auch so.»

Wenn Erziehung Kinder zurichtet, ihnen das Recht auf eine eigenständige Persönlichkeit vorenthält, sie in ihrem Selbstwertgefühl beschädigt, dann können sich kein Respekt und keine Achtung für andere Menschen entwickeln. Kinder, die keine Chance auf eine eigene Identität haben, können auch bei anderen Menschen keine Eigenständigkeit und Autonomie zulassen.

Jessica, neun Jahre, fällt der Erzieherin im Hort auf. Sie spielt ständig mit dem Essen. Versuche scheitern, mit ihr über ihr Verhalten zu sprechen und gemeinsam nach Lösungen zu suchen. «Sie wartet heimlich geradezu darauf, bestraft zu werden», beobachtet die Erzieherin. «Erst dann scheint sie glücklich zu sein.» Jessica lebt in einer paradoxen Situation. Sie ist das älteste Kind in einer Geschwisterreihe mit vier jüngeren Kindern, darunter einem Zwillingspärchen. Jessica erfährt zu Hause keine Aufmerksamkeit, keine liebevolle Zuwendung. Ihr fehlen mithin jene Wärme, jenes Urvertrauen, die eine Entwicklung zur Eigenständigkeit, zu einer eigenen Identität, überhaupt erst ermöglichen. Jessica hat früh begriffen: Nur wenn ich störe, falle ich auf. Jessica erfährt viele Strafen, weniger körperliche als vielmehr seelische Mißhandlungen. Die Eltern schreien sie an, sperren sie in ihr Zimmer. Beim Essen muß sie, wenn sie stört, an einem kleinen Extratisch sitzen, darf dann kein Wort sagen. Ißt sie nicht auf, muß sie so lange sitzen bleiben, bis der Teller leer ist. Manchmal hockt sie stundenlang vor ihrem Teller. «Jessica fordert», so die Beschreibung einer Erzieherin, «ständig übervolle Teller. Aber sie weiß, die Portion schaffe ich nie. Und auch wir waren natürlich nicht glücklich darüber und haben dann entsprechend gemeckert.

Jetzt bekommt sie kleine Portionen, kann nachfordern – seitdem spielt sie mit dem Essen. So hat sie uns wieder im Griff.»

Kinder, die keine Beachtung finden, die keine emotionale Zuwendung erleben, fühlen sich schnell vernachlässigt, allein gelassen, entmutigt. Es gelingt diesen Kindern, ausschließlich über störend-negatives Handeln Kontakt aufzunehmen. So geraten sie in den Mittelpunkt. Bestrafungen erleben sie – paradox genug – als eine zwar schmerzliche, aber jedenfalls als eine Form der Nähe.

Die sechsjährige Pia spielt ständig mit der Schere. Obgleich sie fähig ist, das Werkzeug situationsangemessen zu verwenden, schneidet sie sich mit großer Regelmäßigkeit in Hand und Arm – so heftig und so lange, bis sie blutet. In Familiengesprächen stellt sich heraus: Nur bei Schmerz, Verletzung und Trauer bekommt Pia Aufmerksamkeit von ihren Eltern, die sich ansonsten nur mit sich und ihrem Berufsleben beschäftigen, ohne von ihrer Tochter Notiz zu nehmen.

Klaus, neun Jahre, ist ein «Pechvogel». So tituliert ihn seine Umgebung: mal wird er von einem Auto angefahren, mal stürzt er schwer vom Rad, mal bricht er sich beim Fußball das Nasenbein, mal renkt er sich beim Turnen einen Finger aus ... Verletzungen, Schmerzen bestimmen seinen Alltag, sind aber Basis seiner Beziehungen. «Nur wenn ich im Bett liege und krank bin, kümmern die sich um mich.» Mit «die» sind seine Eltern, Geschwister, Freunde und Verwandte gemeint.

Kinder suchen manchmal Extremsituationen auf, um sich und ihre Grenzen zu spüren, um Beziehungen herzustellen. Die Gleichgültigkeit, die mangelnde Annahme, die Kinder empfinden und die das Gefühl hervorruft, allein zu sein, bringt sie – bewußt oder unbewußt – dazu, mit Grenzerfahrungen zu spielen, sich in unüberschaubare Situationen zu begeben und möglicherweise zu verlieren. Hinter maßlosen Grenzüberschreitungen verbirgt sich *auch* der Wunsch nach Festigkeit und Klarheit.

Es ist paradox: Auf der einen Seite sind Heranwachsende materiell überversorgt, ihnen mangelt es an nichts, auf der anderen Seite herrschen in manchen Eltern-Kind-Beziehungen eine emotionale Leere und Kälte. Persönliche Zuwendung erzwingen diese Kinder nur über negativ-schmerzliche Erlebnisse: Sei es, daß Schmerz gesucht wird, um Mitgefühl zu spüren, sei es in Form von körperlicher Erniedrigung und Mißhandlung. «An schöne Berührungen kann ich mich nicht erinnern», meint die 13jährige Jessica, «aber an diese fürchterlichen Schläge. Also bin ich ihr doch noch nicht gleichgültig, hab ich gedacht, als ich am Boden lag und Mama auf mich eingeschlagen hat.»

Johannes, Jessica oder Klaus hat es gelernt – wenn auch verzweifelt-ungelenk –, für sich zu sorgen. Sie machen auf sich aufmerksam oder rächen sich für erlittene Niederlagen. Man kann sie hören, man kann sie sehen, wenn man Augen und Ohren hat. Sie schreien so lange um Hilfe, bis man ihre Rufe wahrnimmt. Übersieht oder überhört man die Signale, geht man gemeinsam mit ihnen unter. Aber es gibt auch soziale Ängste, die nicht so offensichtlich sind und sich in Isolation, in Gehemmtheit, in Schüchternheit, in Kontaktscheu, in Verlegenheit und Scham äußern. Derartige soziale Ängste treten nicht zeitlich begrenzt auf, sondern zeigen sich als überdauerndes Verhalten eines Kindes. Und es kommt zu einem Teufelskreis, in dem der Heranwachsende gefangen scheint.

Sozial ängstliche Kinder empfinden unbekannte Situationen leichter und häufiger als bedrohlich, haben schneller Furcht vor Mißerfolg und können mit Mißerfolgen nicht umgehen, trauen sich nichts zu und scheitern auch öfter.

Lisa, acht Jahre, besucht einen Hort. Ihre Erzieherinnen übersehen sie häufig. Eine sagt: «Manchmal frage ich mich, war Lisa heute überhaupt da?» Wenn Lisa aus der Schule kommt, schleicht sie schnell zu ihrem Platz, sie scheint auf Zehenspitzen zu gehen, um bloß nicht aufzufallen. Schon der kleinste Windhauch könnte sie umschmeißen, sowenig scheint sie mit der Erde verwurzelt. Man kann es an ihrer Mimik kaum ablesen, ob sie sich freut oder ob sie traurig ist. Mal huscht ein Lächeln über ihr Gesicht, das kaum entsteht und schon wieder verschwindet. Durch ihren Gang hat sie eine nach vorn gebeugte Körperhaltung, es sieht aus, als würde sie gleich vornüberfallen. In Gesprächen hält sich Lisa zurück. Sie redet so leise, daß die Erzieherinnen große Mühe haben, sie zu verstehen. Eine eigene

Meinung hat sie nicht. «Im Prinzip», so eine pädagogische Mitarbeiterin, «kann man sie manipulieren, wie man will.» Lisa hat kaum Freunde. Nur mit der gleichaltrigen Sabrina spielt sie. Wenn sie nicht im Hort ist, dann sitzt Lisa zurückgezogen auf ihrem Platz, macht Hausaufgaben, blättert in Büchern oder Zeitschriften. An den gemeinsamen Aktivitäten beteiligt sie sich nur nach mehrmaliger Aufforderung, aber die Erzieherinnen haben das Gefühl, Lisa mache auch dann nur widerwillig mit. Lisas Eltern sind beide berufstätig und versuchen in der verbleibenden gemeinsamen Zeit, Versäumtes nachzuholen. Lisa werde dann, so die Beobachtung der Erzieherinnen, überverwöhnt und überbehütet. Sie brauche sich um nichts zu kümmern. Lisa bringt keine Freunde mit nach Hause, weil die Eltern das nicht wünschen. Die gemeinsame Familienzeit will man nur miteinander verbringen. Wenn Lisa im Hort extrem frustriert oder unsicher ist, will sie sofort nach Hause. Die Eltern haben ihr auch erlaubt, dann zu gehen. An solchen Tagen kommt ein Elternteil früher nach Hause, bringt Geschenke mit, «um sie», wie sie anmerken, «auf andere Gedanken zu bringen».

Heiko, neun Jahre, besucht denselben Hort. Auch er fällt kaum auf. Wie Lisa wirkt er still und verschlossen. Wenn man ihn anspricht, lächelt er verlegen. Beim Essen und bei den Hausaufgaben kann man ein ständiges unruhiges Wippen auf dem Stuhl, ein nervöses Spiel der Hände beobachten. Heiko scheint unter Spannung zu stehen. Das bildet einen merkwürdigen Gegensatz zu seiner Antriebsarmut und Passivität. Anders als Lisa kann er sich nur schlecht mit sich selbst beschäftigen, bittet häufig um Anregungen und Angebote, die er aber nicht weiter wahrnimmt. Schon der kleinste Mißerfolg veranlaßt ihn, sich zurückzunehmen. Dinge, die er nicht kann oder die er nicht überblickt, packt er gar nicht erst an. Neugierde scheint Heiko fremd, ja es hat den Anschein, als ob er weit vor einer Grenze innehalten würde, ihm die unbekannten Räume jenseits Angst und Furcht einflößen würden. Wie Lisa hat auch Heiko keine Freunde, denn seine Fähigkeiten, Sozialkontakte anzubahnen und zu knüpfen, sind kaum ausgebildet. Sein Zuhause scheint ein

Fluchtort zu sein, an den er sich zurückzieht, wenn der Alltag unkontrollierbar und undurchschaubar zu werden droht. Dies verstärkt aber Heikos soziale Isolation noch mehr. Kaum eines der Hortkinder spielt mit ihm oder sucht seine Nähe – auch weil Heiko nur unregelmäßig den Hort besucht, Kontakte zu ihm mithin wenig verläßlich sind.

Von den Folgen emotionaler Ablehnung

Fehlende Verläßlichkeit kennzeichnet Heikos bisherige Biographie. Häufig war er einem äußerst inkonsequenten Elternverhalten ausgesetzt. Nähe und Geborgenheit «gewährten» ihm seine Eltern sozusagen nach Lust und Laune. Überbehütende und überzogene Zuwendung wechseln – für ihn nicht einsehbar – mit Gefühlskälte und Zurückweisung seitens der Eltern ab. Ebenso reagierten sein Vater und seine Mutter auf Heikos Grenzüberschreitungen: Mal passiert nichts, werden sie ignoriert, nicht wahrgenommen, dann knallt es wie aus heiterem Himmel, erfährt er unangemessene, impulsive Strafaktionen.

Dies sind zwei Kinder, die abgelehnt sind, die das Gefühl der Nichtannahme empfinden. In den Geschichten über Lisa und Heiko sind Besonderheiten zu erkennen, die für soziale Ängste typisch sind. Soziale Ängstlichkeit als überdauernde Eigenschaft zeigt sich:
- in einer ständigen Zurückgezogenheit, die mit panischer Angst davor einhergeht, herausgehoben zu werden. Deshalb können diese Kinder nur schwer mit öffentlichem Lob umgehen;
- in einer leisen, nur schwer verständlichen Sprache, wobei der Satzbau eingeschränkt ist. Nicht selten wird die Sprache durch Störungen (z. B. Stottern) begleitet;
- in einer Mimik und Gestik, aus der momentane Gefühlsausdrücke nicht abzulesen sind. Der Gesichtsausdruck scheint versteinert, wirkt leer. Die Augen blicken häufig ins Nichts, es scheint, als schauten sie durch ihr Gegenüber hindurch;

- in einer verkrampften Körperhaltung, in einem unsicheren Gang. Diese Kinder schwanken wie ein Schilfrohr im Wind, ihnen scheinen Wurzeln zu fehlen. Das fehlende Selbstbewußtsein und Urvertrauen, der fehlende Halt und Standpunkt, die fehlende eigene Meinung und Position drücken sich körperlich aus;
- in einer Weinerlichkeit und Quengeligkeit bei drohendem Mißerfolg und wenn Erwartungen geäußert werden, die das Kind möglicherweise nicht erfolgreich erfüllen kann. Die Weinerlichkeit und Quengeligkeit gehen nicht selten in eine trotzige Verweigerungshaltung über, ein trotziges Nein zu allem und jedem;
- im Verzicht auf Aktivitäten, über die man sich selbstbewußt und eigenständig ausdrückt. Diese Kinder finden sich in nichts wieder. Orientierungs- und Mutlosigkeit sind ebenso die Folge wie nicht ausgebildete Experimentierfreude oder eine altersangemessene Leistungsbereitschaft. Die Kinder beschäftigen sich mit nichts und empfinden sich als ein Nichts;
- in fehlendem Sozialkontakt. Die soziale Angst isoliert sozial. Meist haben diese Kinder keine Freunde, ihre soziale Isolation setzt sich zu Hause fort. Je mehr die Kinder isoliert sind, um so weniger bilden sich soziale Fertigkeiten aus, z. B. Freundschaften aufzubauen und zu vertiefen;
- in psychosomatischen Reaktionen wie Kopf- und Bauchschmerzen. Diese Reaktionen werden nicht selten – unbewußt – dazu genutzt, sich aus der Gemeinschaft nach Hause zurückzuziehen.

«Ich bin wie mein Vater!» Der elterliche Perfektionismus und die Angst vor Mißerfolg

Die Folgen einer Laisser-faire-Haltung für die emotionale Entwicklung von Kindern leuchten meist schnell ein. Komplizierter ist es, wenn es darum geht, die Konsequenzen aus einer «Ich will doch nur dein Bestes!»-Haltung einzuschätzen. Diese Haltung führt zur Überforderung aller am Erziehungsprozeß Beteiligten, macht unsicher, bringt Ängste auf allen Seiten mit sich. Eltern sorgen sich darum, alles richtig und perfekt zu machen, das Kind will seine Eltern nicht enttäuschen. Es wird zum Vorführkind, an dem die Eltern ihre Erziehungsbemühungen der Umwelt demonstrieren wollen und können.

So lange jedenfalls, bis die Kinder ihre Fremdbestimmtheit erkennen und in einen Machtkampf eintreten, der in gegenseitiger Hilflosigkeit endet. Der Perfektionismus, der sich in manchen Erziehungsbeziehungen eingenistet hat und sie so blutarm und technisch-rational erscheinen läßt, hat eine Ursache in einer unzureichenden Auseinandersetzung mit der eigenen Lebensgeschichte, darin, es nicht nur anders, sondern vor allem besser als die eigenen Eltern machen zu wollen.

Magda Peters, Mutter der achtjährigen Sarah, erzählt auf einem Elternseminar von «ihrem großen Problem». «Ich wollte», so beginnt sie, «nicht die Fehler meiner Eltern wiederholen, vor allem», sie hebt ihre Stimme, «habe ich mir geschworen: Du schlägst dein Kind nie!»

«Sind Sie geschlagen worden?»

Sie nickt: «Regelmäßig. So alle vier bis sechs Wochen war für meinen Vater das Maß voll. ‹Na, du hast es wohl wieder gebraucht›, meinte er nach seinen Schlägen.» Sie sieht mich an. «Es war demütigend, einfach demütigend. Ich war so ohnmächtig, so ausgeliefert, es war schrecklich.» Sie überlegt: «Da hab ich mir geschworen: Das machst du niemals. Du redest mit deinem Kind, setzt auf Einsicht. Du redest so lange mit deinem Kind, bis es einverstanden ist.»

Ihre Stimme wird brüchig, in ihre Augen schießen Tränen: «Das schlimmste ist, nun schlage ich meine Tochter auch. Es geht nicht ohne zwei oder drei Klapse!» Ihr Blick richtet sich nach innen. «Das absolut verrückte ist: So alle sechs Wochen flippe ich aus. Und ich hab manchmal den Eindruck, als hole sich Sarah die Schläge richtig ab, als bettle sie darum.»

Ich schaue sie skeptisch an.

Sie, ganz bestimmt: «Nach den Klapsen ist Ruhe für einige Zeit!»

«Für die Redezeit...», unterbreche ich sie.

Sie schaut irritiert, fährt fort: «Aber so nach 14 Tagen geht es wieder los. Dann sag ich mir, bleib ruhig. Und so. Das geht auch einige Zeit so, aber dann werde ich nervöser und nervöser...»

«Und irgendwann kommt der Satz: Oder brauchst du wieder was hinten vor?» unterbreche ich sie.

«So ähnlich. Manchmal sage ich sogar: Ist es wieder soweit? Oder: Muß ich denn erst böse oder laut werden, bevor du hörst? So ähnlich ist es.»

«Und Ihre Tochter, was macht die?»

Sie lacht mich an: «Sie provoziert und provoziert, als wolle sie ausdrücken, ja, werde laut, Mama! Ja, werde böse, Mama!» Sie schüttelt heftig den Kopf: «Ist das nicht pervers?»

«Braucht Ihre Tochter die Schläge?»

«Natürlich nicht!» antwortet sie entschieden.

«Was braucht sie dann?» Sie zieht die Schultern hoch, ein «Ich weiß nicht» signalisierend.

«Was vermitteln Sie Ihrer Tochter mit den Klapsen?» Sie denkt kurz nach: «Na, Macht, Dominanz, Gewalt...»

Ich nicke: «Und weiter?»

Sie zuckt mit den Achseln, ihr fällt einfach nichts zu meiner Frage ein. «Kann es sein, daß Sie, wenn Sie Sarah die Klapse geben, ihr auch Klarheit geben?» Sie öffnet ihre Augen wieder, sieht mich erstaunt an. «Kann es sein, daß Ihre Tochter dann weiß, woran sie bei Ihnen ist?»

«Stimmt!» antwortet sie spontan. «Stimmt!» Sie schlägt sich mit der Hand an die Stirn. «Neulich, nachdem es wieder einen Knall gegeben hat, kam Sarah hinterher zu mir und meinte: Du, Mama, wenn du etwas von mir möchtest, sag doch mal: Mach das jetzt! Aber irgendwie hab ich Sarah das nicht abgenommen. Hab sie wohl nicht ernst genommen, nicht mal richtig hingehört!»

Sie stutzt, sieht mich fragend an: «Aber heißt das: Ich muß meine Tochter schlagen?»

«Hat Ihre Tochter das von Ihnen gefordert?»

«Nein!»

«Was dann?»

«Weiß nicht?!»

«Kann es sein, daß sich Ihre Tochter von Ihnen mehr Klarheit wünscht? Kann es sein, daß Ihre Tochter wissen will, woran sie ist?»

Sie nickt zustimmend. «Aber was soll ich machen, verdammt noch mal?»

«Nicht so lange warten, bis Schläge Klarheit schaffen. Mit Sarah kurz und klar reden, ihr in die Augen schauen, ihr Festigkeit geben, sie z. B. anfassen, kurz und knapp, und nicht umständlich mit ihr labern!» Ich mache eine kleine Pause. «Vor allem nicht warten, bis Sie wütend, außer sich sind. Und wenn Sie dann doch zu lange gewartet haben, dann fassen Sie Sarah nicht an. Gehen Sie aus dem Zimmer und entwüten Sie.»

Ich erkläre ihr genauer, was ich damit meine.

«Und das hilft?» Sie ist unsicher.

«Ich denke ja!»

«Aber mache ich Sarah keine Angst, wenn ich so direkt bin?»

Sie überlegt: «Ich will doch nicht wie mein Vater sein!»

«Wenn Sie schlagen, handeln Sie so impulsiv und ungestüm, wie Sie es erlebt haben!»

«Stimmt!» Sie sieht mich an. «Gut, ich versuch's!»

Nach acht Wochen sehen wir uns wieder. Sie habe ihre Tochter nicht mehr geschlagen. Wenn sie wütend geworden sei, habe sie sich in ein anderes Zimmer verdrückt und dort laut losgeschrien.

Sarah holt ihre Mutter vom Elternseminar ab. Sie kommt auf mich zu: «Kann ich Sie mal sprechen?» Ich nicke.

«Also», eröffnet sie das Gespräch. «Irgendwie ist das schon blöd. Warum hat Mama mir nicht geglaubt, als ich ihr sagte, sie solle deutlicher reden mit mir. Warum mußte sie erst zu Ihnen und das hier lernen?» Sie kapiert das einfach nicht, dann lacht sie mich an: «Aber ich find es schon cool, wie Sie Mama das in so kurzer Zeit beigebracht haben. Papa hat schon längst aufgegeben.»

Die Geschichte von Sarah und ihrer Mutter veranschaulicht auf eine konkrete Weise: Wer sich unreflektiert von eigenen Kindheitserlebnissen, von angstmachenden Erziehungsstilen absetzt, ist nicht davor gefeit, von der Vergangenheit doch eingeholt zu werden und genau die Fehler zu wiederholen, die man vermeiden möchte.

Der Zwang, alles perfekt und richtig machen zu müssen, lähmt, schränkt Spontaneität und Intuition ein. Aus dem fast zwanghaften Bestreben heraus, keine Fehler machen zu wollen, erwächst ein Druck, dem keiner der am Erziehungsprozeß Beteiligten gewachsen ist. Eltern spüren doch sehr schnell, wenn sich die eigenen Ansprüche an sich selbst als zu hoch und unrealistisch erweisen. Das bringt Gefühle von Unzulänglichkeit und Versagen mit sich, die auch Erwachsene nur schwer aushalten und deshalb auf das Kind übertragen. Um die Vorstellung von eigener pädagogischer Größe zu erhalten und die eigenen Versagensängste zu verringern, wird das Kind zum Sündenbock gemacht: «Wenn du mich nicht ständig provozieren würdest, könnte ich dir gegenüber fair sein! Du zwingst mich dazu, böse zu werden!»

«Mut zur Unvollkommenheit»

Versagensgefühle in der Erziehung, der Druck, perfekt sein zu müssen, können nur durch den «Mut zur Unvollkommenheit» gemindert werden. Der «Mut zur Unvollkommenheit», wie ihn der Psychologe Rudolf Dreikurs beschreibt, meint nicht Fahrlässigkeit, gar gedankenlose Unvollkommenheit. Vielmehr ist das ein Weg, mit der Mißerfolgsangst, die gerade Kinder von perfekten Müttern und Vätern haben, gekonnter umzugehen. Denn die Mißerfolgsangst lähmt Kinder, sie läßt bei ihnen Gefühle der Ablehnung entstehen, wenn sie keine Leistung bringen. So bauen sich Gefühle der Angst bei Kindern auf, den Eltern weh zu tun, wenn sie deren pädagogischen Bemühungen nicht entsprechen.

Der «Mut zur Unvollkommenheit» entkrampft, ermutigt, nicht das Ziel einer Etappe ins Auge zu fassen («Du mußt einmal Abitur machen!»), sondern den gemeinsamen Weg als das Ziel zu begreifen. Wege entstehen beim Gehen, wobei das Kind das Tempo und die Gangart bestimmt und Eltern ein Geländer und die Reling darstellen. So kann Mißerfolgsangst geschmälert und selbstbestimmte Leistungsbereitschaft, die immer verknüpft ist mit Frustration und dem Aushalten von Niederlagen, aufgebaut werden.

Die Geschichte von Magda Peters und ihrer Tochter Sarah zeigt: Wer sich von seiner eigenen Geschichte lossagt, sagt sich auch von eigenen Wurzeln los, Wurzeln, die Kraft geben können. Wer wurzellos ist, dem ergeht es wie einem Baum im Sturm: Er wird gefällt. Zudem kann man die Geschichte unter einem anderen, nicht minder problematischen Gesichtspunkt betrachten. Hinter dem Perfektionismus steht allzu häufig die gutgemeinte Überzeugung, die in der eigenen Kindheit erlittenen Wunden am Kind, das vor mir steht und mit mir lebt, wiedergutmachen zu wollen. Das Kind wird zur Projektionsfläche einer sorgenfreien, allzeit glücklichen Kindheit, für das Eltern alles tun. An die Stelle einer klaren Kommunikation tritt ein verquaster pseudo-therapeutischer Dialog, dem Spontaneität und Intuition fremd sind. Kinder sind nicht dazu da, um sich über sie mit der eigenen Kindheit auseinanderzusetzen. Diese erwartungsvolle Haltung überfordert Heranwachsende, dies macht angst und bestimmt Kinder fremd. Wer sich mit der eigenen Lebensgeschichte auseinandersetzen will, der benötigt ausgebildete Therapeuten oder fachkundige Berater.

Die Beantwortung zweier Fragen kann zu einer differenzierteren Betrachtung der eigenen Kindheit führen: Was habe ich in meiner Kindheit als positiv erlebt, das ich meinen Kindern weitergeben kann? Und was habe ich als zurichtend und einengend erlebt, das ich überwinden möchte?

Magda Peters hat die Erziehung ihrer Eltern generell als machtorientiert eingeschätzt. Sie erfuhr eine Klarheit und Direktheit, die sie als niederdrückend erlebt hat. Deshalb verzichtete sie darauf in der Erziehung ihrer Tochter, ohne bislang bedacht zu haben, daß sich Kinder Klarheit und Direktheit wünschen. Sie wollen wissen, woran sie sind. Wenn Kinder ihre Eltern als diffus und mehrdeutig erleben, dann handeln sie so lange, bis sie Klarheit und Direktheit erfahren. Sie schlagen um sich, bis sie Halt spüren; sie provozieren, bis sie negative Zuwendung erfahren; sie rächen sich für erlittene Niederlagen, bis sie andere hilflos machen. Dies kann für beide Partner im Erziehungsprozeß schmerzhaft und bedrückend sein.

Magda Peters interpretiert Klarheit und Direktheit ausschließlich vor dem Hintergrund ihrer Lebenserfahrung und übersieht, daß diese beiden Eigenschaften – basierend auf einer emotional festen, von Verläßlichkeit und Konsequenz getragenen Beziehung – sowohl ihr wie Sarah helfen würden, die unwürdigen Machtkämpfe, die Wort- und Körpergewalt, zu beenden. Als Magda Peters dies begreift – was ihre Tochter übrigens längst erkannt und signalisiert hat –, gelingt eine stabile Erziehungsbeziehung, die auch gegenseitige Zumutungen aushält.

Der Perfektionismus in der Erziehung drückt sich in vielen Variationen aus, die weitreichende Folgen für die sozialen Kompetenzen des Kindes haben können.

Verena Becker hat eine Tochter, Johanna, knapp sechs Jahre. Verena Becker hat sich Johanna herbeigesehnt, und als es mit dem Kinderwunsch «nicht auf Anhieb klappte», viele Untersuchungen auf sich genommen, um endlich ein Baby zu bekommen. Sie hörte auf zu arbeiten. «Ich wollte nur für Johanna da sein. Meine Eltern hatten nie Zeit für mich. Ich wollte es anders machen!» In der ersten Zeit sei es so schön gewesen, erinnert sich Verena Becker. «Wenn Johanna in meinen Armen lag, war ich glücklich.» Dann fährt sie, mit Tränen in den Augen, fort: «Aber als Johanna krabbeln, dann laufen lernte, war's wie ein Schock für mich. Die gehört dir nicht, hab ich gedacht. Das war ein richtiger Schock!» Und je deutlicher Johanna eigene Wege gehen wollte, um so schneller rannte die Mutter hinterher. Sie war immer da – ganz die besorgte Mutter, die ihre Tochter nicht aus den Augen ließ. Wenn Johanna im Kindergarten war, saß die Mutter wie gelähmt zu Hause. Sie wachte erst wieder zum Leben auf, wenn sie ihre Tochter vom Kindergarten abholen konnte. Schien Johanna diese Fürsorge anfangs zu genießen, so veränderte sich ihr soziales Verhalten, als sie älter wurde. Sie war im Kindergarten zunehmend isoliert und schaute auch bei den nachmittäglichen Spielen anderer Kinder teilnahmslos zu. Sie beteiligte sich wenig an gemeinsamen

Aktivitäten, wirkte angespannt und fing im Kindergarten nichts Neues mehr an, wenn sie die Ankunft ihrer Mutter erwartete. Sie schaute statt dessen besorgt, ja unruhig herum. Auch ihre motorischen Fähigkeiten stagnierten, sie stellte sich ungeschickt und gehemmt an. Die Situation eskalierte, als sie mit ihrer gleichaltrigen Freundin Sonja mit dem Dreirad unterwegs war. Sonja war das Gegenteil von Johanna: selbstbewußt, eigenständig, hilfsbereit, neugierig. Sonja durfte den nahen Spielplatz allein aufsuchen, weil Sonjas Mutter viel Vertrauen in den Willen und die Kräfte ihrer Tochter setzte. Sie hatte behutsam, aber konsequent Sonjas Eigenständigkeit und ihren Selbstbehauptungswillen unterstützt. Johanna mochte Sonja, die ihrerseits von Johannas Klammerei und Unsicherheit genervt war.

«Ich muß immer auf sie aufpassen. Die kann gar nichts», meinte Sonja einmal. Auf dem Weg zum Spielplatz war Johanna in einem unaufmerksamen Moment mit dem Dreirad gegen einen Laternenpfahl geknallt, hatte sich am Kopf verletzt. Daraufhin machte Johannas Mutter sogar Sonja Vorwürfe, daß sie nicht auf die Gesundheit ihrer Tochter geachtet habe, und kritisierte vor allem den Erziehungsstil von Sonjas Mutter als fahrlässig und gefährlich.

Doch war es Johannas Mutter, die mit einem überbehütenden und einengenden Erziehungsstil ihre Tochter unselbständig und unsicher machte. Sie hat Johanna Verantwortung abgenommen und so verhindert, daß ihr Kind für Gefahrensituationen sensibel wird. Ihre Tochter war abhängig von der Sicht und Sichtweise der Mutter. Das ständige «Paß auf!» und «Sei vorsichtig!» haben nicht zur Schärfung von Johannas Aufmerksamkeit geführt, vielmehr Ängstlichkeit und Unsicherheit verstärkt. Zweifelsohne erfordert die Umwelt ein Problembewußtsein bei Kindern, und zweifelsohne ist Fürsorge angebracht, denn die Nahwelt von Kindern ist kompliziert, vielschichtig und von gefährlichen Situationen durchsetzt. Doch statt Fürsorge bringt Johannas Mutter Sorgen zum Ausdruck. Hinter ihren ständigen Bevormundungen und ermahnenden Hinweisen steckt die Sorge, ihrer Tochter könnte etwas passieren. Dies verunsichert Johanna, ja es hat den Anschein, als ob ihre Mutter im Sinne einer sich selbst erfüllenden Prophezeiung Unfälle und Unglück nahezu herbeiredet, um ihre Tochter noch mehr an sich zu binden. Produktiver wäre es, sich offen zu Ängsten und Sorgen zu bekennen, Johanna aber gleichzeitig mit Selbstbewußtsein und Vertrauen auszustatten, ihre Eigenständigkeit zu stärken: «Ich mache mir schon Sorgen. Aber ich weiß, du paßt auf dich auf!» Je mehr die Mutter aber Johanna umklammert, um so mehr wird die Tochter zu einem Partnerersatz; je mehr sie Johanna bindet, um so abhängiger macht sie sich von Johanna und Johanna von sich. Johanna ahnt die psychosoziale Funktion, die sie ganz offenbar für ihre Mutter hat. Sie tut alles, um ihr nicht weh zu tun, doch sind ihre Schritte in die Selbständigkeit fast automatisch von großer Unsicherheit begleitet, die Gefahren nahelegt. Die Abhängigkeit, in der Johanna gehalten wird, hat Auswirkungen auf die Eltern-Kind-Beziehung: Einerseits möchte Johanna aus der übergroßen Nähe fliehen, andererseits erzwingt sie Nähe, will jede Minute mit ihrer Mutter zusammensein, verwickelt sie geschickt in Machtkämpfe, stellt sich als ängstlich-passives Wesen dar, um das sich die Mutter kümmern muß.

Demgegenüber ist sich Sonja ihrer Bindung zur Mutter sicher: Sie kann einschätzen, ob eine Situation gefährlich ist, sie vermag darüber nachzudenken, wie sie eine schwierige Lage beherrschen kann, und hat im Rahmen ihrer Entwicklung soziale Fähigkeiten ausgebildet, die sie von Johanna unterscheiden. Während Johanna eher isoliert wirkt, beim Spielen gehemmt scheint, Angst vor neuen Situationen hat oder viel zu forsch, weil unangemessen, ungesichert, vertrauensselig, in unbekannte Situationen geht und bei Abwesenheit der Mutter besorgt und unruhig scheint, schnell erschöpft und abgespannt ist, zeigt Sonja dagegen Leistungsbereitschaft. Sie verhält sich kooperativ, versucht anderen Kindern zu helfen, sucht eigenständig nach Lösungen und geht mit unbekannten Situationen umsichtig um, ist getragen von einem Verantwortungsgefühl.

Sonjas und Johannas Handeln sind maßgeblich durch die elterliche Zuwendung geprägt, somit nicht naturwüchsig oder unveränderbar. Johanna erlebt zudem einen Erziehungsstil, der sie fremdbestimmt und ungewollt Gefahrensituationen ausliefert: Einengen durch Fernhalten von der Wirklichkeit. Aber es gibt noch eine weitere Variante elterlichen Verhaltens, die das Kind ebenfalls nicht ernst nimmt. Wenn man Kinder in Gefahrensituationen allein läßt, meint, es käme da schon wieder heraus, kann dies aus Kindersicht als Gleichgültigkeit des Erwachsenen gedeutet werden und dazu verleiten, sich immer extremeren Risiken auszusetzen, um auf das Alleinsein und die Verzweiflung aufmerksam zu machen. Die S-Bahn-Surfer oder Crashkids sind hierfür ein Beispiel.

Wenn Ängste passiv bewältigt werden

Bei Kindern mit erziehungsbedingten Ängsten kann man eine passiv-defensive Bewältigung ihrer unsicheren Lebenssituation feststellen. Manche Kinder verdrängen ihre Angst, wollen sie nicht wahrnehmen. Verdrängung kann in schwierigen Lebenssituationen, kurzfristig etwa bei Trennungserfahrungen oder dem Umgang mit dem Tod, eine angemessene Reaktion darstellen. Das Kind macht emotional dicht, verschafft sich eine Schutzhülle, um weitere schmerzhafte Eindrücke von sich fernzuhalten. Dauert diese Reaktion über einen längeren Zeitraum an, kann das Kind zwar vergessen – nur, es frißt die Angst in sich hinein, schluckt sie hinunter. Die Angst geht unter die Haut, schlägt auf die Blase, die Niere oder den Magen. Lang andauernde Verdrängungen *können* zu körperlichen Erkrankungen führen.

Psychosomatische Reaktionen können auch die Folge von Mißerfolgs- und Versagensängsten sein. Dazu gehören regelmäßige Kopf- und Bauchschmerzen, Fieber und Brechreiz, Appetitlosigkeit und Schlafstörungen, die zittrige Handschrift oder die belegte leise Stimme. Aber ein mulmiges Gefühl vor einer Prüfung oder Klassenarbeit gibt keinen Anlaß zur Sorge. Manche Kinder gehen häufig zur Toilette, weil ihnen die Situation an die Nieren geht oder ihr Darm in Aufregung versetzt ist.

Auch Verhaltensregressionen können Versuche darstellen, sich vor Überforderung und unangemessenem Leistungsstreß zu schützen. Karoline, fast sechs Jahre alt, näßt seit einiger Zeit wieder ein. Man setzt sie mit dem Hinweis auf die kommende Grundschulzeit permanent unter Druck, vergleicht ihre Leistungen immer wieder mit möglichen Aufgaben in der ersten Schulklasse: «Da reicht das aber nicht!» oder: «Dann mußt du dich aber wirklich anstrengen!» Gleichzeitig hat man ihr gesagt, wenn sie weiter einnässe, käme sie nicht in die Schule oder alle anderen Mitschüler würden über sie lachen.

Karoline zieht nun die Notbremse. Über ihr Einnässen schreit sie um Hilfe, will sie angemessene Aufmerksamkeit einfordern: «Seht her! Ich bin noch nicht in der Schule! Ich bin im Kindergarten, und behandelt mich entsprechend!»

Ähnlich ergeht es Max. Max verfügt über einen großen aktiven Wortschatz. Als seine Eltern ihn aber ständig mit Hinblick auf die Einschulung in seiner Sprache verbessern, fängt er an zu stottern, beginnt er, Worte zu verschlucken, ja es kommt sogar zur Atemnot, wenn er sprechen muß. Max' sprachliche Regression ist ein unbewußter Versuch, Aufmerksamkeit im Hier und Jetzt zu erzielen.

Bei der Regression muß bedacht werden: Das Daumennuckeln und der Kontakt zum Schmusetier sind normal, um sich übermäßiger Beanspruchung zu entziehen, um Spannung zu kompensieren. Ein unangemessener elterlicher Eingriff läßt Aktivitäten entstehen, die Eltern vor weitere, meist schwerwiegendere Probleme stellen.

Die Mutter der fünfjährigen Anja hatte ihrer Tochter das Daumenlutschen mit dem Hinweis auf das Alter («Mit fünf, Anja, nuckelt man nicht mehr!») untersagt. Nun, so klagt die Mutter, fresse sie seit einem halben Jahr die Süßigkeiten nur so in sich rein. Auch die Mutter der sechsjährigen Klara erzählt, sie habe ihrer Tochter das Daumennuckeln untersagt, weil sie dafür zu alt wäre. Dafür, berichtet die Mutter mit verzweifeltem Unterton, onaniere ihre Tochter wie wild, wenn sie angespannt sei. «Bitte», sagt sie zu mir, mich flehentlich ansehend, «bitte verraten Sie mir einen Trick, wie ich meine Tochter wieder zum Daumennuckeln bringe.»

Die Bewältigung erziehungsbedingter Ängste durch das Kind bedarf häufig der Unterstützung und Begleitung durch therapeutisch geschultes Fachpersonal – insbesondere dann, wenn es zu klinischen Auffälligkeiten gekommen ist. Ohne die Einbeziehung der Eltern ist allerdings eine umfassende Aufarbeitung von Ängsten nicht möglich. Allerdings muß auch hier vor einem Perfektionismus gewarnt werden. Auch wenn Eltern nicht zur Kooperation gewonnen werden, ist durchaus eine sinnvolle und erfolgreiche therapeutische oder beratende Begleitung des Kindes möglich. Wie diese auszusehen hat, darüber gibt eine Vielzahl von Veröffentlichungen Auskunft – gerade hypno- und verhaltenstherapeutische Ansätze haben sich im Umgang mit sozial unsicheren Kindern als vielversprechend erwiesen.

Wie Eltern Erziehungsfehler wiedergutmachen können

Voraussetzung für eine konstruktive Bewältigung sozialer Ängste sind drei Gesichtspunkte:
- Das Kind muß sein Selbstbild verändern, das heißt, sein niedriges Selbstwertgefühl allmählich überwinden, Vertrauen zu sich und in seine Fähigkeiten entwickeln.
- Das Kind muß sich von seinen Eltern oder anderen Bezugspersonen angenommen fühlen. Dies bedeutet elterliches Interesse am Kind, Respekt vor kindlicher Autonomie und Eigenständigkeit. Eltern sollten Kinder dazu motivieren und sie in ihren Frustrationen ernst nehmen.
- Das Kind braucht gefühlsmäßige Stabilität. Für die häusliche und außerhäusliche Situation bedeutet dies: Die Verhaltensregeln müssen dem Kind ebenso klar sein wie sein Wissen über Grenzen und Konsequenzen. Schwere, impulsive, das Kind zurichtende Strafen sind damit ausgeschlossen. Gefühlsmäßige Stabilität entsteht aus festen Eltern-Kind-Beziehungen, in denen Partnerschaft, die von gegenseitigem Respekt und Achtung getragen ist, gelebt wird.

Diese Grundsätze möchte ich an der Geschichte Bernhards konkretisieren. Er ist sieben Jahre alt. Bernhard vergißt viel. Er wird in der Schule viel gehänselt, ständig kritisiert. Bernhard bringt nicht die Leistung, die die Eltern von ihm erwarten. Während die Mutter auf seine schlechten Schulleistungen inkonsequent reagiert, versucht der Vater es mit unnachgiebiger Strenge. Er schlägt zwar nicht, züchtigt nicht körperlich, aber er sperrt Bernhard ständig in sein Zimmer, damit er lernt. Unterstützung bekommt er von seinen Eltern nicht, die dafür – wie sie sagen – keine Zeit haben.

In dem Maße, wie sich die Eltern von ihrem Sohn zurückziehen, in dem Maße geht er seine eigenen Wege. Bernhard ist praktisch interessiert, sein bester Freund ist ein alter Tischler, den er regelmäßig besucht – nicht nur nachmittags, zunehmend auch vormittags. Bernhard schwänzt die Schule – erst einen Tag, dann zwei, schließlich drei Tage. Wenn er mittags nach Hause kommt, antwortet er auf die Frage der Mutter, wie es denn gewesen sei: «Toll, ich habe viel erlebt!»

Am vierten Tag kommt der Anruf aus der Schule, ob Bernhard krank sei. Die Eltern sind entsetzt. Die Mutter reagiert hilflos, redet von «Schande», der Vater ist sauer, macht seiner Frau Vorwürfe, nicht genügend auf den Sohn aufgepaßt zu haben. In den nächsten Wochen funktioniert Bernhard, dann bleibt er aber wieder fort.

Die Schule drängt die Eltern zu einer Beratung: Vater und Mutter kommen, die Mutter ist zur Mitarbeit bereit, der Vater erscheint nur widerwillig, zur zweiten Beratungsstunde kommt er nicht mehr, weil er meint, er würde selber mit dem Problem fertig werden. Gemeinsam mit der Mutter entwickele ich einen Plan zur Unterstützung von Bernhard. Sie bekommt von mir die Hausaufgabe, darüber nachzudenken, wo Bernhards Stärken liegen. Zudem soll das Thema Schule nur zu einer festgelegten Zeit einmal am Tag angesprochen werden. Die Hausaufgabenzeit – so meine Idee – sollte nicht länger als 30 Minuten dauern. Die Mutter sollte nur mithelfen, wenn Bernhard es wünsche. Sie wirkt nach diesem Gespräch erleichtert, ja es scheint so, als sei eine Last von ihr gefallen.

Von Bernhard, dem unsichtbaren Indianer und einem starken Löwen

Danach kommt Bernhard zu mir, stellt mir die Situation aus seiner Sicht dar. Es sei blöde in der Schule, man würde ihn hänseln, weil er soviel vergißt und ein Träumer sei. Als ich ihm zuhöre, fällt mir Janoschs Geschichte von Hannes Strohkopp und dem unsichtbaren Indianer ein, die ich Kindern, die sozial unsicher und ängstlich sind, häufig erzähle. Denn diese Geschichte beschreibt auf eine wunderschöne Weise soziale Ängstlichkeit und deren zauberhafte Überwindung.

«Bernhard, setz dich gemütlich hin», beginne ich, «ich erzähle dir die Geschichte von Hannes Strohkopp.»

«Hannes Strohkopp ist sieben Jahre alt, er hat auf dem Kopf Stroh und im Kopf auch. Deshalb nennt man ihn Hannes Strohkopp. Dieser Hannes Strohkopp geht auch in die Schule. Er sitzt in der letzten Reihe.»

«In der letzten Reihe?» fragt Bernhard.

«In der letzten Tischreihe saßen früher immer diejenigen, die nichts mitbekommen. Dort sitzen die Dummen. Und auch Hannes sitzt dort und ist ziemlich traurig, weil ihn alle kritisieren, weil ihn keiner mag, weil ihn alle hänseln. Und Hannes will nicht mehr in die Schule.»

Während ich erzähle, hört Bernhard aufmerksam zu, lächelt.

«Und Hannes hat eine Idee. Hannes schreibt seinem Onkel in Amerika: Lieber Onkel, ich will auswandern, ich hab hier keinen Bock mehr, die ärgern mich! Hannes wartet sehnsüchtig auf den Antwortbrief vom Onkel. Endlich kommt er. Der Onkel schreibt: ‹Hannes, bleib lieber dort, wo du wohnst, ich schick dir ein Pulver. Es ist ein Zauberpulver. Dieses Pulver schüttest du in eine Flasche, tust etwas Wasser drauf. Und in der Nacht denkst du an dieses Pulver, sprichst einen Zauberspruch, den nur du kennst. Diesen Spruch darfst du niemals weitersagen. Und aus dieser Flasche kommt ein unsichtbarer Indianer, ein großer unsichtbarer Indianer, 2 Meter 50 groß, mit einer Feder am Kopf. Und nur du wirst diesen unsichtbaren Indianer sehen. Und den nimmst du überall mit hin. Dieser unsichtbare Indianer wird dich jeden Tag begleiten, in die Schule, in den Verein, überallhin, er paßt auf dich auf.

Und nach unendlich langer Wartezeit, Hannes ist fast verzweifelt, kommt das Pulver, und Hannes macht, was sein Onkel ihm geraten hat. Hannes schüttet das Pulver in die Flasche. Es ist Abend, er liegt im Bett, er denkt sich einen Zauberspruch aus, und am nächsten Morgen steht ein 2 Meter 50 großer Indianer neben seinem Bett. Und Hannes überprüft, ob nur er ihn sieht. Als der Indianer beim Frühstück neben ihm steht, seine Mutter nichts sagt, weiß Hannes: Der Indianer gehört ihm. Und der Indianer geht überall mit hin, er steht neben Hannes. Und wenn Hannes mal wieder zu viel träumt, dann klopft der Indianer Hannes auf die Schulter, und Hannes sagt: ‹Ist schon klar, Indianer!› Er bringt in der Schule bessere Leistungen. Er verläßt die letzte Reihe. Dann kommt er in die vorletzte, schließlich in die dritte Reihe. Aber noch wichtiger: Hannes Strohkopp wird selbstbewußter. Aber irgendwann nimmt die Wirkung des Pulvers ab. Und der unsichtbare Indianer wird auch für Hannes immer unsichtbarer. Und er schreibt seinem Onkel in Amerika: ‹Lieber Onkel! Ich muß wieder das Pulver haben. Mein Indianer wird immer unsichtbarer!› Und der Onkel antwortet: ‹Lieber Hannes! Dein Indianer wird irgendwann ganz unsichtbar. Dann ist er in deinen Gedanken. Dann ist er nur bei dir! Und du wirst sehen, du siehst ihn auch dann, wenn du ihn nicht siehst. Er ist bei dir!› Und so geschah es. Hannes lebte mit dem unsichtbaren Indianer in seinem Herzen und seinen Gedanken.»

Bernhard hatte sehr aufmerksam zugehört, er lächelte zwischendurch. Er hatte ein Papier vor sich liegen, und während ich von dem unsichtbaren Indianer erzählte, begann er einen großen Löwen zu malen, einen Löwen mit einer buschigen Mähne, mit scharfen Zähnen, einen lustigen Löwen. Und als ich mit der Geschichte zu Ende war, sagte er: «Indianer mag ich nicht. Die sind mir zu gefährlich. Aber ich mag Löwen. Und jetzt bin ich ein Löwe wie der da.» Er faltete das Blatt Papier mit seinem Löwenbild, steckte es in die Tasche, sagte beim Abschied nicht «Tschüs», sondern machte ein Löwengebrüll, lächelte und verschwand.

Die Mutter erzählte mir, er sei von der Beratung nach Hause gekommen, und als sie fragte: «Wie war es denn?», antwortete er: «Ich bin jetzt ein Löwe. Nenn mich nicht mehr Bernhard. Nenn mich Löwe!»

«Na gut, dann bist du jetzt mein Löwe!»

Morgens geht Bernhard eine Minute vor den Spiegel, macht Grimassen wie der Löwe auf seinem Bild, brüllt wie ein Löwe. Und wenn er die Treppe herunterkam, um zu frühstücken, sagte die Mutter: «Guten Morgen, Löwe!», oder hin und wieder mußte sie sagen: «Gut gebrüllt, Löwe!»

Die Mutter erzählte, wirkliche Probleme gebe es in der Schule nicht mehr. Nur die Lehrerin rief einmal an, ob Bernhard denn auch «richtiges Essen» bekäme, weil er in der Schule erzähle, er bekäme nur «Löwenfutter in Form von Antilopenbabys». Nicht nur in der Schule, auch zu Hause entspannte es sich. Bernhards Vater zog sich – beleidigt – zurück, vor allem, weil sein Sohn zunehmend ausgeglichener wurde. Die Mutter übernahm selbstbewußt die Verantwortung. Sie kam in regelmäßigen Abständen in die Beratung, um sich unterstützen zu lassen. Bernhard kam nicht mehr, aber er bestellte mir Grüße. Gemeinsam mit der Mutter versuchte ich, den von Inkonsequenz und Zurückweisung geprägten Erziehungsstil und die wenig warme Atmosphäre zu verändern, um positive Unterstützung und Begleitung an deren Stelle zu setzen. Und dies geschah auf vier Ebenen:

- Die Mutter sollte bei den Dingen ansetzen, die Bernhard konnte, sie sollte seinen Leistungswillen fördern, den er zweifelsohne im praktischen Tun zeigte. Und sie sollte ihn in seinen Schulleistungen akzeptieren und nicht mit anderen Freunden vergleichen.
- Sie sollte ihm Wärme geben, das Gefühl der Annahme. Sie richtete eine tägliche Stunde mit Bernhard ein, in der sie sich zusammen nur mit Sachen beschäftigten, die Bernhard mochte. Man vereinbarte, daß die Mutter einmal pro Tag nach den Hausaufgaben fragen durfte. Dies wurde später dahingehend verändert, daß Bernhard von sich aus darauf zu sprechen kommen konnte.
- Überschritt Bernhard Grenzen, so entwickelte die Mutter angemessene Konsequenzen. Dies hielt sie durch: «Als ich das erste Mal

konsequent war, hat Bernhard mir eine Medaille umgehängt», erzählte die Mutter.
- Sie bemühte sich um eine klare, eindeutige Sprache, vermied Doppelbotschaften, so daß Bernhard wußte, woran er war. Und sie bot ihm Mithilfe bei Lösungen an, wenn Bernhard es wünschte, sie ging auf ihn ein, wenn er frustriert war.

Auch Bernhards Lehrerin, die mich ebenfalls aufsuchte, veränderte ihren Erziehungsstil in Richtung auf Konsequenz, Verläßlichkeit und eine allmähliche Veränderung seines Selbstbildes. Da er in praktischen Dingen anderen Kindern voraus war, wurde ihm bei einem Projekt im Werkunterricht die Leitung übergeben. Bernhard löste die Aufgabe zu voller Zufriedenheit. Er ging nun gerne in die Schule. Und auch seine Mitschüler sahen in ihm nicht nur den vergeßlichen Träumer.

Zehn Jahre später: Bernhard ist ein selbstbewußter junger Mann, der die Hauptschule mit Auszeichnung absolviert hat. Er macht momentan eine Tischlerlehre bei jenem Mann, den er als kleines Kind so oft besucht hat.

Aus dieser Geschichte lassen sich einige Prinzipien für den Umgang mit sozialen Ängsten zusammenfassend ableiten:
- Vermeiden Sie unbestimmte Drohungen, das Drohen mit Strafe oder doppeldeutige Botschaften. Kinder schätzen Konsequenz und Eindeutigkeit, weil dies Verläßlichkeit und Sicherheit nach sich zieht.
- Kinder empfinden Grenzenlosigkeit als gleichgültiges Gewähren lassen. Leben Sie Ihren Kindern den Wert von Ritualen und Regeln vor.
- Vergleichen Sie Ihr Kind nicht mit anderen. Beachten Sie die individuelle Entwicklung Ihres Kindes, nehmen Sie seinen eigenen biologischen Rhythmus ernst.
- Überfordern Sie Ihre Kinder nicht mit dem Hinweis auf eine imaginäre Zukunft. Machen Sie nicht an Ihrem Kind das gut, was Ihnen

in der eigenen Kindheit verweigert wurde. Fördern Sie die selbstbestimmten Leistungen und erreichbaren Ziele Ihres Kindes.

■ Setzen Sie Ihr Kind nicht durch Überbehütung herab, untergraben Sie nicht sein Selbstwertgefühl. Haben Sie Vertrauen in Ihr Kind. Damit fördern Sie das Vertrauen der Kinder zu sich selbst und zu Ihnen!

■ Fördern Sie eine gefühlsmäßige Basis. Das ist wichtiger als ein herausragender Schulabschluß oder gute Noten. Diese Basis ist ein hervorragendes Fundament für eine offensive Bewältigung von Ängsten, dafür, im späteren Leben nicht nur mit Glück, sondern auch mit Trauer und Schmerz umgehen zu können.

Kinderängste und die Medien

**Ein Vulkan ist ausgebrochen.
Das hab ich im Fernsehen gesehen.
Benny, 8 Jahre**

Wenn Kinder Ängste vor Gespenstern, Räubern und Monstern äußern, suchen Eltern schnell nach den Ursachen – und machen als Übeltäter nicht selten die von Medien geprägte Umgebung der Heranwachsenden aus. Schnell werden Märchen, aber auch Action- und Abenteuerfilme, vor allem jedoch der Medienkonsum für kindliche Ängste verantwortlich gemacht. Schließlich beobachten Eltern oft genug, daß irreale Lebewesen besonders nach der Lektüre eines Buchs oder nach einem Märchenfilm durch kindliche Angstträume, durch dunkle Kinderzimmer geistern.

«Warum», so fragt Utes Mutter, «schauen sich Kinder denn gerade solche Filme an? Also wenn ich meine Tochter vorm Fernseher sitzen sehe, die ist sieben, wie sie da gebannt hockt, unansprechbar, wie sie mitzittert, mitgeht.» Sie holt tief Luft: «Das ist doch einfach fürchterlich!» Was Utes Mutter als bedrohlich, beängstigend deutet und fühlt, das empfinden Kinder häufig anders. Sie wollen Filme nicht verstehen, sie möchten Filme mit Haut und Haaren erleben, wollen gepackt und von Dramaturgie, Geräusch und Musik in den Bann gezogen werden. Der Medienpsychologe Martin Keilhacker beschreibt das Filmerleben von Kindern als ein ganzheitliches Empfinden, bei dem Körper und Seele eine Einheit darstellen.

Zweifelsohne stellt die Film- und Fernsehdramaturgie, vor allem die Verbindung von Hören und Sehen, große Anforderungen an die kindlichen Verarbeitungsmöglichkeiten. Eine Hörkassette, ein Buch oder eine mündliche Erzählung lassen es Kindern häufiger offen, eigene Phantasien ihren Grenzen und Möglichkeiten gemäß auszureizen. Ein Film-Szenario hingegen kann Kinder mit Bildern konfrontieren, die ihre Verarbeitungsmöglichkeiten übersteigen und ihren Gefühlshaushalt überfordern.

Der pauschale Hinweis allerdings, das Kind vor dem Fernsehen bewahren zu müssen, ist zu einfach und zuwenig praktikabel, denn auch im Theater, in der Oper oder im Kino wird das Kind mit Bildern und Geräuschen konfrontiert. Zur Ausbildung einer Bild-Lesefähigkeit gehört die Entwicklung von Distanzierungstechniken, um sich eigenständig vor unangenehmen Empfindungen schützen zu lernen. Dies können die Hilfestellungen einer Bezugsperson sein, ablenkende Nebentätigkeiten, kleine, meist übersehene und von Erwachsenen geringgeschätzte Entspannungsbewegungen oder der – kurzfristige – Ausstieg aus der Sendung.

Die Schutzmechanismen weisen darauf hin, wie sehr Filmbilder positive Gefühle, aber zugleich verunsichernde Ängste wachrufen und wie notwendig deshalb Entlastungsaktivitäten sind. Denn so kann innere Bewegung in äußere Handlung umgesetzt werden. Dies gilt nicht allein für das Fernsehen, auch in anderen Nutzungssituationen helfen Schutzmechanismen Kindern – ob im Theater, im Kino, beim Vorlesen oder Lesen. Kinder suchen vertraute Ecken und Plätze auf, knabbern etwas nebenbei, kauen an Fingernägeln, berühren sich im Gesicht oder wollen sich bewegen.

Kinder sind Experten

Ein Ausschnitt aus einem Gespräch mit fünf- bis achtjährigen Kindern verdeutlicht eindrücklich, welche Szenarien für Kinder gefühlsmäßige Unsicherheit mit sich bringen können. Dabei wird aber zugleich klar, daß Heranwachsende psychischen Halt und gefühlsmäßige Unterstützung brauchen, um medienbezogene Ängste zu verarbeiten.

Friederike: «Also wenn ein Flugzeug abstürzt und das in den Nachrichten kommt, und da sind so schreckliche Bilder, dann denke ich, wenn jetzt Papa da drin wär. Der fliegt so arg viel. Dann kann ich nicht richtig einschlafen.»

Isabell hat aufmerksam zugehört und zustimmend genickt. Dann sagt sie: «Neulich haben sie im Fernsehen ein totes Kind gezeigt. Das hat man ermordet, da hatte ich arg Angst. Mama hat das auch gesehen und gesagt, ich soll mehr aufpassen wegen der vielen fremden Leute.»

Sabine schaut angestrengt, kneift ihre Augen zusammen: «So was hab ich auch schon mal gesehen. Das war richtig brutal. Aber noch schlimmer ist, wenn die sich im Fernsehen so anschreien oder streiten oder sowas. Das kann ich nicht sehen. Mama und Papa streiten auch manchmal, und dann denk ich, die haben sich nicht mehr lieb und lassen sich sofort scheiden.»

«Also», beginnt Björn, «so Filme mit Ärzten und so, die kann ich gar nicht ab. Auch wenn das gut ausgeht. Aber ich war mal im Krankenhaus, und da haben die mich operiert, und ich war alleine da. Mama durfte nicht rein. Wenn ich solche Filme seh, dann denk ich daran, und ich krieg ganz kalte Finger!»

«Bei mir», so Tim, «kribbelt's im Bauch, wenn ich Märchenfilme sehe. Das ist dann gar nicht schön. Da ist dann meistens so eine gefährliche Musik. Das ist nicht gut. Und wenn ich im Dunkeln lieg, hör ich die Musik, und dann hör ich die Hexe kommen, ich hör richtig die Schritte. Und dann halt ich mir die Ohren zu, und wenn ich die Hände dann wieder wegnehm, dann ist sie weg.»

Christoph hakt ein: «Also die Musik, das ist meistens das schlimmste. Solche Filme kann ich gar nicht ab, weil ich hör die Musik immer im Ohr. Die geht dann gar nicht richtig weg.»

«Ich hab mal so richtig Angst gehabt», erzählt dann Patrick, «als ich einen Film nicht sehen durfte, ihn aber trotzdem geguckt habe. Ganz heimlich, weil meine Eltern nicht da waren. Das war ein gruseliger Film mit komischen Affen. Die waren irgendwie verrückt. Und als ich dann im Bett lag, hab ich gedacht, die Affen sind in meinem Zimmer. Und als meine Eltern dann wieder da waren, konnte ich auch nichts sagen. Die hatten das ja verboten. Also das war schlimm.»

«Doof», meint Rita, «finde ich Filme, die keinen richtigen Schluß haben. Also da, wo man denkt, das muß weitergehen, aber es hört dann auf. Dann denk ich darüber nach. Und ich finde kein richtiges Ende. Also ich will dann einen Schluß finden, aber irgendwie fällt mir keiner ein.»

Gespräche, die ich mit Hunderten von Kindern über ihre medienbezogenen Ängste geführt habe, geben einen Eindruck ihrer Vielfalt. Die am häufigst genannten Angstauslöser sind:
- laute Geräusche, Musik und Stimmen
- Katastrophen- und Kriegsberichterstattung
- die unfreiwillige Begegnung mit eigenen Alltagserfahrungen, die bei Kindern Unsicherheit auslösen (z. B. Streit, Trennung, Strafe)
- imaginäre Symbole und Fabelwesen
- Mitleiden und Mitfühlen mit der Identifikationsfigur
- ein nicht unterscheidbares Ineinander aus Phantasie und Realität
- Darstellung von Tod, Schmerz und Verletzung
- fehlende Geborgenheit während der Filmnutzung
- Mutproben, die die emotionalen Grenzen des Kindes überschreiten, das heißt, Kinder setzen sich Bildern und Geschichten aus, die sie überfordern.

Musik, Geräusch und Bilder und was Kindern sonst noch angst macht

Man muß bedenken, daß Kinder ganz individuelle Angsttypen sind. Sie reagieren höchst unterschiedlich auf die vorgeführten Szenarien. Meist entsteht Angst, so John Bowlby, in zusammengesetzten Situationen, z. B. Dunkelheit *und* plötzliche laute Geräusche. Dies gilt gleichermaßen für die durch mediale Szenarien aktualisierten Ängste, an denen zumeist mehrere Sinne (z. B. Sehen und Hören) beteiligt sind. Zusammengesetzte Situationen können sein: ein unverhofftes Geräusch in der Dunkelheit, fehlende Geborgenheit während des Sehens und undefinierbare Geräusche im Film, eine neue Situation, die plötzlich auftaucht, ein Ungeheuer, das komische Laute von sich gibt, der Schmerz einer geliebten Person etc.

Es gibt eine Vielzahl von inszenierten Urängsten (Furcht und Schrecken bei Dunkelheit, Geräusche, unbekannte Situationen etc.), bei denen Erwachsene und Kinder ähnlich reagieren. Doch es gibt Themen, Handlungen, Bilder und Hörelemente, die Kinder stärker betreffen als Erwachsene (z. B. Katastrophen, Ungeheuer, das Wiederentdecken einer eigenen Erfahrung, das Ineinander von Phantasie und Realität, Tiere in Großaufnahmen), weil Kinder erst allmählich – wahrnehmungs- und entwicklungsbedingt – Distanzierungstechniken aufbauen müssen.

Emotionale Verunsicherungen bei Kindern sind dann zu beobachten, wenn geliebte und vertraute Personen bedroht, reale Opfer in Nachrichten- und Informationssendungen gezeigt werden und die Phantasie nahelegt, «das könnte mir und meinen Eltern auch passieren». Ängste können entstehen, wenn Kinder dramaturgische Elemente (z. B. Kameraeinstellungen) nicht einordnen können. Ben, der sich von einer Riesenameise bedroht fühlt, hatte diese nicht in einem Horror-, sondern in einem Tierfilm gesehen, der normale Waldameisen in Großaufnahmen zeigte.

Je jünger die Kinder sind, um so wahrscheinlicher ist es, daß sie über Visuell-Äußeres (über Monster, Geister, Ungeheuer etc.), über nicht durchschaubare Trick- und Verwandlungseffekte erschrecken.

Je jünger die Kinder sind, desto intensiver ziehen Geräusche und Musik sie in den Bann, gestalten sie das kindliche Filmerleben auf der Grenze zwischen Freiwilligkeit und Überfahrenwerden.

Ältere Kinder, meist vom siebten Lebensjahr an, reagieren betroffen-verunsichert auf Schmerz, Verletzung und Vernichtung, auf realistische Situationen und soziale Ängste, die dem kindlichen Alltag nahe sind und eine Wiederbegegnung mit vielleicht verdrängten oder vermiedenen Ängsten ermöglichen. Aber auch das Mitfühlen und Mitleiden können eine emotionale Verunsicherung mit sich bringen.

Generell gilt: Die Ängste, die mediale Szenarien bei Kindern wachrufen, hängen neben der intellektuellen vor allem von der gefühlsmäßigen Entwicklung der Kinder ab. Je jünger die Kinder sind, um so heftiger, archaischer und ungebrochener reagieren sie auf mediale Szenarien. Da Distanzierungstechniken nur ansatzweise entwickelt sind, bleiben Rationalisierungen wie «Das ist doch nur ein Film!» häufig folgenlos. Dies gilt auch für ältere Kinder, wenn diese subjektiv bedeutsame und gefühlsmäßig besetzte Themen im Film wiederentdecken. Das Vorwissen und die Vorerfahrungen sind entscheidende Bedingungen für die Wiederbelebung von Ängsten.

Ein wichtiger Faktor für den Umgang mit filmischen Emotionen sind die psychische Gesamtsituation des Kindes und seine Möglichkeiten, mit Ängsten umzugehen. Entscheidend ist, daß ein Kind über Distanzierungstechniken verfügt: sei es die Möglichkeit, die Nutzung abzubrechen, sich die Augen und Ohren zuzuhalten, die Chance für Nebentätigkeiten, die Vergewisserung von Nähe und Geborgenheit durch Bezugspersonen. Das Wissen über die Künstlichkeit einer Szene («Das ist ja nur ein Film!») hilft um so weniger, je mehr das Kind in den Bann geschlagen oder bereits überwältigt wurde. Auch Verunsicherungen über reale Katastrophen oder Unglücke, die durch Nachrichten oder andere Informationssendungen vermittelt werden, lassen sich durch Rationalisierungen nur schwer bearbeiten.

Medien machen etwas mit den Kindern, genauso wie Kinder ihnen höchst verschiedene Bedeutungen zuweisen. So sind selbst heftige

Reaktionen auf Fernsehsendungen häufig nicht vorhersehbar, die Eltern nach bestem Wissen und Gewissen als «gut» einschätzen. Und umgekehrt sind Eltern entsetzt, wenn Kinder mit gruseligen Dramaturgien «cool» umgehen. Es gibt für Kinder keine harmlosen, soll heißen: folgenlosen Medienprodukte. Manchmal bewältigt das Kind seine Ängste schöpferisch, manchmal schlägt die spielerische Begegnung mit Ängsten in Furcht und Schrecken, in Unlust und Frustration um. Die Vielfalt und Unvorhersehbarkeit kindlicher Ängste, die mit der Mediennutzung einhergehen können, sollten Eltern als Zeichen nehmen, die ein Kind setzt, als Zeichen für emotionale Entwicklungsschritte, die das Kind gerade vollzieht, für momentane Sorgen und Nöte bzw. als Hinweis darauf, daß mit dem Filmerleben längst überwundene Erfahrungen wiederbelebt wurden.

Auch wenn man nicht genau vorhersagen kann, welche medialen Szenarien und Dramaturgien Ängste auslösen und verstärken können, so lassen sich einige formale und inhaltliche Elemente benennen, die Streßsituationen und ängstigende Gefühlslagen nach sich ziehen. Kinder zeigen unsichere emotionale Gefühle und Regungen, wenn sie

- keine Fähigkeiten entwickelt haben, mit medialen Szenarien umzugehen, und sie nicht wissen, was sie erwartet;
- Filme und Geschichten kein Happy-End haben;
- in Szenen, die ohnehin gefühlsmäßig belastend sind, intensive Geräusch- und Musikkulissen auftauchen;
- Unglücke, Katastrophen und Kriege medial vermittelt miterleben;
- unvorbereitet durch Handlung und Thema eines Films negative Assoziationen zu ihrem Alltag empfinden.

Medien — nicht Ursache, sondern Verstärker von Angst

Manche Kinder können durch Bild-Szenarien im Fernsehen oder Film schlichtweg überfordert sein. Ihr Filmerlebnis kann sich zu einer starken psychischen Belastung entwickeln.

Je ausgeprägter dagegen die medienbezogenen Fähigkeiten eines Kindes sind, um so geringer ist die Gefahr des Überfahrenwerdens. Deshalb müssen Kinder Bild-Lesefähigkeiten entwickeln, weil sie für das Erfahren einer Bilderwelt unverzichtbar sind. Kinder müssen befähigt werden, Bildfolgen wahrzunehmen und mit den darin gebundenen Gefühlen umzugehen. Je älter Kinder werden, um so dringlicher ist dieser Vorgang. Ich habe dies in meinem Buch *Kinder können fernsehen* veranschaulicht.

Kein Happy-End ohne Happy-End

Heiligabend, Brigitte Henrichs ist noch bei ihren Eltern, die ein paar Kilometer entfernt wohnen. Ihr Mann Robert schmückt unterdessen den Christbaum. Isabell, sechs Jahre, und Sabine, acht Jahre, langweilen sich, nörgeln, quengeln, können die Bescherung kaum erwarten. Als sie mit ihrem ununterbrochenen Nachfragen den Vater nerven, fällt ihm die «Lassie»-Video-Kassette ein. «Die hatte ich eigentlich für einen regnerischen Tag ausgeliehen, um sie gemeinsam mit den Kindern anzusehen. Die Kinder kannten die Serie. Dies war allerdings ein Spielfilm, ‹Lassie in Not›.» Er macht den Töchtern den Vorschlag, sich die Video-Kassette anzusehen. «Das war irgendwie nicht in Ordnung, weiß ich, aber ich brauchte meine Ruhe, um alles vorzubereiten.»

Die Kinder waren sofort begeistert. «Gut», dachte der Vater, «jetzt hast du deine Ruhe. Aber das war ein Trugschluß. Irgendwie muß der Film anders gewesen sein als die Serie, die die beiden kannten.»

Nach einer Viertelstunde hörte Robert, daß die Tür zum Arbeitszimmer, wo der Videorecorder stand, ständig auf- und zuklappte. Aber er dachte sich nichts dabei: «Die beiden gingen beim Fernsehen häufig aufs Klo.» Als die Geräusche jedoch kein Ende nahmen, fragte er: «Was ist da unten eigentlich los, verdammt noch mal?» Und dann hörte er lautes Schluchzen und Wehklagen. Er springt auf, rennt aus dem Wohnzimmer, fällt über Tannenbaumkugeln und Werkzeug, stößt sich das Schienbein, sieht, wie Isabell vor dem Arbeitszimmer sitzt, die Tür einen Spalt geöffnet, die geröteten Augen auf den Fernseher gerichtet. Er erschrickt: «Was ist denn hier los?» Nun brüllt Isabell los: «Lassie, Lassie!»

«Was ist mit Lassie?»

«Da, da!» schluchzt seine Tochter, «da, da!»

Sie zeigt mit einem Arm auf den Fernseher. Robert sieht, wie Lassie in einer Falle sitzt. «Mist», fährt es ihm durch den Kopf, «der falsche Film. Wenn Brigitte das sieht, meine Oberpädagogin», er zieht in Gedanken an seine Frau die Augenbrauen hoch, «dann gibt's Vorwürfe wegen», er schmunzelt nun doch, «unterlassener Hilfeleistung.»

Robert öffnet die Tür ganz, hockt sich zu seiner Tochter, will ihr Nähe geben, doch die weist ihn barsch zurück. Er steht auf, sieht Sabine unter seinem Schreibtisch hocken, beide Daumen im Mund, aufgerissene Augen, tränenüberströmt, den Kopf hochrot. «Sabine, was ist?» ruft er hilflos. Die erschrickt, so versunken war sie, erschrickt und schreit laut los. Just in diesem Moment dröhnt die Filmmusik laut auf, Lassie bellt, kläfft, beide Kinder brüllen: «Lassie! Oh, Lassie!» Da packt Robert die hilflose Wut, er rennt zum Videorecorder, drückt die Stopptaste.

Die augenblickliche Stille nach dem Inferno aus Musik, Geräusch, Gekreische und Gewimmere erweist sich als Ruhe vor dem Sturm. Als die beiden Mädchen aus dem Schock erwachen, realisieren, was Sache ist, geht «das Geheule», so Robert im nachhinein, «von vorne los. Nur schriller, lauter, wütender.» Sabine springt auf, rennt zum Videorecorder, will weiter sehen. Der Vater reißt sie zurück. Sie tritt um sich, trifft schmerzhaft sein Knie. Wutentbrannt gibt er ihr einen Klaps auf den Po. Sie weint, brüllt – und Isabell aus Solidarität mit «Ich hab sie ins Kinderzimmer geschickt. Es war fürchterlich. Mir war kotzelend.»

Sabine und Isabell beruhigen sich allmählich, Robert entschuldigt sich für sein Ausrasten, Brigitte macht ihrem Mann Vorwürfe wegen «seines unmöglichen Handelns». Das brachte ihn nochmals in Rage. «Ich kann nur sagen ‹Stille Nacht, heilige Nacht›.» Ihre Mutter erzählt: «Isabell und Sabine waren anders als sonst, so zurückgenommen. Sie fragten dauernd danach, wie das mit Lassie wohl weitergegangen ist. Lassie, Lassie, immer nur Lassie.»

Isabell und Sabine waren beim Abendessen äußerst schweigsam, kamen häufig in vorsichtigen Andeutungen auf Lassie zu sprechen. Als es selbst bei der Bescherung noch um Lassie ging, platzte der Mutter der Kragen: «Nun ist aber Schluß, verdammt noch mal. Ich will nichts mehr von Lassie hören!»

Auf der Stelle brachen beide Mädchen in Tränen aus, schluchzten. «Es war», so erinnert sich die Mutter, «ein fürchterlicher Abend.» Sie denkt nach: «Auch wohl deshalb, weil ich spürte, mich ziemlich falsch verhalten zu haben. Aber», so Brigitte mit hochgezogenen Schultern und angestrengter Stirn, «ich wußte keinen anderen Weg.»

Das Schicksal der Film-Lassie bewegte Isabell und Sabine noch sehr häufig. Das Thema zog sich wie ein roter Faden durch ihre Gespräche, ihre Spiele, ihre Aktivitäten. «Irgendwie war ich ausgeschlossen. Die Kinder fragten mich nicht. Und ich», so die Mutter, «fragte auch nicht – aus Angst, erneut irgend etwas falsch zu machen.» Dann fügt sie hinzu: «Robert, mein Mann, machte ohnehin dicht, weil der meinte, das sei bei den beiden Töchtern ein blöder Lassie-Virus.»

Fast zwei Jahre nach dem Vorfall. Brigitte schildert auf einem Familienseminar die zurückliegende Situation, «weil Lassie immer noch ein Thema bei uns ist». Dann berichtet sie, wie Isabell an manchen Abenden ihrer Lieblingspuppe erzählt, sie glaube, Lassie gehe es gut, aber sicher sei sie nicht. Aber eigentlich wäre sie ja schlau genug, sich aus jeder Situation zu befreien. Und Sabine würde auf Hunde in der Umgebung merkwürdig reagieren: «Sieht fast wie Lassie aus!» sei ein Standardsatz ihrer Tochter. «Es schien, als ließe der Film sie nicht los, als dächten sie ständig über diesen Hund nach!»

«Was würden Sie am liebsten tun?» frage ich.

Ganz intuitiv sagt Brigitte: «Ihnen den Film nochmals zeigen!» Sie atmet tief aus. «Und zwar von Anfang bis Ende!»

«Was hindert Sie?»

«Ich glaube, ich habe Angst davor. Angst, mit den Gefühlen meiner Kinder nicht fertig zu werden.»
«Wann haben Isabell und Sabine stärkere Ängste?»
«Nachts manchmal!» antwortet sie spontan.
«Was tun Sie, wenn Ihre Kinder starke Ängste haben?»
«Ich streichle sie, kuschle mich zu ihnen. Irgendwie handle ich ganz aus dem Bauch heraus!»
«Was machen Ihre Töchter?»
«Die klammern sich an mich, und allmählich vergehen dann die Ängste. Dann stoßen die mich sogar weg, wollen wieder alleine sein!»
«Sie nehmen die Ängste Ihrer Töchter an, geben ihnen das Gefühl von Stärke, mit der Angst umzugehen!» Sie überlegt, dann fragt sie zögerlich: «Soll ich den Kindern den Film wirklich nochmals zeigen?» Nach wie vor liegt großer Zweifel in ihrer Stimme.
«Warten Sie ab, bis Ihre Kinder auf Sie zukommen. Sie sollten sich freiwillig auf den Film einlassen, um so den unverdauten Ängsten zu begegnen.»
Einige Zeit später treffe ich Brigitte auf einem Familienseminar wieder. Sie kommt auf mich zu, schmunzelt, sie habe einen «Wahnsinns-Heiligabend erlebt».
Ihre beiden Töchter hätten sich vor der Bescherung sehr gelangweilt und seien gekommen, hätten nach Lassie gefragt. «Ich hab's schweren Herzens genehmigt.»
«Bleib aber dabei, Mama», hat Isabell gesagt.
«Also ich hatte mich ja auf einen richtigen Tier-Horrorfilm eingestellt. Aber das war ein absolut langweiliger Film. Für mich war's jedenfalls langweilig. Also dieser Hund, diese Lassie, war ein absolut beknackter Hund. Die tappte in jede Falle, die da war. Aber Isabell und Sabine – das war ein Wahnsinn, wie die gefühlsmäßig reagiert haben.»
Die beiden Mädchen sitzen von Beginn an eng an die Mutter geschmiegt, halten sich Augen und Ohren zu. Nach einigen Minuten geht Isabell bei einer spannenden Szene vor die Tür, die einen Spalt offenbleibt: «Wenn das Schlimme vorbei ist, ruft mich!» – «Die Kin-

der», so Brigitte, «waren ständig in Bewegung. Das war ein Gerenne, ein einziges Türgeklapper.» Dies muß auch Robert gehört haben. Der kommt ins Wohnzimmer, sieht sie und die Töchter.

«Ich mach sofort aus», schreit er.

«Laß das!» ruft Brigitte. «Die sollen das zu Ende sehen, wenn sie es wollen.»

«Bist du denn völlig übergeschnappt?»

«Geh raus und beruhige dich!» Brigittes Stimme bekommt einen scharfen Unterton.

«Das hast du nur auf deinen komischen Seminaren gelernt, weil du alles glaubst, was diese Typen dir da sagen!» Beleidigt rennt er hinaus, die Tür laut zuknallend.

Isabell und Sabine bekommen kaum etwas vom Streit ihrer Eltern mit, so gespannt sind sie. Sie suchen weiterhin mütterliche Nähe, verlassen zwischendurch den Raum. Als sich das Happy-End abzeichnet, setzen sie sich aufrecht ins Sofa, rücken von der Mutter ab, werden zunehmend entspannter. Sie lächeln vorsichtig, brechen dann lauthals in befreiendes Lachen aus, als Lassie ihr Abenteuer überstanden hat.

«Das war spannend», meint Isabell, und Sabine fügt hinzu: «Ich hab's mir fast gedacht, daß es so ausgeht. Aber das war ja nur in meinem Kopf. So hab ich's gesehen, und jetzt bin ich ruhig.» – «Ich hab's mir auch gedacht», wiederholt Isabell und nickt verstärkend mit dem Kopf. Die beiden rennen hinaus in den Garten, toben, spielen «böser» Hund und «guter» Hund.

Lauthals geht es zu, bis Robert schreit: «Wenn da nicht sofort Ruhe ist, gibt's keine Bescherung!» Isabell und Sabine sind nur ein wenig leiser als zuvor, ihr Spiel geht allmählich in ein Gespräch über, in dem sie einzelne Filmszenen wiederholend kommentieren. Ganz tief versetzen sie sich nochmals in die Handlung. Und beim Abendessen ist Lassie ein Thema, wichtiger als die Bescherung.

«Wenn hier nicht sofort Schluß ist, stehe ich auf», droht Robert.

«Nun laß sie, das geht doch vorüber», beschwichtigt ihn seine Frau.

«Was müssen dir diese Seminarleiter denn noch alles erzählen.

Nächstes Mal komme ich mit und erzähl denen was.» Robert ist nicht zu beruhigen.

«Das war gut, was Mama gemacht hat.» Isabell schaut ihren Vater ganz ernsthaft an. «Du bist ja nur eifersüchtig. Außerdem, nun weiß ich, wie's ausgegangen ist. Und ich muß nicht mehr davon träumen! Und Papa, sieh mich an, Papa», Robert wendet vorsichtig sein Gesicht, «und das ist wichtig.»

Robert guckt immer noch verbiestert. Brigitte will seine Hand streicheln, er zieht sie zurück. «Laß das, jetzt nicht! Verdammte Oberpäda...!»

«Sprich's aus!»

«Verdammte Oberpädagogin!» Robert bleibt nach wie vor stocksauer.

Nun reicht es Sabine: «So! Papa! Schau mich an! Wenn du von deinem komischen Fußballspiel kommst, dann müssen wir uns auch das ganze Spiel noch mal anhören. Meinst du, mich interessiert das?»

«Sabine!» Brigitte versucht ihre Tochter zu stoppen.

«Und Papa!» Sie blickt ihren Vater an. «Sieh mich an, Papa!» Robert schaut seine Tochter an. «Und Papa, du mußt dich mal sehen, wie du aussiehst, wenn du Fußball im Fernsehen schaust. Du schreist und schimpfst dann herum. Und warum hast du eigentlich deinen schwarzgelben Borussia-Schal um, wenn du im Wohnzimmer sitzt?»

Kinder hören Fernsehen

Eine Wahrnehmungsbesonderheit, die für Kinder bis zum zehnten Lebensjahr zutrifft, wird von Erwachsenen häufig verkannt und deshalb nicht ernst genug genommen. Während Eltern der Meinung sind, Kinder nehmen Fernsehsendungen so wie sie wahr, weisen Kinder den Hörelementen (Musik, Geräuschen, Sprache) eine wichtige Bedeutung zu. Kinder – insbesondere jüngere Kinder – hören fern. Die gefühlsmäßige Bedeutung, die den Hörelementen zukommt, kann man unter anderem daran ablesen: Kinder halten sich bei Szenen, deren Spannung, die mittels Musik oder Geräuschen hervorgerufen wird, zunächst die Ohren, erst dann die Augen zu. Nach Schluß eines Action-Films sind es besonders die Geräusche, die von Kindern ins Zentrum ihrer lautstarken Nachspiele gestellt werden. Während Eltern die Bilder heranziehen, um eine kindgerechte Produktion zu bewerten, überhören sie nicht selten die Musik- und Geräuschelemente, die für Kinder wichtig werden, wenn sie Filme bewerten.

Zwar gehen Sehen und Hören bei der Mediennutzung eine unauflösliche Bindung ein, gleichwohl kommt dem Hörsinn eine herausragende Rolle zu. Geräusche, Töne und Musik werden – nicht nur von Kindern – weniger distanziert wahrgenommen als optische Reize. Akustische Reize sind weniger eindeutig und scharf ausgeprägt. Wenn man im dunklen Zimmer ein diffuses Geräusch hört, dann macht man das Licht an, um sich Eindeutigkeit und Distanz zu verschaffen. Beim Hören liegt das Schwergewicht auf dem Gefühl, beim Sehen überwiegen Klarheit und Rationalität.

Da der optische Sinn erst vom zehnten Lebensjahr vollständig ausgebildet ist, spielt der Hörsinn im Alltag jüngerer Kinder eine zentrale Rolle. Das Filmerleben läuft vor allem über ein gefühlhaftes Hören. Es erschließt die Welt und entspricht zunächst mehr der kindlichen Realitätswahrnehmung, dem kindlichen Verlangen nach einer ganzheitlichen Aneignung. Denn gehört wird nicht nur mit den Ohren. Kinder spüren Schallwellen über die Haut und die Knochen. Kein Wunder also, wenn Kinder auf die Frage, was das spannende am Film gewesen sei, antworten: «Da war eine gefährliche Musik drin.» Ein Hinweis für Eltern jüngerer Kinder: Wenn Sie fühlen wollen, was auf Ihre Kinder beim Fernsehen oder Film eindröhnt, stellen Sie sich mit dem Rücken zum Fernsehapparat. Sie bekommen ein Empfinden von dem, wie Kinder wahrnehmen, und eine Ahnung davon, warum sich Nachspiele der Kinder so lautstark entwickeln.

Das Erschrecken über Katastrophen

Nachrichten- und Informationssendungen, die sich mit Katastrophen oder problematischen Ereignissen beschäftigen, berühren Kinder, verunsichern oder verängstigen sie. Die Berichterstattung belebt – unbewußt oder bewußt – tiefsitzende Trennungs- oder Verlassensängste. Damit ist nichts über die Schädlichkeit oder Gefährlichkeit solcher Sendungen gesagt oder darüber, daß es sinnvoll sei, Kindern den Zugang grundsätzlich zu untersagen. Zu bedenken ist allerdings, daß die Begegnung mit den Sendungen häufig zufällig oder nebenbei geschieht – und im übrigen Kinder auch durch andere Medien mit Tod und Zerstörung konfrontiert werden. Vermeidung, Verdrängung von Ängsten helfen weder Eltern noch Kindern. Notwendiger denn je erscheint es mir, Kinder bei der Ver- und Bearbeitung von Trennungs- und Vernichtungsängsten zu unterstützen, ihnen Vertrauen zu geben, sich mit ihren meist sehr anschaulichen Mitteln auf die durch Bilder- und Hörwelten belebten Ängste einzulassen.

Der eigene Alltag kehrt wieder

Für Kinder gibt es keine «harmlosen», folgenlosen Medienprodukte. Das Kind kann sich, angeregt durch mediale Erfahrung, schöpferisch mit seinen Ängsten auseinandersetzen, es kann aber auch tief verunsichert werden, wenn die spielerische Konfrontation mit Ängsten, das Hoffen auf das Happy-End enttäuscht werden. Dann schlägt die Bestätigung eigener Allmacht und Kompetenz jäh um in Enttäuschung oder Vernichtung: aus Lust wird Unlust, aus einer spielerisch-geschützten Konfrontation wird eine reale Auseinandersetzung, Lust und Angst werden getrennt erlebt. Der Alltag hat das Kind wieder.

Fernsehsendungen machen etwas mit Kindern, genauso wie Kinder etwas mit Sendungen machen. Viele heftige Reaktionen von Kindern auf vermeintlich «gute» Fernsehsendungen sind nicht vorhersehbar. Verbote und Einschränkungen sind dann ein wenig kindgemäßes Mittel, wenn es ausschließlich darum geht, Kinder vor Ängsten zu bewahren.

Martina, knapp fünf Jahre, kommt in die Küche gerannt, ist außer sich: «Pumuckl ist böse.» Sie fängt an zu schluchzen: «Der ist ganz bös.»

Martinas Mutter nimmt ihre Tochter in den Arm. «Pumuckl ist böse?» Martina nickt heftig, macht sich los, geht in ihr Zimmer, hört dann eine Pumuckl-Kassette etwa eine Stunde lang in voller Lautstärke. Sie kommt wieder zur Mutter: «Aber der ist doch auch ganz nett.»

«Willst du mir nicht sagen, was los war?»

«Nein!» Martina verschwindet wieder. Das Telefon klingelt. Merles Mutter ist am Apparat und berichtet aufgeregt von den Tränen ihrer Tochter: «Ich hab da vorhin mit ihr Pumuckl gesehen. Und nun ist sie nicht zu beruhigen.»

«Martina ist auch so komisch. Was ist denn da passiert? Ich hab's nicht gesehen.»

«Ich bin auch erst später gekommen, aber Pumuckl hatte da irgendwie mit Feuer gespielt, und dann hat's gebrannt.»

Merle, fünf Jahre, hat nach der Sendung ein Bild gemalt, das sie so kommentierte: «Das hast du nun davon. Du bist ja witzig. Diesmal bist du bös. Richtig bös.»

Beim Abendessen war Martina nach wie vor schweigsam. Die Mutter versuchte das Gespräch auf «Pumuckl» zu lenken. Das mißlang, weil Martina abblockte. Erst bei der Gute-Nacht-Geschichte fragte sie: «Ist das gefährlich, wenn Kinder mit Feuer spielen?»

«Ja. Ich hab's dir doch immer gesagt.» Martinas Mutter begründete das nun ausführlich. Martina hörte aufmerksam zu.

Am nächsten Morgen brachte sie ein Bild mit in den Kindergarten und erzählte der Erzieherin, daß Pumuckl mit dem Feuer gespielt, es deswegen fast ein Unglück gegeben habe und er «wirklich böse» sei. «Das tun Kinder nicht!» sagt Martina bestimmt.

Am Nachmittag kam Merle zu Martina und brachte ihre «Pumuckl»-Figur mit. Beide saßen in einer Ecke des Wohnzimmers, während Martinas Mutter in der Küche war. Sie konnte die Kinder hören. Nach einiger Zeit wurde sie auf das Spiel der beiden Mädchen aufmerksam. Sie hatte Schwierigkeiten, dies einzuordnen.

Merle hatte offensichtlich die Rolle Pumuckls übernommen, der von Martina befragt wurde.

Martina: «Du bist doof.»
Merle: «Ich bin nicht doof, ich bin klug.»
Martina: «Mit Feuer spielt man nicht.»
Merle: «Ich spiel nicht mit Feuer.»
Martina: «Doch, ich hab's gesehen.»
Merle: «Hast du auch schon mit Feuer gespielt?»
Martina: «Nein. Bestimmt nicht.»
Merle: «Glaub ich nicht.»

Es kommt zu einer kleinen Pause. Merle springt aus der Rolle des Pumuckl. «Nun sag schon.» Es entsteht eine gespannte Ruhe.

Martina: «Einmal mit Merle, draußen in der Höhle. Aber nicht weitersagen. Das ist unser Geheimnis.»

Das Gespräch ging weiter, drehte sich vor allem um die Gefährlichkeit des Feuers. In den nächsten zwei Tagen spielten beide Kinder, erzählten dabei viel vom Feuermachen und Feuerlöschen. Eines Abends sagte Martina zu ihrer Mutter: «Wenn ich mal Feuer mache, passiert nichts. Ich hab eine Fee, die löscht alles. Das hat sie versprochen.»

«Aber du sollst kein Feuer machen.»

«Mach ich auch nicht, aber es kann doch sein.»

Pumuckl hatte Martina mit verbotenen Regungen und Handlungen konfrontiert. Bis dahin war er ihr als Unruhe stiftender Kobold bekannt, stand für eine Unordnung, die für das Kind keine wirklich bedrohlichen Züge hatte. Das Spiel mit dem Feuer nahm dagegen reale Züge an. Pumuckl machte etwas, was Martina untersagt war, aber schon ausprobiert hatte. Zugleich führte Pumuckl ihr die weitreichenden Konsequenzen seiner Handlung vor Augen. Konnte sich Martina bisher lustvoll mit Pumuckls Streichen auseinandersetzen, darüber lachen, verwandelte sich dies jäh in Angst und Entsetzen. Pumuckl war «böse», weil Martina in ihm die eigenen (verdrängten) Anteile erkannte und sie auf ihn projizierte. Gleichzeitig mußte sie sich seiner positiven Anteile versichern, indem sie die Pumuckl-Kassette hörte. Dies mag auch als Vergewisserung eigener guter Anteile gelten: «Auch wenn ich schon mal mit Feuer gespielt habe, bin ich trotzdem nicht böse.»

Martinas Mutter hat ihrer Tochter Nähe und Geborgenheit gegeben, die weitere Angstbearbeitung jedoch ihrer Tochter überlassen, sich nicht eingemischt. Wie tief Martina getroffen war, zeigt sich an der zeitlichen Ausdehnung ihrer spielerischen Nachbereitung. Und es wird weiter deutlich, wie hilfreich Gleichaltrige bei der spielerischen Bewältigung von verunsichernden Medien-Erlebnissen sein können. Als Martina den ersten Schreck überwunden und Selbstsicherheit gefunden hatte, steht sie wieder zum Lustprinzip. Das Feuer macht ihr keine Angst, sie hat – wenn auch vorläufig – eine magische Lösung (in der Figur einer Fee) gefunden.

Wie Kinder mit den Medien-Ängsten umgehen oder warum Sehverbote nicht helfen

«Aber», so Barbara Fischer, Mutter der sechsjährigen Veronika, «ich kann meine Tochter doch nicht allein lassen, wenn sie Angst hat. Sie braucht meine Hilfe, das spüre ich.» – «Wir können unsere Kinder doch nicht einfach den gräßlichen Bildern überlassen», unterstützt Hubertus Frantz, «damit sind sie nun wirklich überfordert.»

«Ich denke», unterbricht Juliane Roberts, Mutter dreier Kinder, das Einvernehmen, «wir können Kinder nicht ständig beschützen, die müssen selber sehen, wie sie mit ihren Ängsten umgehen. Und ich glaube, Kinder schaffen das auch, wenn wir sie emotional unterstützen, wenn sie spüren, wir stehen ihnen bei.»

Es gibt keine verbindlichen, allgemeingültigen Antworten. Familien müssen ihre eigenen Vorgehensweisen und Strategien entwickeln, die die kindlichen Bedürfnisse nach Geborgenheit, nach Angst-Lust und produktivem Umgang mit Ängsten ernst nehmen. Überbehütung und Überforderung sind untaugliche Ratgeber, die Kinder vor Ängsten jeglicher Art bewahren zu wollen oder sie an der Angstbearbeitung zu hindern.

«Wenn es spannend ist, dann schaue ich am liebsten mit meiner Freundin Petra. Dann kuscheln wir zusammen und halten uns die Hand, und dann ist das alles gar nicht mehr so schlimm», sagt die neunjährige Sarah. Petra, ihre zehnjährige pummelige Freundin, nickt: «Genau. Das ist dann richtig schön. Ich halt mir dann manchmal noch die Ohren zu und sag dann: ‹Wenn's nicht mehr so spannend ist, sag mir Bescheid.› Mit Mama mag ich nicht so gern so spannende Sachen anschauen, weil sie immer gleich meckert oder ausschalten will. Das ist ungemütlich.»

«Wenn ich etwas ganz Gruseliges gesehen habe, und ich bin dann abends im Bett», verrät der achtjährige Franco mit leuchtenden Augen seinem Freund Adrian, «nehm ich mein Kuscheltier und erzähl dem alles noch mal. Und dann sag ich: ‹Paß auf mich auf, wenn die Monster kommen.› Und dann kann ich ganz ruhig schlafen.» Adrian ist ein ganz schmächtiger Junge, zehn Jahre alt, und kann auch oft vor lauter Angst nicht einschlafen. Gespannt hört er Franco weiter zu: «Und ich schau mir schon mal ganz schlimme Sachen an. Also, wo Gespenster und Vampire sind und so. Und dann träum ich manchmal auch davon. Wenn es im Traum ganz gefährlich wird und die mich packen wollen, die Monster, dann seh ich die ganz böse an und schrei: ‹Haut ab, haut bloß ab!›» Adrian ist fasziniert. «Und?» fragt er. «Wie geht's dann weiter?» Franco, ganz stolz: «Die hauen dann ab, und ich träum ruhig weiter!»

«Träumen find ich Scheiße», wirft Nils-Peter ein, «einfach Scheiße! Ich spiel lieber mit meinen Freunden, wenn ich was Spannendes gesehen habe. Das hilft mehr und macht mehr Spaß.»

Diese knappen Äußerungen zeigen: Viele Kinder machen den Erwachsenen vor, wie sie angemessen mit Angst umgehen. So wichtig elterliche Geborgenheit und Fürsorge bei der Bewältigung von Ängsten sind, so wichtig ist das Vertrauen von Kindern in die eigenen Kompetenzen der Angstbearbeitung.

Eltern kommt dabei eine unterstützende Funktion zu, vielleicht die Aufgabe, gemeinsam mit den Kindern Lösungsvorschläge zu finden. Nähe geben, der Einsatz von Distanzierungstechniken oder das Nachspielen sind Möglichkeiten von Kindern, um mit Verunsicherungen fertig zu werden oder das Gefühl der Angst-Lust zu wiederholen. Kinder machen den Erwachsenen vor, wie sie sich von Angst befreien, wie sie Ängste meistern. Spiel, auch das Spiel mit der Angst, bedeutet Erfindung, Vergnügen, zieht Vertrauen in eigene Lösungsmöglichkeiten nach sich. Die Phantasie drängt in die Realität. Freilich kann ein Kind dabei scheitern, weil es noch nicht soweit entwickelt ist, sich überfordert hat auf Grund kritischer Lebensereignisse, fehlender realer Problemlösungen oder weil ihm die Nahwelt Angst nur als bedrohliches Gefühl vermittelt.

Die fünfjährige Martina hatte Pumuckls Spiel mit dem Feuer gesehen. Als ihr die Situation – im wahrsten Sinne des Wortes – zu brenzlig wurde, schaltete sie den Fernsehapparat aus und suchte die Nähe ihrer Mutter. Ihr erzählte sie zunächst vom «bösen Pumuckl» und fragte dann ihre Mutter über das Feuer aus. Martina wollte alles wissen: Was Feuer ist? Wie es entsteht? Welche Schäden es anrichtet? Warum es Feuer gibt? Wie man es löschen kann? Martinas Mutter zeigte Geduld, beantwortete immer und immer wieder die gleichen Fragen. Erst nach mehreren Wochen wurden sie seltener und hörten schließlich auf. Als Martina ein halbes Jahr nach der Sendung von einem Großbrand in der Stadt hörte, meinte sie: «Das war vielleicht der Pumuckl.»

Spiele und Wiederholungen geben Gewißheit

Inszenierte Ängste besetzen Kinder um so mehr, je geringer die Möglichkeiten zur produktiven Auseinandersetzung sind, je hemmender Erwachsene in den Prozeß eingreifen. Doch auch Eltern verunsichert es, wenn ihre Kinder durch mediale Szenarien irritiert sind, Mütter und Väter reagieren betroffen, ärgerlich, hilflos. In solchen Situationen wird der Wunsch nach einfachen Rezepten laut. Doch: Die gibt es nicht – selbst in Familien, die einen mehr oder minder gekonnten Umgang mit dem Fernsehen und den kindlichen Ängsten praktizieren, kommt es vor, daß Kinder mit Bildern und Themen plötzlich nicht fertig werden: sei es der Tierfilm, die Nachrichten, die Familienserie oder der Krimi, in den die Kinder durch Zufall hineingeraten, weil sie nach der Gute-Nacht-Geschichte nochmals aufstehen und die Eltern beim «Tatort» oder «Derrick» überraschen.

Dieses Dilemma ist nicht auflösbar. Trotzdem sollten Eltern darauf vertrauen, daß Kinder ihre ganz eigenen Wege finden, um sich Ängsten zu stellen und diese zu bewältigen. So berichtet die Mutter des fünfjährigen Stefan in einer Beratungsstunde von einem ungewöhnlichen Verlangen ihres Sohnes. Stefan habe noch drei Brüder, erzählt sie, dreizehn, zwölf und neun Jahre alt. Die ältesten hätten den Wunsch gehabt, den «König der Löwen» im Kino zu sehen, und Stefan habe «unbedingt mitwollen». Sie sei unsicher gewesen, habe ihn dann «aber mitgenommen, weil er keine Ruhe gegeben hat». Während des Films hat «er eigentlich nur auf meinem Arm gehockt und nur mal kurz hingesehen. Aber bei den wirklich schrecklichen Szenen hat er sich weggedreht, ich hab es genau gespürt. Auch bei der Szene, in der der Vater umkommt, hat er nur mich angeschaut. Als das vorbei war, hat er sich wieder vorsichtig zur Leinwand gedreht und irgendwann den Film wohl weiterverfolgt.» Nach dem Film sei Stefan sehr aufgewühlt gewesen, beschreibt die Mutter weiter. «Und dann kommt's», sie sieht mich an, «dann sagt er, er will nochmals hin. Gut, hab ich gedacht, vielleicht braucht er das. Obwohl ich meine Zweifel hatte. Eine Freundin meinte, davon werde er nur noch aufgeregter. Und ich hatte auch so meine Phantasien von Abhängigkeit und Sucht im Kopf. Aber ich bin dann doch nochmals mit ihm ins Kino. Mit ihm alleine. Alles war wie beim erstenmal. Ich hatte nicht den Eindruck, als verhalte er sich anders. Kaum aus dem Kino heraus, wollte er wieder hinein. Also bin ich am übernächsten Tag wieder mit ihm hin. Nun war ich schon fünfmal in diesem Film. Ich kann alles mitsingen, und Stefan hat noch nicht genug!» Sie klingt einigermaßen verzweifelt.

«Vom Film schon», antworte ich, «aber er ist sich noch nicht sicher, was seine Gefühle und die persönliche Lösung anbetrifft.»

«Wie meinen Sie das?» fragt Stefans Mutter.

Ich erläutere ihr meine Überlegungen: Stefan sei zumindest von der Todesszene im Film gefühlsmäßig sehr stark betroffen, auch wenn er sie nicht gesehen habe, so sei er doch von den Hörelementen des Szenarios stark in den Bann gezogen worden. Musik und Geräusche hätten ihn tief berührt. Seine Wünsche nach Wiederholung seien sein Versuch, in das unvollendete Gefühlsdrama wieder und wieder einzutauchen, um es zu Ende zu bringen. Ich versuche es mit einem Vergleich: Häufig hörten Kinder sich ein Märchen oder eine Kassette unendliche Male an, so lange, bis sie im wahrsten Sinne des Wortes genug davon hätten. Dann hätten sie die damit einhergehenden Gefühle bearbeitet. Stefans Mutter hört aufmerksam zu. Dann erzählt sie mir, Stefan habe sich vor einem Jahr «In einem Land vor unserer Zeit» als Videokassette mit seinen Brüdern nur bis zur Todesszene angeschaut – auch in diesem Film kommt eine nahe Bezugsperson des Helden ums Leben –, «dann ist er hinausgerannt, wollte den Film nie mehr sehen, ja er hatte vor allem Angst, was mit Dinos zu tun hatte».

Stefan hatte sich geschützt. Er war emotional noch nicht soweit, sich auf die Bilder und das Drama dieses Films einzulassen, und handelte sehr selbstbewußt. Er spürte, daß die Szene und die damit verbundenen Ängste für ihn zu stark gewesen wären, weil sie intensive Empfindungen hervorgerufen hätten. Stefans Mutter überlegt, sieht mich an: «Aber was soll ich nun machen?» Ich schlage ihr vor, eine Kassette mit dem Original-Soundtrack vom «König der Löwen» zu kaufen und sie Stefan zu schenken: «Nicht die Bilder sind sein Problem, er muß die über die Töne ausgelösten und unverarbeiteten Gefühle verarbeiten. Beobachten Sie Stefan, wie er mit der Kassette umgeht, und geben Sie ihm dann Ihre Nähe, falls er es wünscht.»

Etwa fünf Wochen später ruft Stefans Mutter mich an und berichtet von einer «tollen Erfahrung». Sie habe ihrem Sohn wirklich die Kassette gekauft. Sofort habe er diese in den Recorder eingelegt und darauf bestanden, daß sie bei ihm bleibe. Ganz dicht habe sich Stefan an sie gekuschelt und «die Musik in sich aufgesogen. Als die Todesszene kam, habe ich gespürt, wie er sich verkrampfte, stark an mich drückte. Das ließ dann nach.» Am nächsten Tag überspielte Stefan die Musik-Sequenz mit der ihn bewegenden Szene auf eine andere Kassette und – hörte er nur noch diese Stelle. Er saß in seinem Zimmer, in sein Bett gekuschelt, sein Lieblingstier im Arm. Und hörte und hörte und hörte und hörte ... bis ich dachte, ich werd wahnsinnig! Oder ist er's schon?!» Sie atmet tief durch: «Als ich ihm vorschlug, mit mir nochmals die ganze Kassette zu hören, kam er an, betätigte den Vorlauf ... bis zu der fraglichen Stelle. Dann kuschelte er sich an, aber wirkte nicht mehr so verspannt, war gelassener, ruhiger. Er kam mir viel gelöster vor. Und fünf Wochen später lag die Kassette achtlos herum.»

An dieser Situation sind einige Gesichtspunkte bemerkenswert:
■ Es sind Geräusche und Musik, die insbesondere jüngere Kinder in den Bann schlagen, starke Gefühle und Verunsicherungen zurücklassen.
■ Kinder knüpfen an unvollendete Situationen an, sie versuchen diese auf eine für sie passende Weise zu Ende, zum Abschluß zu bringen. Offene Szenarien bedeuten für ein Kind auch Offenheit der Gefühle, fehlende Klarheit und Verläßlichkeit. Das ruft Verunsicherungen hervor.
■ Nicht das Gespräch ist die entscheidende Methode, um offene Situationen zu schließen, starke Gefühle auf den Begriff zu bringen: Es ist – wie an Stefans Beispiel deutlich wird – das gelungene Gemenge aus vertrauter (mütterlicher) Nähe und einem selbstbestimmten und selbstbewußten Versuch, eigene Verunsicherung auf den (musikalischen) Begriff zu bringen. Statt vor der angstbesetzten Situation davonzulaufen, ist er in sie eingetaucht, hat freiwillig und eigenständig mit seinen Emotionen gespielt. Aus der verunsichernden Angst entstand langsam eine lustvolle Begegnung mit der Angst, weil sich Stefan immer sicherer wurde, die intensiven Gefühle auszuhalten und sie zu beherrschen.
■ Stefan hat erfahren, den starken Emotionen, die durch einen Film ausgelöst werden können, nicht schutzlos ausgeliefert zu sein. Indem seine Mutter ihn ernst nahm, ihn nicht wie ein «armes Kind» vor

problematischen Gefühlen bewahrte, ihm vielmehr auf der Grundlage ihrer Nähe einen verläßlichen Rahmen bot, konnte er selbst Kraft entwickeln, sich einer ihn stark verunsichernden Situation zu stellen. Er erlebte sich als selbständiges Subjekt, als Gestalter seiner Welt, dem man – alters- und entwicklungsgemäß – Verantwortung übertragen hatte.

■ Im Ritual des wiederholten Hörens erwarb Stefan Sicherheit. Seine Mutter beließ ihm dieses Ritual und gab ihm so ein Mittel in die Hand, sich nicht als ohnmächtiges, den Gefühlen hilflos ausgeliefertes Kind zu fühlen. Viele pädagogisch Handelnde bewerten Stereotype, Klischees und Rituale in den Nachspielen von Kindern vorschnell als phantasielos. Meine Beobachtung geht vielmehr dahin: Je stärker die durch mediale Szenarien hervorgerufenen Gefühle, um so ritualisierter, handlungsärmer sind die Nachspiele. Ja es hat sogar den Anschein, als versuchten Kinder, dem aufgewühlten Durcheinander der inneren Realität eine manchmal starre äußere Struktur zu geben. Nicht oberflächliche Kritik von Erwachsenen ist dann angesagt, sondern ein Handeln, das Beziehung und Nähe herstellt, um dem Kind Halt und Orientierung zu geben.

Eltern sind häufig verunsichert, wenn ihre Kinder ohne Unterlaß einen Film schauen, eine Kassette hundertfach anhören oder ein Videospiel endlos wiederholen. «Wird den Kindern das denn nie langweilig?» – «Ist es nicht fast schon eine Sucht?» lauten die besorgten Fragen. Ständige Wiederholungen scheinen keine Langeweile auszulösen. Im Gegenteil, das Kind erlebt die Wiederholungen genauso angenehm und intensiv wie die Premiere. Anders ausgedrückt: Nur weil das Kind um die vertrauten Strukturen weiß, z. B. den Sieg seines Helden oder den glücklichen Ausgang, ist es bereit, sich auf die Handlung einzulassen. Je risikoloser das Einlassen sich darstellt, um so intensiver gestalten sich für das Kind Gefühle, Verunsicherungen, Ängste und Nervenkitzel, denn es sieht sich keiner wirklichen Gefahr ausgesetzt. Je tiefer die mit dem Filmerleben verknüpfte Betroffenheit, je stärker die durch das Sehen hervorgerufene Spannung, je mitreißender das inszenierte Thema, um so stärker kommt der Wunsch nach Wiederholung der vertrauten Formate: die Hörkassette, die Hunderte von Malen in der immer gleichen Lautstärke fiebernd «aufgesogen» wird; die Geisterbahn auf dem Jahrmarkt, die nach anfänglichem Zögern immer und immer wieder durchfahren und mit gleicher Intensität durchlebt wird, oder das Vorlesen einer spannenden Geschichte, bei der das Kind probiert, wieviel an Spannung es aushalten kann. Auch das Märchenerzählen gibt ein anschauliches Beispiel für das Wiederholungsbedürfnis: Kinder verlangen eine Zeitlang nach denselben Märchen (oder einem bestimmten Repertoire), nach einer besonderen Stimmlage, einem speziellen Sprechrhythmus, nach Anfang und Ende und einer Erzählung ohne Kürzungen. Verändert der Erzähler die Stimmlage, kommen schnell Proteste («Rede normal!»), kürzt er Stellen, verbessern die Kinder und ergänzen, verlangen nach allen Einzelheiten. Sie können das Märchen fast auswendig, erzählen es im stillen mit, und trotzdem bleibt Betroffenheit, das Verlangen nach Ganzheit.

In der Wiederholung, im wiederholten Hören und Sehen, arbeitet das Kind sich immer aufs neue ab, spielt immer und immer wieder seine Wünsche, Träume und Phantasien durch, so lange, bis die mit dem Thema einhergehende Angst besiegt oder der Wunsch Wirklichkeit geworden ist. Dann passiert es von einem Tag zum anderen, daß ein Held, ein Thema oder ein Märchen für das Kind langweilig geworden ist.

Ein Problem ergibt sich für Kinder nur dann, wenn es aufgrund einer verunsichernden Nahwelt im medialen Kreislauf gefangen bleibt.

Nachwort
Angst und fachkundige Hilfe

In diesem Buch habe ich viele Gesichter der Angst vorgestellt – vor allem die entwicklungs- und die erziehungsbedingten Ängste. In einigen Fällen kamen auch Ängste zum Vorschein, die Kinder hilflos machten, Ängste, die sich verselbständigten, frei flottierten (d. h. schweben, treiben), wie es die Psychologie nennt, sich nicht mehr unbedingt an ein Objekt binden. Diese Ängste erscheinen diffus, die angstbesetzte Situation wird unüberschaubar, es entstehen unangenehme, quälende Gefühle, die belasten und erdrücken.

Die krankhaften, die krankmachenden Ängste werden so intensiv erlebt, daß sie mit normalen Mitteln nicht zu bewältigen sind, sie überschatten und überlagern den gesamten Alltag. Dies gilt für Erwachsene ebenso wie für Kinder und Jugendliche. Aber krankhafte Ängste sind von normalen manchmal nicht so genau abzugrenzen, die Übergänge können fließend sein, sie differieren eher im Grad ihrer Ausprägung, nicht aber unbedingt im Erscheinungsbild: Die krankhafte Angst, so der Neurologe Friedrich Strian, unterscheidet sich von der normalen Angst

- durch ihre Intensität und Dauer. Sie steht nicht in einem angemessenen Verhältnis zur Situation. «Deshalb wird die Bedrohung falsch eingeschätzt. Die krankhafte Angst kann sich aber auch spontan, nicht gebunden an äußere Situationen – z. B. Phobien, Panikattacken – entwickeln.»
- Ängste und damit einhergehende Störungen können auch die Folgen von schweren, lebensbedrohlichen Erkrankungen oder brutalen Gewaltakten (z. B. körperlicher, sexueller oder seelischer Mißbrauch) sein.

Eine deutliche Unterscheidung von normalen und krankhaften Ängsten, wie sie hier versucht wird, gibt es deshalb nicht. Angemessene und krankhafte Angst sind oft nicht voneinander abzugrenzen. Angst hat ein individuelles Erscheinungsbild und einen biographischen, persönlichen und gesellschaftlichen Hintergrund. Daher ist nicht leicht zu entscheiden, ob eigene Hilfe ausreicht oder therapeutischer Rat eingeholt werden sollte.

Kinder können entwicklungsbedingt und (in Maßen) auch soziale Ängste dann selbständig bewältigen, wenn

- sie das Gefühl von Geborgenheit und Sicherheit haben, sie sich mit ihren Emotionen angenommen wissen,
- sie der Angst eine Gestalt geben können, sie begrifflich wird und
- für die Kinder die Angstbewältigung überschaubar bleibt, die Angstsignale irgendwann abklingen.

In einigen Fällen, die ich im Buch geschildert habe, ist schon deutlich geworden: fachkundiger Rat (durch Arzt, Psychiater, Therapeut oder Erziehungsberater) ist unabdingbar, wenn

- die Ängste so intensiv sind, daß ein Kind sie mit den ihm zur Verfügung stehenden Mitteln nicht bewältigen kann,
- der Angstzustand die kindliche Reifung und Entwicklung nicht zuläßt, weil es sich in seiner Angst verliert,
- es zwanghaft seine Angst bewältigt, ohne sie wirklich abzuarbeiten.

Situationsangemessene, überdauernde und einengende Ängste können sich bei Kindern in zwanghaften Handlungen, in Phobien, zeigen. Einige Geschichten dieses Buches haben das gezeigt. Aber Ängste können sich auch durch Krankheiten äußern.

Psychosomatische Erkrankungen

Hierunter fallen z. B. *ständige* Kopf- und Bauchschmerzen, Durchfall, Allergien, verstopfte Nasen und Ohren, Hals- und Bronchialerkrankungen, die durch medikamentöse Behandlung zwar kurzfristig behoben werden, die aber nach Absetzen der medizinischen Maßnahmen sofort wiederauftauchen können.

Der achtjährige Olaf hat ständig Durchfall, wenn er sich von seiner Mutter einige Zeit trennen muß – sei es beim Besuch der Großeltern, auf der Fahrt ins Schullandheim, bei der Übernachtung bei Freunden. Dadurch bleibt er häufig zu Hause, kann nichts unternehmen, ist zunehmend isoliert. Olaf erzählt dann davon, daß es nicht ganz so schlimm sei, «weil Mama dann nicht so traurig ist, weil ich ja hierbleibe. Und außerdem wär's dort sowieso nicht schön gewesen.» Und die Mutter kommentiert: «Eigentlich ist es ja schade. So hat er überhaupt keine Freunde. Aber zu Hause fühlt er sich ja auch wohl.»

Gerade bei psychosomatischen Erkrankungen sind die Übergänge von angemessenen zu unangemessenen Ängsten äußerst fließend. Viele Kinder zeigen vor neuen Situationen körperliche Symptome, müssen vor Klassenfahrten ständig aufs Klo, haben vor dem ersten Schultag Kopfschmerzen, rennen vor der Klassenarbeit auf die Toilette, weil diese an die Nieren geht. Dies sind keine psychosomatischen Erkrankungen, dies sind völlig normale Ängste: das Kind fährt mit auf den Ausflug, der Schultag wird absolviert, die Klassenarbeit geschrieben. Zwar zeigen sich Ängste, aber Kinder bewältigen sie. Sie sind stärker als die Angst. Unangemessen werden psychosomatische Erkrankungen dann, wenn sie den Alltag des Kindes beeinträchtigen: es nicht mit zur Klassenfahrt fährt, nicht die Schule besucht, nicht die Klassenarbeit schreibt. Dann sollte fachkundige Beratung aufgesucht werden.

Man kann vier Ansätze unterscheiden:

Der verhaltenstherapeutische Ansatz
Hierbei gibt es unterschiedliche Zugänge. Bei Phobien finden Desensibilisierungsmodelle Anwendung, d. h., eine abgestufte Konfrontation mit dem Angstreiz, die mit einem Muskelentspannungstraining einhergeht, um Angstattacken zu verhindern. Hierzu zählen auch kognitive Umstrukturierungsverfahren, deren Ziel es ist, «ungeeignete Fehleinschätzungen von Bedrohungssituationen durch realistische Vorstellungen zu ersetzen. Dieses Vorgehen beinhaltet u. a. die Analyse unangemessener Schlußfolgerungen, die Suche nach alternativen Denkmodellen, ein ‹Entkatastrophisieren› und ‹Von-sich-selbst-Abrücken›» (Strian).

Der hypnotherapeutische Zugang
Dieser Ansatz findet in der Kindertherapie mit Recht zunehmend Anklang. Die Veröffentlichung *Die Pupille des Bettnässers* zeigt die ganze Breite des hypnotherapeutischen Zugangs auf. Der Ansatz arbeitet mit therapeutischen Geschichten, Metaphern, gelenkten Phantasien, Rollenspielen und Imaginationsübungen, um die Aufmerksamkeit des Kindes von außen nach innen zu lenken, um seine Angstzustände zur Entspannung zu bringen. Insbesondere bei psychosomatischen Erkrankungen, aber auch zwanghaften Handlungen zeigt die Hypnotherapie große Erfolge.

Der familientherapeutische Zugang
Angstsymptome bei Kindern deuten nicht selten auf Probleme in der Partnerschaft, in den Geschwisterkonstellationen, im Familienleben insgesamt hin. Der systemische Ansatz in der Familientherapie kann den Stellenwert und die Funktion von Ängstlichkeit eines Kindes aufdecken, um dann gemeinsam mit den Familienmitgliedern nach konstruktiven Lösungen zu suchen. Auch hierfür bieten die Fallgeschichten des Buches anschauliches Material.

Der psychoanalytische Zugang
Hier ist das Therapieziel vor allem auf die psychische Struktur des Kindes ausgerichtet. Ziel der Behandlung sind vor allem «die Verbesserung von Angstbewältigungstechniken und ‹Nachreifung› von Defiziten in früheren Entwicklungsabschnitten» (Strian).

Der spieltherapeutische Zugang
Kinder verarbeiten ihre Ängste im Spiel, geben ihnen ein Gesicht, machen sie begreiflich. Im therapeutischen Spiel haben Kinder in Begleitung von Fachpersonal die Möglichkeit, ihre Ängste aufzuarbeiten, nach veränderten Perspektiven zu suchen. So erfährt das Kind eine begriffliche Angstverarbeitung. Die diffuse Angst verschwindet, es fühlt sich ihr nicht mehr ausgeliefert. Das Kind erwirbt Kraft und Selbstvertrauen.

Alle Ansätze laufen darauf hinaus, sich den Ängsten zu stellen, nicht vor ihnen davonzulaufen. Nur wo Ängste ein Warnsignal darstellen, das zur Flucht auffordert, empfiehlt es sich, dieses zu tun. Der holländische Philosoph Erasmus von Rotterdam hat dies im 15. Jahrhundert angesichts einer Pestepidemie so formuliert: «Das völlige Fehlen der Angst in Situationen wie der meinen kann ich wirklich nicht als das Kennzeichen eines tapferen Mannes ansehen, sondern eher als das eines Tölpels.» Wohlgemerkt: Erasmus ist vor der Pest davongelaufen – nicht vor seiner Angst. Die Angst vor der Pest hat vielmehr sein Überleben garantiert.

Die phobisch-zwanghaften Ängste sind kein Schicksal, sie sind

Zeichen, stehen für etwas, was es zu deuten gilt, um gemeinsam mit Kindern nach Lösungen Ausschau zu halten. Und die Überwindung phobisch-zwanghafter, ja krankhaft-unangemessener Ängste kann Kindern Kraft geben, kann ihr Selbstwertgefühl ausbilden, Vertrauen zu sich stärken – genauso bei jenen Kindern, die ihre entwicklungsbedingten Ängste angehen.

Das ist freilich mit Gefühlen verbunden, die belasten und entlasten, die traurig und glücklich machen, die frustrierend sein können, aber auch mit himmelhoch jauchzender Freude einhergehen können. In diesem Sinne sind Ängste und ihre Bewältigung zwiespältig: Die Kinder erfahren dies – sie erleben starke Gefühle und schwache Momente.

Ausgewählte Bücher und Medien, die Kindern bei der Bewältigung von Ängsten helfen

Es gibt die verschiedensten Medienangebote für Kinder – Bücher, Hörkassetten, Film und Video sowie Theater, die den Prozeß der Angstbewältigung unterstützen, begleiten, manchmal sogar initiieren können.

Kinderbücher
Alfredson, Hans; Ahlin, Per: *Steigt der Mond übers Haus.* Mödling, 1994
Berner, Rotraut S.: *Das Abenteuer.* Weinheim, 1996
Boie, Kirsten: *Vom Angsthaben.* Hamburg, 1992
Dietl, Erhard: *Der tapfere Theo.* Stuttgart, 1992
Ellermann, Heike: *Geisterbahn oder Der Heimweg im Nebel.* Würzburg, 1993
Ende, Michael; Fuchshuber, Annegert: *Das Traumfresserchen.* Stuttgart, 1978
Engelmann, Reiner (Hg.): *Die kleinen Riesen im Alltag. Geschichten vom Muthaben und Mutmachen.* Reinbek, 1996
Fuchshuber, Annegert: *Mäusemärchen – Riesengeschichte.* Stuttgart, 1983
Groeben, Christiane von der: *Zwölf Uhr Mitternacht. Dreizehn Gänsehaut-Geschichten.* Reinbek, 1984
Hazen, Barbara Shook; Ross, Tony: *Vom Ritter, der sich im Finstern fürchtete.* Hamburg, 1990
Heyne, Isolde: *Funny Fanny.* Reinbek, 1989
Kahlert, Elke; Glienke, Amelie: *Vorsicht, Gespenster!* Reinbek, 1987
Kaldhol, Marit: *Abschied von Rune.* München 1994
Korschunow, Irina: *Wenn ein Unugunu kommt.* Reinbek, 1981
Maar, Paul: *Das kleine Känguruh und der Angsthase.* Hamburg, 1991

MacKay, Hilary: *Vier verrückte Schwestern*. Hamburg, 1994
MacKay, Hilary: *Vier verrückte Schwestern und ein Freund in Afrika*. Hamburg, 1994
Root, Phyllis; Parkins, David: *Tante Anna und der schwarze Mann*. Frankfurt, 1996
Ross, Tony: *Ich komm dich holen!* Stuttgart, 1985
Sendak, Maurice: *Wo die wilden Kerle wohnen*. Zürich, 1967
Sommer-Bodenburg, Angela: *Das Biest, das im Regen kam*. Reinbek, 1981
Sommer-Bodenburg, Angela: *Der kleine Vampir*. Reinbek 1986
Sommer-Bodenburg, Angela: *Die Moorgeister*. Reinbek, 1986
Sommer-Bodenburg, Angela: *Wenn du dich gruseln willst*. Reinbek, 1987
Ungerer, Tomi: *Die drei Räuber*. Zürich, 1987
Ungerer, Tomi: *Zeraldas Riese*. Zürich, 1991
Utton, Peter: *Die Hexenkralle*. Wien, 1990
Varley, Susan: *Leb wohl, kleiner Dachs*. Wien, 1984
Wippersberg, Walter: *Julias Hexe*. Reinbek, 1991
Wippersberg, Walter: *Max, der Unglücksrabe*. Zürich, 1990

Hörkassetten
Bartram, Angelika: Prinz Mumpelfitz. Folge 1-3. Bezug: Ohrwurm Kinderhörspiele 1993 (Modus vivendi). 3 MC ISBN 3-927401-24-2.
Böhm, Karlheinz: Äthiopische Märchen. Verlag: Koch International 1993. MC 223116E/CD 232116G22
Baum, Lyman Fank: Der Zauberer von Oos. Folge 1-2. Erzählt von Hans-Jürgen Schatz. Deutsche Grammophon Kinder-Klassiker MC 439630-4
Bröger, Joachim: Oma und ich. Patmos-Schwann. MC H+L 22422.
Ende, Michael: Momo und ihre Freunde. Momo und die grauen Herren. Momo und die Stundenblumen. Bearbeitung: Anke Beckert. Verlag: Karussell MC 817956/57/58-4
Härtling, Peter: Das war der Hirbel. Hörspiel von Nikolas Dammeier nach dem gleichnamigen Buch. Verlag: MC Schwanni 22244

Härtling, Peter: Oma. Verlag: Deutsche Grammophon Junior, 1977. MC 413404-4

Janosch: Hannes Strohkopp und der unsichtbare Indianer. Deutsche Grammophon. ISBN 3-89666-025-X

Kuijer, Guus: Erzähl mir von Oma. Bearbeitet von Marei Obladen. Deutsche Grammophon Junio, 1983. MC 410876-4

Lindgren, Astrid: Mio, mein Mio. Hörspiel von Günter Siebert. Deutsche Grammophon Hörfest. MC 427289/90-4

Müller, Jörg; Steiner, Jörg: Die Kanincheninsel. Bearbeitet von Gert Haucke. Pool-Musikvertrieb. MC 77514 AJ/CD 77513 AJ (Wiederauflage 1994)

Pludra, Benno: Das Herz des Piraten. Bearbeitet von Marei Obladen. Verlag: Deutsche Grammophon Junior 1989. MC 429208-4

Preußler, Otfried: Die kleine Hexe. Märchenhörspiel mit viel Musik. Folge 1–3. Verlag: Karussell Musik und Video. MC 823136/37/38-4

Preußler, Otfried: Krabbat. Rein Roman, gelesen vom Autor. Karussell 1993. SpeKtrum Junior. MC 835935/36/37-4

Schami, Rafik: Der Wunderkasten. Verlag: Beltz & Gelberg. MC ISBN 3-407-80373-7

Schami, Rafik: Malula & Der Fuchs als Vegetarier. Network-Medien Cooperative. Best.-Nr. 100.508

Tiefenbrunner, Peter: Das Schloßgespenst von Saarbrücken. Verlag: Ohrwurm Kinderhörspiele. ISBN 3-927401-9

Uebe, Ingrid: Der kleine Brüllbär. Erzählt von Ernst-August Schepmann. Schumm 1988/MC 1307

Nähere Hinweise und Angaben finden Sie bei Jan-Uwe Rogge/Regine Rogge: Die besten Hörkassetten für mein Kind. Reinbek, 1995

Film und Video
Als die Tiere den Wald verließen. Großbritannien/Frankreich 1992. Regie: Elphen Lloyd-Jones. EKZ

Aschenputtel. Bundesrepublik 1988. Regie: Karin Brandauer. Atlas

Bambi. USA 1942. Regie: David S. Hand / Perce Pearce. Produzent: Walt Disney. Atlas, EKZ. Buena Vista (Kaufkassette)

Der Bär. Frankreich 1988. Regie: Jean-Jacques Annaud. Atlas

Die Brüder Löwenherz. Schweden, 1977. Regie: Olle Hellbom. Atlas, EKZ

Der geheime Garten. USA 1992. Regie: Agnieszka Holland. Atlas

Die Geschichte vom kleinen Muck. DDR 1953. Regie: Wolfgang Staudte. EKZ

Gullivers Reisen. USA 1939. Regie: Max Fleischer. Atlas

Herzog Ernst. Deutschland 1993. Regie: Lutz Dammbeck. Atlas

Jacob hinter der blauen Tür. Bundesrepublik 1987. Regie: Haro Senft. EKZ, Atlas

Janoschs Traumstunde. Bundesrepublik 1984. Buch und Regie: Janosch. EKZ

Karakum. Deutschland / Turkmenistan 1993. VHP

Karlsson auf dem Dach. Schweden 1975. Regie: Olle Hellbom. EKZ, Atlas

Der kleine Vampir. Deutschland 1993. Regie: Christian Görlitz. EKZ

König Drosselbart. Bundesrepublik / CSSR 1985. Regie: Miroslav Luther. EKZ

Lisa und die Riesen. Bundesrepublik 1983. Regie: Thomas Draeger. EKZ, Atlas

Mein Leben als Hund. Schweden 1987. Regie: Lasse Hallström. EKZ

Momo. Bundesrepublik 1986. Regie: Johannes Schaaf. EKZ

Pessi und Illusia. Finnland 1983. Regie: Heikki Partanen. EKZ

Samson und Sally. Dänemark 1984. Regie: Janik Hastrup. EKZ

Die Sprache der Vögel. Deutschland 1991. Regie: Fred Noczynski. Matthias-Film

Der Teufel mit den drei goldenen Haaren. DDR 1977. Regie: Schlegel. EKZ

VUK – Aus dem Leben eines Fuchses. Ungarn / Bundesrepublik 1982. Regie: Attila Dargay. EKZ

Genauere Informationen dazu finden sich in: Jan-Uwe Rogge / Regine Rogge: *Die besten Videos für mein Kind.* Reinbek, 1995

Bezugsadressen für Videofilme: Atlas-Film. Ludgerichstr. 14–16, 47057 Duisburg

EKZ (Einkaufszentrale für öffentliche Bibliotheken), Bismarckstr. 3, 72765 Reutlingen

Theater

Hinweisen möchte ich weniger auf das klassische Märchentheater als vielmehr auf das phantastische Märchentheater, das die Autorin Angelika Bartram entwickelt und in ihren Stücken eindrucksvoll umgesetzt hat, so z. B. in «Kobald und Karmesina». Ein clowneskes Märchen (1986).

«Hexenlied». Ein mystisches Windmärchen (1989).

Alle Rechte bei: Vertriebsstelle und Verlag Deutscher Bühnenschriftsteller und Bühnenkomponisten GmbH, Postfach 2045, 22810 Norderstedt

Literatur

Ich habe auf einen wissenschaftlichen Anmerkungsapparat verzichtet. Es gab Publikationen, die mir sehr geholfen haben. Diese habe ich mit einem Sternchen * gekennzeichnet.

Michael Balint: *Regression*. München 1968
* Michael Balint: *Angst, Lust und Regression*. Stuttgart 1994

Hans D. Baumann: *Horror. Die Lust am Grauen*. Weinheim 1989
* Bruno Bettelheim: *Ein Leben für Kinder*. Stuttgart 1987
* Wolfgang Blankenburg: *Vitale und existentielle Angst*. In: Hermann Lang/ Hermann Faller (Hrsg.): *Das Phänomen Angst*. Frankfurt 1996
* Reinmar du Bois: *Kinderängste. Erkennen – verstehen – helfen*. München 1995

John Bowlby: *Das Glück und die Trauer*. Stuttgart 1980
* John Bowlby: *Trennung*. Frankfurt 1986

Walter Bräutigam: *Reaktionen – Neurosen – abnorme Persönlichkeiten*. Stuttgart 1994
Walter Bräutigam/Paul Christian/Michael von Rad: *Psychosomatische Medizin*. Stuttgart 1992
* T. Barry Brazelton: *Mein Kind verstehen*. München 1988

Sylvia Brody/Sidney Axelrad: *Angst und Ich-Bildung in der Kindheit*. Stuttgart 1974
* Tobias Brocher: *Wenn Kinder trauern*. Reinbek 1985 (rororo Nr. 7950)

Dieter Bürgin: *Psychosomatik im Kindes- und Jugendalter*. Stuttgart 1993
* Christian Büttner (Hrsg.): *Zauber, Magie und Rituale*. München 1985

Christian Büttner/Aurel Ende (Hrsg.): *Trennungen*. Weinheim 1990
* Willi Butollo: *Die Angst ist eine Kraft*. München 1984

Joseph Church: *Kindheit und Jugend*. Stuttgart 1978
* Gion Condrau: *Zur Phänomenologie der Angst*. In: Hermann Lang/Hermann Faller (Hrsg.): *Das Phänomen Angst*. Frankfurt 1996

William Damon: *Die soziale Entwicklung des Kindes*. Stuttgart 1989
Jean Delumeau: *Angst im Abendland. Geschichte kollektiver Ängste im Europa des 14. bis 18. Jahrhunderts*. Reinbek 1985 (rororo Nr. 55503)
Hoimar von Ditfurth (Hrsg.): *Aspekte der Angst*. München 1981
Martin Doehlemann: *Die Phantasie der Kinder und was Erwachsene daraus lernen können*. Frankfurt 1985
Françoise Dolto: *Die ersten fünf Jahre*. München 1992
* Jo Douglas/Naomi Richman: *Mein Kind will nicht schlafen*. Stuttgart 1993
* Rudolf Dreikurs/Vicki Soltz: *Kinder fordern uns heraus*. Stuttgart 1988

David Elkind: *Wenn Eltern zu viel fordern*. Hamburg 1989

Albert Ellis: *Die rational-emotive Therapie.* München 1977
Margrit Erni: *Zwischen Angst und Sicherheit.* Olten 1989
Sigrun-Heide Filipp (Hrsg.): *Kritische Lebensereignisse.* München 1981
Andreas Flitner: *Spielen – lernen. Praxis und Deutung des Kinderspiels.* München 1972
Holger Bertrand Flöttmann: *Angst. Ursprung und Überwindung.* Stuttgart 1989
* Selma Fraiberg: *Die magischen Jahre in der Persönlichkeitsentwicklung des Kindes.* Reinbek 1972 (rororo Nr. 16794)
Victor Frankl: *Die Sinnfrage in der Psychotherapie.* München 1981
Erich Franzke: *Märchen und Märchenspiel in der Psychotherapie.* Bern 1991
Volker Friebel/Sabine Friedrich: *Schlafstörungen bei Kindern.* Stuttgart 1989
Sabine Friedrich/Volker Friebel: *Einschlafen, Durchschlafen, Ausschlafen.* Reinbek 1993 (rororo Nr. 9397)
* Erich Fromm: *Märchen, Mythen, Träume.* Reinbek 1981 (rororo Nr. 17448)
* Klaus E. Grossmann u. a.: *Die Bindungstheorie: Modell und entwicklungspsychologische Forschung.* In: Heidi Keller (Hrsg.): *Handbuch der Kleinkindforschung.* Heidelberg 1989
* Helga Gürtler: *Kinderärger, Elternsorgen.* Ravensburg 1989
David Haslam: *Schlaflose Kinder – unruhige Nächte.* München 1989
Gabriele Haug-Schnabel: *Einnässen – ein Hilferuf.* Ravensburg 1993
Hansjörg Hemminger: *Kindheit als Schicksal.* Reinbek 1986 (rororo Nr. 17994)
Gerd Hennenhofer/Klaus D. Heil: *Angst überwinden.* Reinbek 1975 (rororo Nr. 16939)
* Alois Hicklin: *Das menschliche Gesicht der Angst.* Frankfurt 1994
Hilfen zur Friedenserziehung: *Die Kinder, der Krieg und die Angst.* Ravensburg 1991
* Hans H. Hopf: *Kinderträume verstehen.* Reinbek 1992 (rororo Nr. 19139)
Hanns Hipius/Margot Ortner/Eckart Rüther (Hrsg.): *Angst – Depression – Schmerz und ihre Behandlung in der ärztlichen Praxis.* Heidelberg 1988
Evan Imber-Black/Janine Roberts/Richard A. Whiting: *Rituale.* Heidelberg 1993
* Louise J. Kaplan: *Die zweite Geburt.* München 1995
* Verena Kast: *Loslassen und sich selber finden.*
* Verena Kast: *Wege aus Angst und Symbiose.* München 1996
Gertrud Kaufmann-Huber: *Kinder brauchen Rituale.* Freiburg 1995
* Robert Kegan: *Die Entwicklungsstufen des Selbst.* München 1986
Heidi Keller/Hans-Jürgen Meyer: *Psychologie der frühesten Kindheit.* Stuttgart 1982
Heidi Keller (Hrsg.): *Handbuch der Kleinkindforschung.* Heidelberg 1989
Mia Kellmer-Pringle: *Was Kinder brauchen.* Stuttgart 1979
* Linde von Keyserlingk: *Wer träumt, hat mehr vom Leben.* Düsseldorf 1992
Sören Kierkegaard: *Der Begriff Angst.* Frankfurt 1984 (Kopenhagen 1844)
* Ruth Kohnstamm: *Praktische Kinderpsychologie.* Werne 1987

Hanns-Walter Krohne / Michael Hoch: *Elterliche Erziehung und Angstentwicklung des Kindes.* Bern 1994
Hans-W. Krohne: *Angst und Angstbewältigung.* Stuttgart 1996
* Elisabeth Kübler-Ross: *Kinder und Tod.* Zürich 1984
Carol H. Lankton / Stephen R. Lankton: *Geschichten mit Zauberkraft.* München 1991
Marielene Leist: *Kinder begegnen dem Tod.* Gütersloh 1979
Eugene E. Levett: *Die Psychologie der Angst.* Stuttgart 1987
* Manfred Link: *Schulversagen.* Reinbek 1995 (rororo Nr. 19738)
* Isaac Marks: *Ängste. Verstehen und bewältigen.* Heidelberg 1993
* Siegfried Mrochen / Karl-Ludwig Holtz / Bernhard Trenkle (Hrsg.): *Die Pupille des Bettnässers.* Heidelberg 1993
* Monika Niederle / Karl Weniger: *Kinderängste.* Wien 1992
* Ursula Nuber: *Der Mythos vom frühen Trauma.* Frankfurt 1995
* Gerlinde Ortner: *Märchen, die Kindern helfen.* München 1994
Franz Petermann / Ulrike Petermann (Hrsg.): *Angst und Aggression bei Kindern und Jugendlichen.* München 1993
* Ulrike Petermann: *Training mit sozial unsicheren Kindern.* Weinheim 1976
Horst Petry: *Erziehungsgewalt.* Frankfurt 1989
Hilarion Petzold (Hrsg.): *Frühe Schädigungen – späte Folgen?* Paderborn 1993
Peter M. Pflüger (Hrsg.): *Abschiedlich leben.* Olten 1991
Gisela Preuschoff: *Kleine und große Ängste bei Kindern.* München 1995
* Franz Renggli: *Angst und Geborgenheit.* Reinbek 1976 (rororo Nr. 16958)
Horst-Eberhard Richter: *Umgang mit Angst.* Düsseldorf 1993
* Fritz Riemann: *Grundformen der Angst.* München 1987
Janine Roberts: *Den Rahmen abstecken.* In: *Rituale.* Heidelberg 1993
Wolfgang Rost / Angelika Schulz: *Unsere alltäglichen Ängste.* München 1993
Ekkehart Schlung: *Schulphobie.* Weinheim 1987
Klaus A. Schneewind / Michael Beckmann / Anette Engfer: *Eltern und Kinder.* Stuttgart 1983
Hans-Jürgen Schultz (Hrsg.): *Trennung.* Stuttgart 1984
Hans-Jürgen Schultz: *Angst. Facetten eines Urgefühls.* München 1995
Georg Seeßlen: *Kino der Angst.* Reinbek 1980 (rororo Nr. 17350)
* Steve de Shazer: *Der Dreh.* Heidelberg 1988
Maren Sörensen: *Einführung in die Angstpsychologie.* Weinheim 1992
* Otto Speck: *Chaos und Autonomie in der Erziehung.* München 1991
* Arnd Stein: *Mein Kind hat Angst.* München 1982
Friedrich Strian: *Angst. Grundlagen und Kritik.* Heidelberg 1983
* Friedrich Strian: *Angst und Angstkrankheiten.* München 1996
Daniela Tausch-Flammer / Lis Bickel: *Wenn Kinder nach dem Sterben fragen.* Freiburg 1994
Helga Theunert / Renate Pescher / Petra Best / Bernd Schorb: *Zwischen Vergnügen und Angst – Fernsehen im Alltag von Kindern.* Berlin 1994
* Judith Viorst: *Mut zur Trennung.* Hamburg 1988

Peter Vitouch: *Fernsehen und Angstbewältigung.* Opladen 1993
Stephan Volk: *Schlafstörungen.* Heidelberg 1995
Hellmuth Walter: *Angst bei Schülern.* München 1981
* Michael White/David Epston: *Die Zähmung der Monster.* Heidelberg 1990
* Benjamin B. Wolman: *Die Ängste des Kindes.* Frankfurt 1980
* Katharina Zimmer: *Schritte ins Leben.* München 1991
Michèl Zlotovicz: *Warum haben Kinder Angst?* Stuttgart 1983
Hans Zulliger: *Heilende Kräfte im kindlichen Spiel.* Frankfurt 1970
* Hans Zulliger: *Die Angst unserer Kinder.* Frankfurt 1989

Das sind böse Männer.
Linda, 4 Jahre

Jan-Uwe Rogge, Jahrgang 1947, ist verheiratet, hat einen Sohn und lebt in der Nähe von Hamburg. Er arbeitet freiberuflich als Familien- und Kommunikationsberater und in der Medienforschung. Seit Anfang der achtziger Jahre führt er Elternseminare und Fortbildungsberatungen durch, die sich großer Beliebtheit erfreuen.

Bisher sind im Rowohlt Taschenbuch Verlag in der Reihe *Mit Kindern leben* von ihm erschienen: «Eltern setzen Grenzen» (Nr. 19756), «Kinder brauchen Grenzen» (Nr. 19366), «Kinder können fernsehen» (Nr. 60753), «Ängste machen Kinder stark» (Nr. 60640); außerdem das Buch «Pubertät – Loslassen und Haltgeben»; zusammen mit seiner Frau, Regine Rogge: «Zuhören macht Spaß» (Nr. 60830).

Jan-Uwe Rogge

Jan-Uwe Rogge, geboren 1947, ist verheiratet, hat einen Sohn und lebt in der Nähe von Hamburg. Er arbeitet freiberuflich als Familien- und Kommunikationsberater und zur Medienforschung. Seit Anfang der achtziger Jahre führt er Elternseminare und Fortbildungsveranstaltungen durch, die sich großer Beliebtheit erfreuen.

Ohne Chaos geht es nicht *13 Überlebenstips für Familien*
208 Seiten. Gebunden

Jan-Uwe Rogge
Pubertät – Loslassen und Haltgeben
208 Seiten. Gebunden und als rororo sachbuch 60953
Die Pubertät ist mühsam für alle Familienmitglieder, die Nerven liegen bloß. Die geduldigsten Eltern sind verunsichert und mit ihrem pädagogischen Latein am Ende. Der Nervenkrieg muß nicht sein. Bestsellerautor Jan-Uwe Rogge zeigt, wie Eltern produktiv mit der Pubertät ihres Kindes umgehen können.

Kinder haben Ängste *Von starken Gefühlen und schwachen Momenten*
288 Seiten. Gebunden und als rororo sachbuch unter dem Titel
Ängste machen Kinder stark
(mit kindern leben 60640)

Kinder können fernsehen *Vom sinnvollen Umgang mit dem Medium*
(mit kindern leben 60753)

Igendwie anders: Kinder die den Rahmen sprengen
...und wie man mit ihnen umgeht
(mit kindern leben 60966)

Eltern setzen Grenzen
(mit kindern leben 19756)

Jan-Uwe Rogge / Regine Rogge
Zuhören macht Spaß *Die besten Kassetten und CDs, Hörclubs für Kids, Tips zum Selbermachen*
(mit kindern leben 60830)

Jan-Uwe Rogge / Moni Port
Ein Wolkenlied für Omama
(rororo rotfuchs 20955)

Sonst beiß ich dich!
(rororo rotfuchs 20968)

Weitere Informationen in der **Rowohlt Revue**, kostenlos im Buchhandel, und im **Internet:** www.rowohlt.de

rororo sachbuch